ALQUIMIA

Rory Sutherland

Alquimia
O poder surpreendente das ideias que não fazem sentido

TRADUÇÃO
Afonso Celso da Cunha Serra
Secco Alves

Copyright © 2019 by Rory Sutherland
Todos os direitos reservados.

Grafia atualizada segundo o Acordo Ortográfico da Língua Portuguesa de 1990, que entrou em vigor no Brasil em 2009.

Título original
Alchemy: The Surprising Power of Ideas That Don't Make Sense

Capa
Helena Hennemann | Foresti Design

Preparação
Stella Carneiro

Índice remissivo
Probo Poletti

Revisão
Natália Mori
Angela das Neves

Dados Internacionais de Catalogação na Publicação (CIP)
(Câmara Brasileira do Livro, SP, Brasil)

Sutherland, Rory
    Alquimia : O poder surpreendente das ideias que não fazem sentido/ Rory Sutherland; tradução Afonso Celso da Cunha Serra e Secco Alves. — 1ª ed. — Rio de Janeiro : Objetiva, 2024.

    Título original : Alchemy : The Surprising Power of Ideas That Don't Make Sense.
    ISBN 978-85-390-0841-4

    1. Anúncio – Aspectos psicológicos 2. Marketing – Aspectos psicológicos 3. Negócios 4. Publicidade – Aspectos psicológicos I. Título.

24-213668   CDD-659.13

Índice para catálogo sistemático:
1. Marketing : Publicidade   659.13

Cibele Maria Dias – Bibliotecária – CRB-8/9427

Todos os direitos desta edição reservados à
EDITORA SCHWARCZ S.A.
Praça Floriano, 19, sala 3001 — Cinelândia
20031-050 — Rio de Janeiro — RJ
Telefone: (21) 3993-7510
www.companhiadasletras.com.br
www.blogdacompanhia.com.br
facebook.com/editoraobjetiva
instagram.com/editora_objetiva
x.com/edobjetiva

Sumário

Prefácio: Um desafio à Coca-Cola 9
Introdução: Decifrando o código (humano) 15

1. Dos usos e abusos da razão 61
2. A história de um alquimista (ou por que a magia ainda existe de verdade) 131
3. Sinalização 159
4. Hacking subconsciente: Sinalização para nós mesmos 205
5. Satisficiência 237
6. Psicofísica 261
7. Como ser um alquimista 305

Conclusão: Quanto a ser um pouco menos lógico 331

Agradecimentos 347
Créditos das imagens 349
Índice remissivo 351

Regras da alquimia segundo Rory:

1. O contrário de uma ideia boa também pode ser uma boa ideia.
2. Não planeje para a média.
3. A lógica não compensa se todos os outros são lógicos.
4. A natureza da nossa atenção afeta a natureza da nossa experiência.
5. Uma flor nada mais é do que uma erva daninha com publicidade por trás.
6. O problema da lógica é que ela acaba com a magia.
7. Um bom palpite que se sustenta frente à análise não deixa de ser ciência. Um acaso venturoso também.
8. Teste coisas inusitadas, porque ninguém mais vai testar.
9. Solucionar problemas usando a racionalidade é como jogar golfe com apenas um taco.
10. Atreva-se a ser trivial.
11. Se houvesse uma resposta lógica, já teríamos encontrado.

Prefácio
Um desafio à Coca-Cola

Imagine que você está participando de uma reunião da diretoria de uma grande empresa global de bebidas, e que recebeu a missão de criar um produto novo que ameace a posição da Coca-Cola como segunda bebida gelada não alcoólica mais popular do mundo.[1]

O que você diria? Qual seria a sua reação? Bom, a primeira coisa que *eu* diria, a menos que estivesse num estado de espírito particularmente travesso, seria algo do tipo: "Precisamos produzir uma bebida mais gostosa que a Coca, que custe menos, e que venha em uma garrafa bem grande para que as pessoas tenham um ótimo custo-benefício". O que eu tenho quase certeza que ninguém diria é isto: "Ei, vamos tentar vender uma bebida muito cara, que venha numa lata minúscula... e que tenha um gosto meio desagradável". No entanto, foi exatamente isso que uma empresa fez. Eles lançaram uma marca de bebida não alcoólica que de fato se tornaria uma rival de peso para a Coca-Cola: essa bebida foi o Red Bull.

Quando digo que Red Bull tem "um gosto meio desagradável", não é uma opinião pessoal.[2] Essa foi a opinião de uma grande parcela da população. Antes de o Red Bull ser lançado fora da Tailândia, onde fora desenvolvido, corria um forte rumor de que o licenciado contratou uma empresa de pesquisas para ver

---

[1] Depois da água.
[2] Eu mesmo bebo bastante desse troço.

qual seria a reação dos consumidores internacionais ao sabor da bebida; a empresa, especialista em pesquisas de saborização de bebidas gaseificadas, jamais presenciara uma reação tão negativa a *qualquer* proposta de novo produto.

Normalmente, em testes de consumo de bebidas novas, os participantes não convencidos costumam expressar a rejeição de maneira meio constrangida: "Não é bem a minha praia"; "Tem um gosto ligeiramente enjoativo"; "É uma bebida mais para criança" — esse tipo de coisa. No caso do Red Bull, as críticas foram quase raivosas: "Eu não beberia essa nojeira nem se me pagassem" era uma resposta comum. Contudo, não há como negar que a bebida fez um sucesso enorme — afinal, os lucros de 6 bilhões de latas vendidas por ano são o suficiente para também financiar uma equipe de Fórmula 1.

Uma defesa da magia

Este livro tem uma premissa simples: embora o mundo moderno em geral rejeite esse tipo de ilogicidade, ela às vezes é especialmente poderosa. Além dos produtos da ciência e da lógica sem dúvida valiosos, existem também centenas de soluções em tese irracionais para problemas humanos que ainda estão para ser descobertas, se apenas ousarmos abandonar a ingênua lógica padrão em nossa busca por respostas.

Infelizmente, como a lógica reducionista se mostrou muito confiável nas ciências físicas, passamos a acreditar que ela deve ser aplicável em tudo — inclusive a área muito mais caótica das questões humanas. Os modelos que hoje dominam todos os processos decisórios da humanidade são devidamente carregados de lógica simplista e carentes de magia — uma planilha não é lugar para milagres. Mas e se essa abordagem estiver errada? E se, em nossa tentativa de recriar a certeza das leis da física, estivermos agora ansiosos demais para impor a mesma coerência e certeza onde elas não cabem?

Por exemplo, vejamos a relação entre trabalho e férias. Cerca de 68% da população norte-americana *pagaria* para ter duas semanas a mais de férias além das parcas duas semanas das quais a maioria desfruta atualmente — essas pessoas aceitariam uma redução salarial de 4% em troca de férias dobradas.

Mas e se *não custasse absolutamente nada* aumentar o tempo de férias de todo mundo? E se descobríssemos que, quanto mais tempo de folga, melhor para a economia do país, tanto em termos de dinheiro gasto com atividades de lazer quanto em aumento de produtividade? Será que férias prolongadas fariam com que as pessoas trabalhassem até mais tarde na vida, em vez de se aposentarem para jogar golfe na Flórida assim que pudessem se dar ao luxo? Ou será que o desempenho profissional delas simplesmente vai melhorar se elas tiverem um descanso decente e voltarem relaxadas de viagens e lazer? Além do mais, graças a avanços tecnológicos recentes, é plausível que hoje em dia, para muitos empregos, a contribuição de um funcionário não varie muito quer ele esteja preso em um cubículo na cidade ou em uma praia do Caribe.

São abundantes os indícios que comprovam essas conclusões mágicas: a produtividade dos franceses é impressionante nas raras ocasiões em que eles não estão de férias; a economia alemã é forte, mesmo sendo usual um período de descanso de seis semanas ao ano. Mas nenhum modelo no planeta permite que os Estados Unidos considerem, por mais que experimentem, essa solução com possibilidades mágicas. Na visão lógica de mundo compreendida pelo lado esquerdo do cérebro, a produtividade é proporcional ao número de horas trabalhadas, e a duplicação do tempo de férias precisa corresponder a uma redução salarial de 4%.

A mentalidade tecnocrática define a economia como se fosse uma máquina: se a máquina ficar ociosa por mais tempo, então ela deve ser menos valiosa. Mas a economia não é uma máquina — é um sistema altamente complexo. Máquinas não comportam magia, mas sistemas complexos, sim.

Engenharia não comporta magia. Psicologia, sim.

Além da lógica ingênua, criamos um mundo sem magia cheio de modelos econômicos delineados, *cases* corporativos e ideias tecnológicas limitadas, e tudo isso reunido nos proporciona uma sensação maravilhosamente reconfortante de que dominamos uma realidade complexa. Muitas vezes, esses modelos são úteis, mas também podem ser incorretos ou enganosos. E, às vezes, são também muito perigosos.

Não podemos esquecer jamais que nossa necessidade de lógica e certeza possui sim benefícios, mas também custos. A necessidade de termos uma metodologia aparentemente científica talvez faça com que não consideremos outras soluções, menos lógicas e mais mágicas, que podem ser baratas, rápidas e eficazes. O mito do "efeito borboleta" é real, mas não dedicamos tempo suficiente à caça de borboletas. Eis algumas descobertas recentes do efeito borboleta, a partir da minha própria experiência:

1. Um site acrescenta uma única opção extra ao processo de conclusão da compra — e aumenta as vendas em 300 milhões de dólares por ano.
2. Uma companhia aérea muda a forma de oferecer voos — e vende 8 milhões de libras a mais por ano em passagens premium.
3. Uma empresa de software faz uma alteração aparentemente irrelevante nos procedimentos de telemarketing — e economiza milhões de libras em negócios.
4. Uma editora acrescenta quatro palavras triviais ao roteiro dos atendentes de telemarketing — e dobra o índice de conversão em vendas.
5. Uma rede de fast-food aumenta as vendas de um produto após reajustar o preço para... mais.

Todos esses incongruentes sucessos, na visão de um economista, são totalmente ilógicos. Todos deram certo. E todos, exceto o primeiro, foram produzidos por um setor da Ogilvy, uma agência de publicidade fundada por mim para tentar resolver problemas com soluções inusitadas. Descobrimos que os problemas quase sempre têm uma infinidade de soluções irracionais só esperando para serem descobertas, mas ninguém vai atrás delas; todos ficam concentrados demais na lógica para procurar em outros lugares. E também descobrimos, para nossa irritação, que o sucesso desse método nem sempre garantia que o cliente voltaria a fazer negócios conosco; é difícil para uma empresa, ou até um governo, reservar orçamento para ir atrás desse tipo de solução mágica, porque um *business case* precisa parecer lógico.

É verdade que muitas vezes a lógica é a melhor maneira de ganhar uma discussão, mas, se você quer vencer na vida, ela pode não ser tão útil assim; os empreendedores são valiosos de forma desproporcional justamente porque *não* se limitam a fazer apenas o que um comitê acha que faz sentido. O interessante é que pessoas como Steve Jobs, James Dyson, Elon Musk e Peter Thiel costumam parecer completamente malucas; Henry Ford era conhecido por odiar contadores — a Ford Motor Company nunca foi submetida a uma auditoria quando esteve sob o seu comando.

Quando exigimos lógica, pagamos um preço oculto: a magia é destruída. E o mundo moderno, saturado de economistas, tecnocratas, gerentes, analistas, controladores de planilhas e criadores de algoritmos, está se tornando um lugar cada vez mais difícil para se exercer a magia — ou sequer para experimentá-la. A seguir, espero conseguir lembrar a todos de que a magia devia ter um espaço reservado na nossa vida — nunca é tarde demais para descobrirmos nosso alquimista interior.

Introdução
Decifrando o código (humano)

Estou escrevendo este livro diante de duas telas, e uma delas exibe uma série de resultados recentes de um teste que meus colegas acabaram de realizar para tentar aumentar a eficácia de eventos beneficentes.

Uma vez por ano, voluntários de uma instituição de caridade que é nossa cliente distribuem envelopes impressos para milhões de residências e voltam algumas semanas depois para recolher as doações. Dessa última vez, os envelopes pediam ajuda para socorrer comunidades afetadas por furacões, mas um conjunto aleatório deles era diferente dos demais: 100 mil anunciavam que os envelopes haviam sido entregues pessoalmente por voluntários; 100 mil incentivavam as pessoas a preencherem um formulário para que a doação fosse incrementada com 25% de incentivos fiscais; 100 mil eram envelopes de qualidade superior; e 100 mil eram envelopes com abertura lateral (com a aba no lado mais estreito).

Um economista que observasse os resultados desse experimento concluiria na mesma hora que as pessoas são completamente malucas. Pela lógica, a única dessas mudanças que deveria ter chance de afetar a disposição das pessoas de colaborar é a alternativa de que, para cada valor doado, o governo faria uma contribuição adicional de 25%. Os outros três testes parecem irrelevantes; a qualidade do papel, a orientação do envelope e o fato de ele ter sido entregue em pessoa por um voluntário não acrescentam nada aos motivos racionais para se comprometer com doações.

Contudo, os resultados mostram outra coisa. O envelope "racional" na verdade apresenta uma *redução* de mais de 30% de doações em comparação com a versão de controle, enquanto os outros três testes têm um aumento de mais de 10%. O papel de qualidade superior também atrai uma quantidade consideravelmente maior de doações mais expressivas de cem libras ou mais. Espero que, ao terminar este livro, você consiga entender melhor por que esses resultados bizarros fazem algum tipo de sentido obscuro.

A mente humana não é movida a lógica, assim como um cavalo não é movido a gasolina.

Quais são as explicações possíveis para esses resultados? Bom, talvez seja mais razoável a ideia de colocar dinheiro ou um cheque em um envelope que abre no lado mais estreito. Colocar um cheque de cem libras em um envelope de papel grosso parece mais adequado do que colocar em um de papel barato. E pode ser que o esforço que um voluntário fez ao entregar em mãos o envelope sirva de incentivo para retribuir: reconhecemos o empenho individual. Talvez a referência ao "bônus" de 25% para a doação diminua o valor que as pessoas sintam que precisam oferecer. E, mais estranho ainda, ela também diminuiu a proporção de gente que fez qualquer doação; vou ser honesto e dizer que não faço a menor ideia do motivo de isso acontecer.

A questão é a seguinte: para uma pessoa lógica, não teria por que sequer testar três dessas variáveis, mas são elas que funcionam. Essa é uma importante metáfora para o que este livro analisa: se permitirmos que o mundo seja controlado por pessoas lógicas, só vamos descobrir coisas lógicas. Mas a maioria das coisas da vida real não é lógica — é psico-lógica.

Em geral, a maneira como as pessoas se comportam pode ser explicada de duas formas: pelas razões supostamente lógicas, e pelas razões verdadeiras. Trabalho com propaganda e marketing há trinta anos. Eu digo para as pessoas que faço por dinheiro, para criar marcas e resolver problemas de negócios; não desgosto de nada disso, mas, para ser honesto, eu trabalho com isso porque sou intrometido.

O consumismo moderno é o experimento social mais financiado do mundo, as ilhas Galápagos da esquisitice humana. E, o que é ainda mais importante, agências de publicidade estão entre os poucos espaços seguros que restam para pessoas esquisitas ou excêntricas no mundo dos negócios e da política. Na agência, felizmente, ainda se costuma estimular bastante, ou no mínimo tolerar, opiniões inconformistas. As pessoas podem fazer perguntas idiotas ou sugestões bobas — e ainda assim ser promovidas. Essa liberdade é muito mais valiosa do que imaginamos, porque, para chegar a respostas inteligentes, muitas vezes precisamos fazer perguntas muito burras.

Na maioria dos ambientes corporativos, se alguém perguntasse de repente "Por que as pessoas escovam os dentes?", ele seria encarado como um lunático, quem sabe até perigoso. Afinal, escovamos nossos dentes por um motivo oficial, aprovado e lógico: preservar a saúde bucal e prevenir cáries ou deterioração. É isso. Nada mais. Mas, como explicarei neste livro, não acho que seja esse o motivo verdadeiro. Por exemplo, se for, por que 95% de todas as pastas de dente têm sabor artificial de menta?

O comportamento humano é um enigma. Aprenda a decifrar o código.

Minha premissa é que grande parte do comportamento humano parece uma dica de palavras cruzadas do estilo britânico: sempre existe um sentido superficial plausível, mas por trás também se esconde uma resposta mais profunda.

5 *Horizontal*: Does perhaps rush around (4)

Para alguém que fala inglês, mas não conhece as palavras cruzadas britânicas, vai parecer loucura o fato de que a resposta dessa dica é "*deer*", ou veado, pois o sentido direto da dica não faz menção alguma a qualquer animal. Em um jogo tradicional, veríamos uma dica como "ruminante silvestre (4)". Mas, para fãs do estilo britânico, a solução dessa dica é relativamente simples — desde que se aceite que nada é o que parece. A "superfície" da pista engana o leitor, fazendo-o ler "*does*" e "*rush*" como os verbos "fazer" e "apressar-se", quando na verdade são substantivos. "*Does*" aqui é o plural de *doe*.[1] "*Rush*" é um tipo de junco, ou *reed*. E *reed* "*around*" — ou seja, de trás para a frente — fica "*deer*".[2]

---

[1] Corça, em português.
[2] O "*perhaps*" [talvez] serve para esclarecer, pois, em inglês, veados podem ser *does* (fêmeas) ou *stags* (machos).

Essa percepção apenas se torna possível quando entendemos que não devemos fazer uma interpretação literal da dica, e é muito comum o comportamento humano se apresentar como uma charada desse tipo; nossas atitudes têm um motivo visível, racional, explícito, assim como também podem possuir um propósito oculto ou codificado. A capacidade de distinguir o sentido literal do paralelo é crucial para resolvermos palavras cruzadas britânicas, e também para compreender o comportamento humano.

Para evitar erros idiotas, aprenda a ser um pouco bobo.

Quando está no trabalho, a maioria das pessoas passa o tempo todo tentando parecer inteligente, e faz pelo menos cinquenta anos que parecer inteligente se tornou sinônimo de parecer cientista; se alguém pede para uma pessoa explicar o motivo de alguma coisa ter acontecido, essa pessoa em geral dá uma resposta que soa coerente e que ofereça uma impressão de inteligência, racionalidade ou ciência, mas que pode ser ou não a resposta verdadeira. O problema aqui é que a vida real não é uma ciência convencional — as ferramentas que funcionam perfeitamente quando se está projetando um Boeing 787, por exemplo, não ajudam tanto na hora de formular uma experiência de consumidor ou um programa de tributação. Seres humanos não são nem um pouco tão maleáveis ou previsíveis quanto fibra de carbono ou ligas metálicas, e não deveríamos fingir o contrário.

Adam Smith, o pai da economia, identificou esse problema no final do século XVIII,[3] mas muitos economistas ignoram essa lição até hoje. Se você quiser pagar de cientista, vale a pena cultivar uma atitude de certeza absoluta, mas o problema de se aferrar à certeza é que isso faz as pessoas interpretarem de maneira completamente equivocada a natureza do problema examinado, como se fosse um simples problema de física, e não de psicologia. Assim, existe a constante tentação de fingir que as coisas são mais "lógicas" do que de fato são.

---

[3] É possível que Ibn Khaldun, o pai da sociologia, já tivesse percebido isso no século XIV.

Introdução à psico-lógica

Este livro foi pensado para ser uma provocação, e só por acaso é também uma obra filosófica. Ele explora a maneira como você e outros seres humanos tomam decisões e por que essas decisões podem não condizer com o que se consideraria como "racionalidade". A palavra que eu uso para descrever a forma como tomamos decisões — para distinguir dos conceitos artificiais de "lógica" e "racionalidade" — é "psico-lógica". Muitas vezes, ela diverge drasticamente do tipo de lógica que é ensinada nas aulas de matemática da escola ou na faculdade de economia. Em vez de funcionar visando à otimização, ela evoluiu a fim de ser útil.

A lógica é o que torna um engenheiro ou matemático competente, mas foi a psico-lógica que nos transformou em uma habilidosa raça de macacos que conseguiu sobreviver e prosperar com o tempo. Essa lógica alternativa surge a partir de um sistema operacional paralelo na mente humana, que muitas vezes funciona no nível inconsciente e é muito mais poderosa e disseminada do que se imagina. Assim como a gravidade, é uma força que as pessoas só repararam que existia quando alguém deu um nome para ela.

Escolhi utilizar "psico-lógica" por ser um termo neutro e sem juízo de valor. Não foi uma escolha aleatória. Quando descrevemos um comportamento não racional, costuma ser com uma palavra como "sentimento", o que o torna similar ao gêmeo maligno da lógica. "Você está sendo sentimental" pode ser traduzido como "você está sendo um idiota". Na maioria das empresas, se você chegasse para uma reunião de diretoria e anunciasse que rejeitou uma fusão por "razões sentimentais", provavelmente terminaria no olho da rua. Contudo, temos sentimentos por algum motivo — e muitas vezes é um bom motivo que não conseguimos definir em palavras.

O psicólogo social Robert Zion certa vez descreveu a psicologia cognitiva como "psicologia social em que todas as variáveis interessantes são zeradas". O que ele queria dizer era que os seres humanos são uma espécie extremamente social (ou seja, que talvez todos aqueles experimentos artificiais que estudam atitudes ou decisões humanas sem considerar o contexto social não são lá muito úteis). No mundo real, o contexto social é fundamental. Por exemplo, como foi observado pelo antropólogo Pierre Bourdieu, o ato de dar presentes é encarado como algo positivo na maioria das sociedades humanas, mas basta uma ligeira mudança de contexto para transformar a bondade do presente em insulto; por exemplo, devolver um presente é uma das maiores grosserias que alguém pode cometer. Da mesma forma, oferecer dinheiro às pessoas que fazem algo por nós é algo que faz perfeito sentido na teoria econômica, conhecido como incentivo, mas isso não quer dizer que você deveria pagar seu cônjuge por sexo.

A alquimia que intitula este livro é a ciência de saber em que os economistas se enganam. Para sermos alquimistas, o segredo não é compreender leis universais, mas sim reconhecer os muitos casos em que essas leis não se aplicam. Não é a lógica estreita, mas a capacidade igualmente importante de saber quando e como abandoná-la. É por isso que a alquimia hoje é mais valiosa do que nunca.

Nem tudo o que faz sentido funciona, e nem tudo o que funciona faz sentido. O canto superior direito desse gráfico contém os avanços muito concretos e relevantes da ciência pura, em que o aprimoramento da percepção humana e da psicologia pode levar a conquistas. Nos outros quadrantes, qualquer solução viável está atrelada necessariamente com sentimentalidade e percepção humana "bagunçadas".

A bicicleta parece uma inclusão estranha aqui. No entanto, embora os seres humanos não tenham muita dificuldade para aprender a andar de bicicleta, os físicos ainda não têm a compreensão total de como elas funcionam. Sério. A bicicleta se desenvolveu mais na base da tentativa e erro do que por cálculos concretos.

Algumas coisas resistem a lava-louças, outras resistem à razão

Eis um macete simples (ainda que caro) para a vida. Se você quiser que tudo na sua cozinha seja capaz de resistir à máquina de lavar louça, é só *tratar* tudo como se fosse; depois de um ano, mais ou menos, tudo que não for resistente à máquina terá sido destruído ou inutilizado. Pronto — tudo o que terminou sobrando será resistente à lava-louça! Encare isso como uma forma de darwinismo de utensílios de cozinha.

Da mesma forma, se você submeter todos os problemas do mundo a soluções aparentemente lógicas, todos os que puderem ser resolvidos com facilidade pela lógica desaparecerão logo, e tudo que sobrará serão aqueles resistentes à lógica — os quais, por algum motivo qualquer, a resposta lógica não funciona. Parece que a maioria dos problemas na política, nos negócios, na diplomacia internacional e, suspeito fortemente, nas relações conjugais é desse tipo.

Não estamos vivendo na Idade Média, que tinha um excesso de alquimistas e poucos cientistas. Hoje é o contrário; por toda parte há pessoas excelentes em empregar e apresentar uma lógica dedutiva convencional, e elas estão sempre tentando aplicar alguma teoria, algum modelo que consiga otimizar algo. Na maior parte do tempo, isso é bom. Não quero que um artista conceitual fique responsável pelo controle de tráfego aéreo, por exemplo. Contudo, infelizmente, chegamos ao ponto de tanto idealizar a lógica que ficamos cada vez mais cegos para as deficiências dela.

Por exemplo, a campanha bem-sucedida do Brexit no Reino Unido e a eleição de Donald Trump nos Estados Unidos foram simplesmente atribuídas ao comportamento ignorante e passional de eleitores sem instrução, mas também é possível argumentar igualmente que a campanha para permanecer na União Europeia e a candidatura de Hillary Clinton fracassaram por causa do comportamento ignorante e hiper-racional de consultores excessivamente instruídos que desperdiçaram imensas vantagens naturais. A certa altura, no Reino Unido, a população chegou até a ser alertada que "votar a favor de sair da União Europeia poderia resultar em aumento do custo de mão de obra" — por um empresário muito perspicaz[1] que, de tão fascinado que estava por modelos de eficiência econômica, claramente não sabia que a maioria dos eleitores interpretaria "aumento do custo de mão de obra" como "aumento de salário".

O mais espantoso de tudo, talvez, foi o fato de que todas as campanhas a favor de ficar na União Europeia usava o fator da lógica econômica como argumento, mas a UE é sem dúvida nenhuma um projeto político, de modo que as campanhas tiveram como efeito apenas fazer seus defensores parecerem movidos mais por ganância que princípios, sobretudo levando-se em conta que os mais exaltados pertenciam a uma classe que lucrara muito com a globalização. Repare que Winston Churchill não instou os ingleses a lutar na Segunda Guerra Mundial "para recuperarmos o acesso a importantes mercados de exportação".

Mais dados levam a melhores decisões. Exceto quando não levam.

Enquanto isso, do outro lado do Atlântico, a campanha de Clinton foi comandada por um estrategista chamado Robby Mook, que estava tão fixado em dados e modelos matemáticos que se recusava a fazer uso de qualquer outra coisa. Ele debochou de Bill Clinton quando o ex-presidente[2] sugeriu que a campanha devia falar com os eleitores brancos da classe operária no Meio-Oeste, imitando uma voz de "Vovô Simpson" para zombar de Clinton

---

[1] Stuart Rose, ex-presidente executivo da Marks & Spencer, maior rede britânica de lojas de departamento.
[2] Qualquer que seja sua opinião sobre Bill Clinton, seu histórico é claro indicativo de que ele é um gênio político nato.

e ignorando outra sugestão com um arrogante "meus dados não batem com suas historinhas".

No entanto, talvez as historinhas tivessem valor, porque os dados claramente estavam equivocados. Hillary Clinton não fez uma visita sequer a Wisconsin durante a campanha, tomando como certo, erroneamente, que venceria fácil na região. Alguns integrantes de sua equipe sugeriram que ela fizesse uma visita nos últimos dias antes da eleição, mas os dados informavam que era melhor ir para o Arizona. Eu sou inglês, e estive apenas quatro ou cinco vezes no Arizona, e duas em Wisconsin. Mas até eu teria dito que "essa decisão parece estranha". Afinal, nada do que eu vi em Wisconsin sugeria que era um estado que se recusaria a votar em Donald Trump, sem falar que é uma região que sempre teve fortes traços de excentricidade política.

A necessidade de se confiar em dados também pode nos deixar cegos para fatos importantes que não estão incluídos no nosso modelo. Com certeza era relevante o fato de que Trump estava lotando complexos esportivos em cada parada da campanha, enquanto Clinton atraía plateias esparsas. É importante lembrar que todo big data vem do mesmo lugar — o passado. Um estilo novo de campanha, uma única variável imprevista ou um "cisne negro" podem mergulhar em caos até o modelo mais calibrado. Porém, os lados derrotados nesses dois exemplos jamais pensaram que a dependência da lógica talvez tenha sido a causa do fracasso, e quem levou a culpa foram "os russos" ou "o Facebook", ou seja lá quem for. É possível que eles também tenham alguma culpa no cartório, mas ninguém dedicou muito tempo para refletir se um processo decisório que dependia excessivamente de modelos matemáticos poderia ter resultado na ruína de quem era favorito para levar em ambos os casos.

Em tese, lógica nunca é demais, mas, na prática, é possível que sim. Mas parece que nunca achamos que as soluções lógicas vão fracassar. Afinal, se a solução faz sentido, como é que pode estar errada?

A solução de problemas resistentes à lógica exige que pessoas inteligentes e lógicas admitam a possibilidade de que elas podem ter se enganado a respeito de algo, mas, muitas vezes, a cabeça dessas pessoas resiste a aceitar mudanças — talvez porque a posição delas está extremamente entrelaçada com sua capacidade de raciocínio. Pessoas com alto nível de instrução não apenas *usam* a lógica; ela faz parte de sua identidade. Quando falei para um economista que muitas vezes é possível subir as vendas de um produto aumentando o seu preço, a reação da pessoa foi não de curiosidade, mas de raiva. Foi como se eu tivesse ofendido o cachorro ou o time de futebol dele.

Imagine se fosse impossível conseguir um emprego com salário bom, ou um cargo na política, se você não fosse torcedor dos Yankees ou do Chelsea. Esse favoritismo seria considerado um absurdo, mas os fãs dedicados da lógica controlam as alavancas do poder em todo canto. O cientista comportamental Richard Thaler, ganhador do Nobel, disse: "O que acontece é que o governo dos Estados Unidos é comandando por advogados que de vez em quando se aconselham com economistas. Outras pessoas interessadas em ajudar os advogados são dispensáveis".

Hoje, às vezes parece impossível arrumar um emprego sem antes demonstrar total servidão à lógica. Nós paparicamos essas pessoas durante todo o processo do sistema educacional, promovemos a posições de poder e somos submetidos diariamente às opiniões delas nos jornais. Nossos consultores, contadores, legisladores e especialistas são todos escolhidos e recompensados com base em sua capacidade de exibir saltos de raciocínio impressionantes.

Este livro não é um ataque contra os muitos usos saudáveis da lógica ou da razão, mas é um ataque contra um tipo perigoso de exagero lógico, que demanda que toda solução tenha um raciocínio convincente para que possa sequer ser considerada ou experimentada. Se este livro não lhe proporcionar mais nada, espero que pelo menos lhe dê permissão para fazer sugestões um pouco bobas de vez em quando. Para errar com um pouco mais de frequência. Para pensar *diferente* de um economista. Existem *muitos* problemas resistentes à lógica, que jamais serão solucionados pelo tipo de gente que tem como desejo ir ao Fórum Econômico Mundial de Davos.[3] Lembre a história daqueles envelopes.

Jamais poderíamos ter evoluído para sermos racionais — é uma fraqueza.

Agora você, como pessoa razoável, vai me odiar por falar isto, e eu também não me sinto bem com a afirmação. Mas, apesar de todos os defeitos, acho que Donald Trump pode solucionar muitas questões que Hillary Clinton, sendo

---

[3] Uma farra internacional bizarra em que, por algum motivo, as pessoas mais inteligentes do mundo decidem juntas que é uma boa ideia passar parte de janeiro no meio de uma montanha.

mais racional, simplesmente não seria capaz de resolver. Não o admiro, mas, quanto à tomada de decisões, ele é de um patamar diferente. Por exemplo, os dois candidatos queriam que empregos no setor industrial voltassem para os Estados Unidos. A solução de Hillary era lógica — negociações multilaterais comerciais com o México e o Canadá. Mas Donald disse apenas: "Vamos construir um muro, e os mexicanos é que vão pagar".

Você pode pensar: "Ah, mas ele nunca vai construir esse muro". E concordo — acho extremamente improvável que o muro seja construído, e mais improvável ainda que os infelizes mexicanos aceitem pagar pela obra. Mas o detalhe é o seguinte: talvez não seja necessário construir o muro para que Trump realize suas ambições comerciais — ele só precisa fazer as pessoas acreditarem que o muro é uma possibilidade. Da mesma forma, ele não precisa revogar o Acordo de Livre-Comércio da América do Norte (Nafta) — basta apenas insinuar que isso é uma opção. Pessoas irracionais são muito mais poderosas do que as racionais, porque suas ameaças são muito mais convincentes.

Por uns trinta anos, o consenso econômico predominante era de que nenhuma empresa americana da indústria automotiva nutria sentimentos de obrigação patriótica para com os trabalhadores do próprio país; quem sugerisse algo parecido durante uma reunião de diretoria seria considerado um dinossauro. Era tão difundida a crença no livre-comércio irrestrito — de ambos os lados do espectro político americano — que as fábricas foram levadas para o exterior sem qualquer receio de perder o apoio do governo ou da opinião pública. Para Trump, foi apenas preciso indicar que essa postura não era mais segura. Não era preciso impor tarifas (ou construir muros): a ameaça por si só já era suficiente.[4]

Um líder racional sugere uma mudança de curso para evitar uma tempestade. Um líder irracional é capaz de mudar o clima.

Ser um pouquinho biruta pode ser útil como estratégia de negociação: quem é racional é previsível, e previsibilidade é uma fraqueza. Hillary pensa como uma economista, enquanto Donald usa teoria dos jogos e consegue, com um tuíte, realizar algo que Clinton levaria quatro anos de embates no Congresso para alcançar. Alquimia é isso; você pode detestar, mas funciona.

---

[4] Hillary não conseguiria convencer ninguém com uma ameaça assim, porque todo mundo saberia que teria sido da boca para fora. Trump é maluco a ponto de ir adiante com a ameaça.

Alguns cientistas acreditam que carros autônomos só vão dar certo se aprenderem a ser irracionais. Se esses carros pararem sempre que aparece um pedestre na frente, não terá mais sentido para as travessias de pedestres, e todo mundo vai passar a atravessar a rua quando quiser, obrigando o carro autônomo a parar de repente, para grande desconforto dos passageiros. Para que isso não aconteça, os carros autônomos talvez precisem aprender a ter "raiva" e, às vezes, demorar propositalmente para frear e acertar as canelas de um pedestre.

Quando alguém é totalmente previsível, as pessoas aprendem a manipulá-lo.

Crime, ficção e pós-racionalismo: Ou por que a realidade não é nem um pouco tão lógica quando imaginamos

Encare a vida como se fosse uma investigação criminal: quando vista em retrospecto, é uma bela narrativa lógica e linear, mas, vista em tempo real, é um processo terrivelmente aleatório, caótico e ineficiente. Os livros de ficção sobre crimes seriam chatos até dizer chega se retratassem os fatos de forma fiel, porque a maior parte da história seria composta por questionamentos que não dão em nada. E é assim que tem que ser — o pior que pode acontecer durante uma investigação criminal é que todos os envolvidos se concentrem em uma única hipótese, porque uma premissa falsa compartilhada por todas as pessoas pode comprometer a investigação inteira. Isso tem nome — é chamado "fixação na hipótese".

Um exemplo desse fenômeno aconteceu durante o julgamento bizarro de Amanda Knox e Raffaele Sollecito pelo assassinato de Meredith Kercher em Perúgia, na Itália. O investigador e sua equipe foram incapazes de superar a suspeita inicial de que, após a morte de Kercher, o assassino havia simulado um arrombamento para "passar a impressão de que era um roubo domiciliar que dera errado". Como nenhum invasor precisaria simular um arrombamento, a única conclusão deles foi que a simulação foi feita para tirar o foco dos outros moradores do imóvel e disfarçar o fato de que o crime tinha sido cometido por alguém de dentro. Infelizmente, a suspeita inicial estava errada.

Eu entendo um pouco o apego deles à teoria. Afinal, realmente parecia, à primeira vista, que o arrombamento tinha sido forjado: tinha vidro quebrado do lado de *fora* da janela, e nenhuma pegada. Mas a tese de arrombamento simulado foi defendida com tanta obstinação que todas as outras evidências que apareceram depois foram ignoradas ou omitidas da imprensa, e o resultado foi uma confusão.

O arrombamento parecia mesmo um pouco absurdo, a princípio — por que alguém invadiria uma residência por uma janela alta relativamente exposta? —, até que se entendesse que o propósito da janela quebrada não era permitir acesso, e sim fazer muito barulho a partir de um lugar de onde fosse possível fugir com facilidade. Com isso, o criminoso pôde determinar com algum grau de certeza que não havia ninguém por perto; se uma janela é quebrada e ninguém aparece para ver o que aconteceu, dá para supor que uma pessoa pode entrar por essa mesma janela cinco minutos depois sem ser vista, mas, se luzes se acenderem e cachorros latirem, é só a pessoa dar no pé.

Esse exemplo é emblemático de como vemos o mundo. Encaramos as coisas a partir de uma única perspectiva, em que uma ação leva a um resultado, ou aceitamos que questões complexas são diferentes? Em um sistema projetado, como uma máquina, cada elemento serve a um propósito específico, mas, em um sistema evoluído ou complexo, assim como no comportamento humano, as coisas podem ter várias utilidades distintas, dependendo do contexto em que elas existem.

A boca humana permite a ingestão de alimentos, mas, se o nariz estiver tampado, também permite a respiração. Da mesma forma, parece ilógico invadir uma residência pelo método mais barulhento possível, a menos que se compreenda o contexto em que o criminoso está agindo. Não adianta pegarmos os mesmos hábitos de raciocínio que usamos para lidar com situações projetadas e os aplicarmos em sistemas complexos e evoluídos sem fazer considerações especiais.

Meu problema com o marxismo é que ele faz sentido demais.

O perigo das elites tecnocratas

Em geral, pessoas tecnocratas chegam aonde estão explicando as coisas em retrospecto; a pós-racionalização plausível é a principal ferramenta de qualquer comentarista. Infelizmente, essas pessoas têm dificuldade para evitar a armadilha de presumir que os mesmos instrumentos usados para explicar o passado também são capazes de prever o futuro. Assim como em uma investigação criminal, o que parece evidente e lógico se visto em retrospecto costuma ser muito mais confuso em tempo real. E vale o mesmo para o progresso científico. Após uma descoberta, é fácil retratá-la como resultado de um processo linear e lógico, mas isso não significa que a ciência avança conforme regras claras, lineares e sequenciais.

Existem duas formas diferentes de investigação científica — a descoberta do que funciona e a explicação e compreensão do *motivo* de funcionar. São duas coisas completamente distintas, que podem acontecer em qualquer ordem. O progresso científico não é uma via de mão única. Era conhecido há décadas, por exemplo, que a aspirina tinha um efeito analgésico antes que alguém descobrisse *como* ela agia. Foi uma descoberta feita a partir da experiência explicada muito depois. Se a ciência não permitisse esses acidentes venturosos,[1] a lista de avanços seria muito menor — imagine se o uso da penicilina fosse proibido porque a sua descoberta não foi prevista com antecedência? Porém, quase

---

[1] Baquelita, penicilina, micro-ondas, raios X, radar e rádio foram todas descobertas "às avessas".

todas as decisões de políticas e negócios se baseiam em uma metodologia de "raciocínio antes, descoberta depois", o que parece um desperdício extremo. Vejamos a bicicleta.

A evolução também é um processo desordenado que descobre o que é capaz de sobreviver em um mundo em que algumas coisas são previsíveis e outras, não. E funciona porque cada gene colhe as recompensas e paga os custos de cada erro afortunado ou infeliz, mas não dá a mínima para as causas. Não é preciso que tudo faça sentido: se funciona, ele sobrevive e se prolifera; se não, ele mingua e morre. Não precisa saber *por que* funciona — só precisa funcionar.

Talvez um "por que" plausível não deveria ser exigido como pré-requisito para se decidir um "o que", e talvez as coisas que tentemos não devam se limitar às opções cujo sucesso possa ser explicado com mais facilidade em retrospecto. O histórico da ciência, em alguns sentidos, coloca em dúvida o método científico para a solução de problemas.

O nonsense e o não senso

Tenho que admitir: foi só por acaso que me tornei qualificado para escrever este livro. Sou classicista, não antropólogo, mas, quase sem querer, passei trinta anos no mercado publicitário — trabalhando principalmente com "resposta direta", um tipo de publicidade em que as pessoas são instadas a responder diretamente ao seu anúncio. Isso consiste em experimentos comportamentais de grande orçamento feitos em larga escala, e o que eles nos ensinam é que os modelos de comportamento humano concebidos e promovidos por economistas e outras pessoas de racionalidade convencional são completamente inadequados para prever o comportamento humano.

Quais foram os grandes feitos da economia? A Teoria das Vantagens Comparativas de Ricardo, talvez? Ou a *Teoria geral do emprego, do juro e da moeda*, de John Maynard Keynes? E qual é a descoberta mais importante de todas do mercado publicitário? Talvez seja a de que "anúncios com animais fofinhos tendem a ter mais sucesso do que outros anúncios".

Falando sério. Há pouco tempo, durante uma reunião com um cliente, descobri que um sorteio de "um ano de energia gratuita — no valor de mais de mil libras" teve 67 mil inscritos. O sorteio seguinte, que dava ao vencedor uma lâmpada noturna bonitinha em formato de pinguim (no valor de quinze libras), teve mais de 360 mil inscritos. Um cliente até recusou uma proposta de reembolso de duzentas libras na própria conta, dizendo: "Não, prefiro ganhar o pinguim". Embora eu saiba que isso é verdade, meu desejo de parecer racional é tão grande que seria muito difícil para mim chegar a uma reunião com diretores e recomendar que o anúncio deles mostrasse coelhos, ou talvez uma família de lêmures, porque parece nonsense. Mas não é. É algo diferente, que chamo de "não senso".

Economia comportamental é um termo estranho. Como disse certa vez Charlie Munger, sócio de Warren Buffett, "se a economia não é comportamental, não faço ideia do que seria". É verdade: em um mundo mais sensato, a economia seria uma subdisciplina da psicologia.[1] Adam Smith era tão economista comportamental quanto economista — *A riqueza das nações* não possui uma única equação. Mas, por mais estranho que pareça, faz muito tempo que o estudo da economia se distanciou da maneira como as pessoas se comportam no mundo real, preferindo se dedicar a um universo paralelo em que as pessoas agem da maneira como economistas *acham que deveriam se comportar*. Foi para corrigir essa lógica circular que a economia comportamental — que ganhou fama com especialistas como Daniel Kahneman, Amos Tversky, Dan Ariely e Richard Thaler — se tornou proeminente. Em muitas áreas da política e dos negócios, vale muito mais compreender como as pessoas se comportam na vida real do que saber como elas deveriam se comportar em teoria.[2]

A economia comportamental poderia ser descrita como o estudo do que há de nonsense e não senso no comportamento humano. Às vezes, nosso comportamento é nonsense porque evoluímos para condições diferentes das que vivemos.[3] No entanto, grande parte do comportamento humano "irracional" não tem nada de nonsense; ele é não senso. Por exemplo, quando olhamos pelo viés da psicologia evolutiva, não devíamos nos espantar com a eficácia de animais fofos na publicidade. Os anúncios publicitários existem para ser vistos, e, claro, evoluímos para prestar atenção em criaturas vivas. Um psicólogo evolutivo pode também sugerir que uma lâmpada noturna em formato de pinguim — um presente para uma criança — pode ser uma gratificação emocional melhor do que um prêmio em dinheiro, que é algo que se ganha para si mesmo.[4]

---

[1] A sábia e dissidente Escola Austríaca de economistas pensava assim.
[2] Pois é. Quem diria?
[3] Por exemplo, provavelmente gostamos demais de açúcar: antigamente, não existia açúcar refinado, e o único alimento com carga glicêmica comparável era o mel.
[4] Minha amiga, a psicóloga evolutiva Nichola Raihani, me contou que recentemente alguém roubou o capacete de bicicleta de seu filho. Na mesma hora, ela ficou chocada com a intensidade de sua revolta, muito mais extrema do que se seu próprio capacete tivesse sido roubado.

Às vezes, comportamentos humanos que achamos ser nonsense são na realidade não senso — só parecem nonsense porque estamos avaliando as motivações das pessoas, suas metas e intenções, de um jeito errado. E, às vezes, o comportamento é não senso simplesmente porque a evolução é mais esperta do que nós. A evolução é como se fosse um artesão genial com baixo nível de escolaridade: o que lhe falta de intelecto ele compensa com experiência.

Por exemplo, durante muito tempo se pensou que o apêndice humano era nonsense, um resquício vestigial de alguma parte do sistema digestivo, que fora útil para nossos antepassados distantes. De fato, podemos remover o apêndice e, aparentemente, não sofremos nenhum efeito adverso imediato. Contudo, em 2007, William Parker, Randy Bollinger e seus colegas na Universidade Duke, na Carolina do Norte, postularam a hipótese de que o apêndice poderia servir como santuário para bactérias do aparelho digestório que contribuem tanto para a digestão quanto para a imunização contra doenças. Então, da mesma forma que os mineradores da Corrida do Ouro na Califórnia carregavam um saco pendurado no pescoço com levedura viva para massa de pão, o corpo tem seu saco particular para preservar algo precioso. Estudos posteriores revelaram que indivíduos sem apêndice têm quatro vezes mais chance de sofrer colite pseudomembranosa, uma infecção do cólon.

Considerando que as mortes por cólera eram muito comuns há poucas gerações, e considerando que há quem acredite que a doença está voltando, talvez o apêndice não devesse ser visto como algo descartável — parece que, assim como a família real espanhola, na maior parte do tempo ele é inútil ou irritante, mas, às vezes, é inestimável.[5]

Tome cuidado antes de dizer que algo é nonsense.

A lição que precisamos aprender com o apêndice é que é possível algo ser valioso sem que ele precise ser valioso sempre. A evolução não adota uma perspectiva utilitarista de curto prazo. Ao procurarmos pela função *cotidiana* do apêndice, terminamos procurando pela coisa errada. Saber se algo faz sentido em teoria é menos importante que saber se esse algo funciona na prática.

---

[5] A transição pacífica e sólida da Espanha rumo à democracia após Franco talvez tivesse sido impossível sem a atuação decisiva de um chefe de Estado arbitrário e simbólico.

Assim como muitos outros anglicanos (mas não minha esposa, que é pastora e capelã hospitalar), tenho lá minhas dúvidas sobre a existência de Deus, mas reluto em tratar a religião como algo nonsense, como fazem algumas pessoas.

Em uma pesquisa realizada em 1996 sobre a presença da religião na sociedade americana, o Heritage Institute concluiu que:

1. Em relação a pessoas que frequentam alguma igreja, é mais provável que elas sejam casadas, menos provável que se divorciem, e mais provável que digam estarem bastante satisfeitas com o seu casamento.
2. A frequência a igrejas é a maior predição de estabilidade e felicidade conjugal.
3. A prática religiosa constante ajuda as pessoas pobres a se afastarem da pobreza. A frequência regular a igrejas, por exemplo, é particularmente crucial para ajudar os jovens a escapar da pobreza na vida urbana.
4. A prática religiosa constante em geral protege os indivíduos contra uma série de problemas sociais, incluindo suicídio, uso de drogas, gravidez fora do casamento, crimes e divórcios.
5. A prática religiosa constante também produz efeitos benéficos para a saúde mental, como menos depressão, maior autoestima, e maior felicidade conjugal e familiar.
6. Ao combaterem os danos causados por alcoolismo, dependência de drogas e desintegração do casamento, a fé e a prática religiosa são importantes fontes de força e reabilitação.[6]
7. A prática religiosa constante faz bem para a saúde física: aumenta a longevidade, melhora a probabilidade de recuperação de doenças e reduz a incidência de muitas enfermidades letais.

A religião parece incompatível com a vida moderna porque é vista como tendo crenças delirantes, mas, se os resultados listados acima fossem relacionados a algum novo medicamento, todo mundo ia querer tomar na mesma hora. Não é por que não entendemos como funciona que deveríamos ignorar o fato de que funciona.[7]

---

[6] Lembre-se que os Alcoólicos Anônimos se embasam em princípios explicitamente religiosos.
[7] Toma essa, Dawkins!

O mundo dos negócios, da criatividade e das artes está cheio de casos bem-sucedidos de não senso. Na verdade, o maior ponto forte dos mercados livres é a capacidade de gerar inovações cuja popularidade não faz sentido. O não senso inclui coisas que são úteis ou eficazes, embora elas desafiem a lógica convencional (ou até talvez por causa disso).

Quase todas as boas propagandas contêm algum elemento de não senso. À primeira vista, isso pode parecer uma besteira — com certeza pode ser terrivelmente constrangedor precisar propor a ideia a um grupo de clientes céticos. Imagine que você faz parte da diretoria de uma companhia aérea e acabou de passar três horas debatendo se a empresa devia comprar treze aviões Airbus A350 ou onze Boeings 787, cada um custando em torno de 150 milhões de dólares. No final da reunião, alguém propõe a você uma ideia de campanha publicitária que não mostra nenhuma aeronave e recomenda que a atenção seja concentrada nos sanduíches e nos bolinhos servidos a bordo. Isso é não senso — no entanto, cerca de 90% das pessoas voam sem fazer a menor ideia de qual é o modelo do avião, nem de como uma turbina funciona, mas elas vão tirar muitas conclusões sobre a segurança e a qualidade da experiência de voo a partir do cuidado e da atenção que a companha dedica ao serviço de bordo.[8]

A apresentação desse tipo de situação em um contexto corporativo cheio de pessoas com MBA é ligeiramente constrangedora; a gente começa a sentir inveja do pessoal de TI ou de contabilidade, que pode aparecer em reuniões com propostas racionais em uma tabela ou planilha. No entanto, essa fixação em fazer sentido pode acabar saindo caro. Coloque-se no lugar de uma empresa cujo produto não está com boas vendas. Qual destas propostas a seguir seria mais fácil de apresentar em uma reunião convocada para resolver o problema: a) "Precisamos diminuir o preço" ou b) "Precisamos mostrar mais patos nas nossas propagandas"? A primeira, óbvio — no entanto, a segunda poderia, na verdade, ser muito mais lucrativa.

---

[8] A marca de gim Hendrick's utilizou um não senso muito inteligente quando sugeriu que seu produto devia ser servido com pepinos, em vez de limões-sicilianos, o que conquistou popularidade de imediato. Eu, por ser inglês, não percebi a genialidade da ideia, que era o posicionamento da bebida nos Estados Unidos como símbolo de sofisticação britânica; os americanos consideram sanduíches de pepino como uma peculiaridade britânica. Para os ingleses, claro, pepinos não têm nada de particularmente britânico — são apenas um ingrediente para sanduíches.

Este livro foi escrito para defender coisas que não fazem muito sentido, mas também é um livro que, por sua vez, ataca nossa fetichização de tudo que *faz* sentido. Quando aceitar que pode haver valor ou utilidade para coisas difíceis de justificar, iremos chegar naturalmente a outra conclusão: que é perfeitamente possível ser ao mesmo tempo racional e equivocado.

Ideias lógicas costumam fracassar porque a lógica exige leis universais, mas seres humanos, ao contrário dos átomos, não se comportam de maneira coerente o suficiente para que essas leis se sustentem por muito tempo. Por exemplo, para desespero dos utilitaristas, não somos nada coerentes com nossas escolhas quanto a quem ajudar ou com quem colaborar. Imagine que você está com problemas financeiros e pede um empréstimo de 5 mil libras para um amigo rico, e ele explica, com toda a paciência, que você é muito menos carente que um vilarejo africano para o qual ele pretende doar a mesma quantia. Seu amigo está agindo de forma perfeitamente racional. Infelizmente, ele não é mais seu amigo.

As relações humanas só podem funcionar se aceitarmos que nossas obrigações para com certas pessoas sempre serão mais fortes que nossas obrigações para com outras. Ideias universais como o utilitarismo são lógicas, mas parecem não combinar com a maneira como evoluímos. Talvez não seja coincidência o fato de que Jeremy Bentham, o pai do utilitarismo, era uma das pessoas mais estranhas e antissociais de todos os tempos.[9]

O impulso à racionalidade fez as pessoas tentarem criar leis políticas e econômicas que fossem análogas às leis da física — universalmente verdadeiras e aplicáveis. A casta de tomadores de decisão racionais exige leis generalizáveis que lhes permitam opinar sem a necessidade de considerar as especificidades do caso em questão.[10] E, na realidade, o "contexto" costuma ser o fator mais

---

[9] Muito já foi sugerido que ele era autista. Não gosto de usar esse diagnóstico sem evidências mais concretas, mas pode ser verdade que ele usava em excesso a razão. Uma vez, ele recusou a chance de conhecer as sobrinhas jovens, dizendo: "Se eu não gostar delas, não vou apreciar a experiência, e se gostar, vou ficar triste quando elas forem embora". De uma lógica impecável, mas esquisito pra burro! Kant também era outro esquisitão.

[10] Repare que pessoas comuns nunca têm permissão para opinar sobre problemas complexos. Qual foi a última vez que você viu um agente de imigração dar uma entrevista sobre imigração, ou um policial de patrulha falar sobre crimes? É óbvio que essas pessoas sabem muito mais desses assuntos do que economistas ou sociólogos, mas preferimos consultar a sabedoria de gente com modelos e teorias do que a de quem tem experiência de fato.

importante para determinar como as pessoas pensam, se comportam e agem: esse simples fato condena muitos modelos universais já na linha de largada.[11] Porque, para estabelecer leis universais, os racionalistas ingênuos precisam fingir que o contexto não importa.

---

[11] Por exemplo, os alemães ricos vão ajudar alemães mais pobres? Claro. Vão ajudar os sírios? Sim, ainda que com relutância. Os gregos pobres? De jeito nenhum.

O contrário de uma ideia boa pode ser uma boa ideia

A teoria econômica talvez seja a tentativa mais ambiciosa de todos os tempos para criar normas universais para o comportamento humano — como diz a expressão, "tudo é mercado". No entanto, em certas situações, é muito comum o comportamento das pessoas ir na contramão das crenças supostamente lógicas da economia padrão. Vejamos o mercado imobiliário de Londres, por exemplo. Pela lógica, o constante aumento de preços dos imóveis na cidade faria com que muitos londrinos que não precisam morar na capital optassem por comprar imóveis mais afastados, lucrando com a alta dos preços e aliviando a pressão do mercado. Mas parece acontecer exatamente o contrário: quando em posse de um bem que está se valorizando, as pessoas que no fundo prefeririam se mudar para um lugar a oitenta ou trezentos quilômetros de Londres mudam de ideia, por medo de estarem abrindo mão de altas posteriores ou de que, se saírem da cidade, depois não vão conseguir se mudar de volta. Embora isso seja perfeitamente plausível — de fato, parece que é o que muitas vezes acontece na vida real —, a economia trata todos os mercados como se fossem tudo a mesma coisa. No mercado do petróleo bruto, por exemplo, pode ser que os acontecimentos coincidam com as previsões econômicas e altas de preços levem proprietários a vender, mas o mercado imobiliário e o de petróleo são muito diferentes.

Um aumento de impostos faz com que trabalhemos menos, já que passamos a ter um retorno menor pelo nosso trabalho, ou faz com que trabalhemos mais, para manter o mesmo nível de estilo de vida? Meio que depende. A lógica demanda que as pessoas arranjem leis universais, mas, fora do campo científico, essas leis são mais raras do que poderíamos imaginar. E, quando a psicologia humana desempenha alguma função, é bem possível que o comportamento seja totalmente contraditório. Por exemplo, um produto pode ser vendido de duas formas eficazes na mesma medida, mas completamente contraditórias: "Pouca gente tem isso, então deve ser bom" e "Muita gente já tem isso, então deve ser bom". Como o genial Robert Cialdini destacou em *As armas da persuasão*,[1] os princípios das vendas e das mudanças de comportamento são carregados de contradições.

Por um lado, artigos de luxo deixariam de existir se fossem muito disseminados — ninguém ia querer uma bolsa de grife que outras 5 milhões de pessoas também possuem.[2] Por outro lado, parece que muitos alimentos são populares *só* porque são populares. Sempre fiquei intrigado com a popularidade da sopa de missô. Imagine se isso não existisse, e um dia minha filha me oferecesse uma tigela: "Olha, pai, acabei de inventar uma sopa". Depois de afastar o negócio verde com aparência de folha e tomar um pouco, será mesmo que eu diria "Nossa, ligue agora para a Heinz, isso aqui é sucesso na certa"? Duvido. A reação mais provável seria "Hmm, melhor continuar no seu emprego atual". Contudo, milhões de pessoas[3] tomam essa substância peculiar toda semana — gostamos porque isso é popular no Japão. Tanto escassez quanto onipresença podem fazer a diferença, dependendo do contexto.

Enquanto na física o contrário de uma boa ideia geralmente é uma ideia ruim, na psicologia o contrário de uma boa ideia pode realmente ser uma ideia muito boa: é comum que os opostos funcionem. Uma vez pediram que eu melhorasse uma carta de duas páginas que vendia um produto de seguro. O texto tinha recebido parágrafos novos gradualmente, e cada um parecia ter ajudado com a reação do público — as vendas haviam aumentado pouco a pouco. Como eu poderia melhorar a carta? Sugeri que ela fosse reescrita

---

[1] Robert Cialdini, *Influence: The Psychology of Persuasion*. Nova York: HarperCollins, 2009. [Ed. bras.: *As armas da persuasão: Como influenciar e não se deixar influenciar*. Trad. de Ivo Korytowski. Rio de Janeiro: Sextante, 2012.]
[2] Pelo menos em países ocidentais. A Ásia parece diferente neste aspecto, até certo ponto.
[3] Eu também, estranhamente.

com no máximo sete ou oito linhas. Meu raciocínio? O produto era barato e prático, e estava sendo oferecido por uma empresa com quem os clientes já tinham um relacionamento. Meu argumento era que esse produto simples podia ser explicado e compreendido rapidamente. Uma carta breve passaria a mensagem de que era uma decisão óbvia de compra. A carta que já existia, de tamanho desproporcional, corria o risco de causar confusão[4] — se o produto era mesmo tão simples e prático quanto parecia, por que tanto esforço para vender? Fizemos um teste com uma carta de dois parágrafos. Felizmente, eu tinha razão. A conclusão foi que esse produto podia ser vendido de duas formas: com uma carta muito longa — o que passava confiança, por ser longa — ou com uma carta muito curta — o que passava confiança, por ser muito curta.

As duas categorias de lojas que melhor resistiram à instabilidade econômica global dos últimos anos são as que ocupam o ponto mais alto do espectro de preços e as que ocupam o mais baixo. Parte disso é resultado do aumento da desigualdade de renda, mas uma rápida análise dos dados demográficos dos consumidores indica que não é tão simples assim; por exemplo, a loja de departamentos popular TK Maxx tem uma clientela que reflete à perfeição a população britânica.[5] Na verdade, nos comprazemos com "extravagâncias" e também gostamos de encontrar "pechinchas". Em contraste, lojas com faixa de preço intermediária não oferecem um impacto emocional tão expressivo; ninguém sente uma onda de prazer comprando em lojas de médio preço.

Eu me lembrei dessa ideia recentemente quando saí com minha esposa para comprar roupa de cama. Depois de circular durante meia hora por uma loja de departamentos, expliquei que eu só estava disposto a gastar duas quantias de dinheiro naquela loja: "zero" ou "muito". Zero seria bom, pois poderíamos manter a roupa de cama já existente e usar o dinheiro para outras coisas. E muito dinheiro também era aceitável, já que aí eu poderia me empolgar com contagem de fios, potencial térmico e penas exóticas de ganso. Por outro lado, um valor intermediário não proporcionaria nenhum desses dois benefícios emocionais.

---

[4] O termo técnico é dissonância cognitiva.
[5] Até os super-ricos adoram uma promoção. Na verdade, produtos com marca de supermercado costumam ser comprados com frequência maior por pessoas mais ricas do que pelas mais pobres.

O sucesso do genial engenheiro-alquimista James Dyson como vendedor de aspiradores de pó parece resultado de uma disparidade mental semelhante. Antigamente, as pessoas só compravam aspiradores se fosse realmente necessário, quando o aparelho que elas já tinham quebrava. Dyson acrescentou um nível de empolgação à compra. Antes de sua invenção, não havia clamor público por "aspiradores muito caros que parecem muito legais", assim como antes da Starbucks as pessoas não pediam que as lanchonetes vendessem cafés realmente caros.

Contexto é tudo

As pessoas são muito contraditórias. A situação ou o lugar em que estamos pode alterar completamente nossa percepção e nosso raciocínio. Um exemplo que ilustra bem isso é o prejuízo garantido de quando viajamos de férias para algum lugar exótico, ficamos encantados pela bebida alcoólica típica de lá e decidimos importá-la para nosso país de origem. Já ouvi falar de um sujeito que se apaixonou por um licor de banana caribenho e comprou o direito de comercializá-lo no Reino Unido. Ele voltou com a mala carregada do troço e abriu uma garrafa na cozinha de casa, crente que ia impressionar os amigos com seu tino para negócios. Todos, incluindo ele, quase vomitaram ao experimentar; a bebida só tinha sido saborosa quando ele estava no Caribe.[1]

A própria maneira como percebemos o mundo é afetada pelo contexto, e é por isso que a tentativa racional de formular leis universais para o comportamento humano, independentes de contexto, talvez esteja fadada ao fracasso.[2] Até nossa política parece depender de contexto. Por exemplo, pessoas que se

---

[1] Pernod, claro, só é bom de verdade na França. E a Guinness é mais saborosa na Irlanda. Mas não é porque a Guinness é melhor na Irlanda, e sim porque a Irlanda é um ambiente mais propício para beber Guinness. Aparentemente, vinho rosé é muito mais gostoso de beber perto do mar.

[2] Em meus esforços para compreender a insensatez de se criar leis universais para o comportamento humano, considerei muito esclarecedores o antropólogo Oliver Scott Curry e o livro *Arriscando a própria pele*, obra de Nassim Nicholas Taleb. A tentativa dos filósofos de impor obrigações morais vai de encontro à nossa natureza evoluída.

dizem de direita se comportam — em uma esfera local — de um modo que, na prática, poderia ser considerado socialista. Um clube na rua Pall Mall, em Londres, tem vários sócios abastados de direita, mas todos pagam o mesmo valor de afiliação, embora cada um use o clube de formas bastante distintas. Como o escritor e filósofo Nassim Nicholas Taleb destacou, o Goldman Sachs é surpreendentemente socialista por dentro: os sócios distribuem os lucros entre si. Contudo, ninguém na empresa pensa em sugerir uma divisão de lucros com o JP Morgan; em determinado contexto, as pessoas não se incomodam de partilhar e redistribuir riqueza, mas, em outro, de jeito nenhum.

Por que isso acontece? No livro *Arriscando a própria pele*,[3] Taleb inclui o que talvez seja a frase mais interessante que já encontrei sobre opinião política individual. Alguém[4] explica que, dependendo do contexto, suas preferências políticas podem ser totalmente distintas: "Na esfera federal, sou libertário. Na esfera estatal, sou republicano. Na esfera municipal, sou democrata. Em família, sou socialista. E, com meu cachorro, sou marxista — cada um, de acordo com sua competência, com seu cada qual, de acordo com suas necessidades".

Quando pensamos em solucionar disputas políticas de forma "racional", partimos do princípio de que as pessoas interagem com os outros sempre da mesma forma, independente do contexto, mas não é assim que acontece. Trocas econômicas são muito afetadas pelo contexto, e tentativas de enfiar o comportamento humano dentro de uma camisa de força de tamanho único estão fadadas ao fracasso desde o início — elas são motivadas pelo perigoso encanto que temos pela certeza absoluta. Contudo, isso só pode derivar de teorias, o que, justamente pelo caráter universal, não leva em conta o contexto.

Adam Smith, o pai da economia — mas também, de certa forma, o pai da economia comportamental[5] —, identificou com nitidez essa falácia dois séculos atrás. Ele advertiu contra o "homem do sistema", que:

---

[3] Nassim Nicholas Taleb, *Skin in the Game*. Nova York: Random House, 2018. [Ed. bras.: *Arriscando a própria pele: Assimetrias ocultas no cotidiano*. Trad. de Renato Brett. Rio de Janeiro: Objetiva, 2018.]
[4] Um dos irmãos Geoff e Vince Graham.
[5] Antes de *A riqueza das nações*, Smith escreveu um livro chamado *Teoria dos sentimentos morais* (*The Theory of Moral Sentiments*. Londres: [s.n.], 1759. Ed. bras.: Trad. de Lya Luft. São Paulo: Martins Fontes, 2015). Descrito tipicamente como uma obra de filosofia moral, é também um manual fabuloso sobre ciência do comportamento e psicologia do consumidor. Ver a página 194.

tende a se considerar muito sábio; e que de tal modo se enamorou da suposta beleza de seu próprio plano ideal de governo que não admite absolutamente qualquer desvio. Ele trata de estabelecê-lo por completo e em toda parte, sem levar em conta os grandes interesses, ou as fortes preconcepções, que podem se opor [...]. Ele aparentemente se imagina capaz de dispor os diversos membros de uma vasta sociedade com a mesma facilidade com que a mão dispõe as diversas peças em um tabuleiro de xadrez. Não considera que, para as peças, o único princípio de movimento é o que a mão lhes aplica; mas, no grande tabuleiro da sociedade humana, cada peça tem seu próprio princípio de movimento, totalmente distinto do que a legislação poderia decedir [sic] aplicar. Se esses dois princípios coincidem e se orientam na mesma direção, o jogo da sociedade humana seguirá de forma fluida e harmoniosa e, muito provavelmente, será feliz e bem-sucedido. Se forem contrários ou diferentes, o jogo será terrível, e a sociedade estará sempre em elevadíssimo grau de desordem.

A ironia é que o "homem do sistema" no início do século XXI provavelmente é um economista, mas o que mais precisamos hoje é de homens e mulheres que *não* estejam fixados em um sistema de pensamento absoluto. Este livro é uma tentativa não apenas para criá-los, mas também lhes dar permissão para agir e falar com mais liberdade. Espero que com isso você consiga se libertar um pouco da camisa de força racionalista moderna, e que eu possa ajudar a compreender que muitos problemas poderiam ser solucionados se abandonássemos a obsessão racionalista com leis universais independentes de contexto. Quando tiver se soltado dessas amarras, você talvez se sinta livre para gerar ideias mágicas — algumas podem ser bobas, mas outras serão inestimáveis.

Infelizmente, muitos amigos e colegas nossos, e sobretudo seu diretor financeiro e seu gerente no banco, não vão gostar nem das ideias novas de não senso, e nem mesmo das valiosas. Não é porque elas sejam custosas — a maioria é até muito barata. Não, ele[6] vai detestar porque essas ideias não se encaixam muito bem com sua visão de mundo estreita e reducionista. Mas a questão é justamente essa — essa estreita visão econômica de mundo domina há tempo demais todo o processo decisório.

---

[6] E geralmente é um homem, não é?

Com umas poucas aulas de economia comportamental e um toque de psicologia evolutiva, você logo vai enxergar onde essa visão de mundo lógica entra perigosamente em colapso. Enquanto isso, seu diretor financeiro, por mais gente fina que seja, detesta experimentos que tenham a ver com alquimia, porque a alquimia opera de forma errática; ele prefere pequenos lucros *garantidos* àqueles que, na média, serão maiores, mas que são mais difíceis de calcular com antecedência.[7]

Entretanto, esse amor natural da humanidade por certezas também pode impedir que empreendimentos façam descobertas mais valiosas. Afinal, nenhuma grande ideia de negócios faz sentido inicialmente. Quer dizer, imagine sugerir as seguintes ideias a um grupo de investidores céticos:

1. "O que as pessoas querem é um aspirador de pó muito legal." (Dyson)
2. "... e a melhor parte é que as pessoas vão escrever o negócio todo de graça!" (Wikipédia)
3. "... e, portanto, prevejo com confiança que a grande moda duradoura do próximo século será um tecido áspero e desconfortável que desbota de um jeito feio e leva uma eternidade para secar. Até hoje, tem feito sucesso apenas entre trabalhadores indigentes." (Jeans)
4. "... e as pessoas vão ser obrigadas a escolher entre três ou quatro opções." (McDonald's)
5. "E o melhor é que a bebida tem um gosto que os consumidores dizem detestar." (Red Bull)
6. "... e pode apostar que pessoas nem um pouco insanas vão pagar cinco dólares por uma bebida que custaria alguns centavos para fazer em casa." (Starbucks)[8]

Ninguém em sã consciência investiria um centavo sequer nesses golpes. O problema que atormenta qualquer organização que atinge certo tamanho[9] é que a estreita lógica convencional é o modo natural de raciocínio para burocratas ou executivos que não gostam de assumir riscos. Existe um motivo simples

---

[7] Por que você acha que consultorias de gestão fazem tanto sucesso?
[8] E, por favor, nem me fale de água mineral!
[9] Geralmente, o tamanho em que começam a utilizar empresas de pesquisa de mercado.

para isso: ninguém será demitido por agir de forma lógica. Se o seu raciocínio é correto e convencional, provavelmente a culpa não vai cair em você em caso de fracasso. É muito mais fácil ser demitido por falta de lógica do que por falta de imaginação.

O grande problema é que a lógica sempre vai nos levar exatamente para o mesmo lugar da concorrência. Na Ogilvy, fundei uma divisão que usa psicólogos graduados para examinar problemas de mudança comportamental através de uma nova perspectiva. Nosso mantra é: "Faça testes inusitados, porque ninguém nunca faz isso". Por que isso é necessário? Para resumir, o mundo funciona de acordo com dois sistemas operacionais. Um deles, muito menor, usa lógica convencional. Se você está construindo uma ponte ou uma estrada, existe uma definição de sucesso que independe de percepção. A construção é segura para X veículos que pesam Y quilos e viajam a Z quilômetros por hora? O sucesso pode ser definido em absoluto por termos de unidades científicas objetivas, sem espaço para subjetividade humana.[10]

Isso pode valer para a construção de estradas, mas não contará para a hora de pintar faixas nela. Nessa hora, é preciso levar em conta o componente mais complexo da maneira como as pessoas reagem às informações fornecidas pelo entorno. Por exemplo, se você quer que os veículos diminuam a velocidade, é útil pintar linhas paralelas atravessadas na estrada a intervalos cada vez menores antes de um cruzamento, já que o encurtamento desses espaços vai criar a sensação de que o carro está indo menos devagar do que realmente está.

Os americanos não são lá muito bons para construir rotatórias, ou o que eles chamam de "círculos de trânsito", simplesmente porque não têm muita experiência com isso.[11] Em uma ocasião, uma equipe de britânicos conseguiu

---

[10] Embora um gênio suíço chamado Robert Maillart *tenha* construído pontes com base em critérios subjetivos. Todas as pontes de Maillart poderiam entrar na lista das cem mais bonitas do mundo. Procure no Google e veja com seus próprios olhos. Na verdade, Maillart não era um engenheiro — era um artista do concreto.

[11] Temos muita experiência, já que temos mais rotatórias do que qualquer outro país exceto a França. Na verdade, nós inventamos as rotatórias, mas, como foi uns 150 anos depois da Guerra de Independência dos Estados Unidos, não conseguimos despertar muito o interesse dos americanos. Outros territórios britânicos tiveram mais sorte: "rotatória" em suaíli é "keepi lefti" — pois geralmente as rotatórias quenianas eram marcadas com uma placa que mandava o motorista se "Manter à Esquerda" [Keep Left].

reduzir em 95% a incidência de acidentes em um círculo de trânsito na Flórida pintando as faixas de um jeito diferente. Em uma cidade holandesa, especialistas em trânsito aumentaram a segurança nas estradas tirando todas as marcações das pistas.[12]

Então existem problemas lógicos, como a construção de uma ponte. E existem problemas psico-lógicos: a questão de pintar faixas na estrada. As regras para solucionar esses dois tipos são diferentes; assim como eu faço a distinção entre nonsense e não senso, também diferencio o raciocínio lógico do psico-lógico. A perspectiva lógica e a psico-lógica adotam sistemas operacionais diferentes e exigem softwares específicos, e precisamos compreender ambos. A psico-lógica não é errada, mas lida com questões diferentes e age de maneira diferente da lógica. Como a lógica é autoexplicativa, preferimos usá-la em todos os contextos sociais e institucionais, mesmo quando não devíamos. O resultado é que, ao ignorarmos o método psico-lógico, acabamos utilizando um software inadequado para o sistema operacional.

A inclusão de um chafariz decorativo imenso no meio da rotatória em Clearwater não foi uma ideia muito boa. Uma reformulação posterior do projeto diminuiu consideravelmente o índice de acidentes.

---

[12] Não se esqueça: o contrário de uma ideia boa também pode ser uma boa ideia!

Os quatro S

Existem quatro motivos principais por que evoluímos para nos comportar de forma aparentemente ilógica, e é conveniente que todos comecem com a letra S.[1] São eles: Sinalização, alteração do inconSciente, Satisfação e pSicofísica.* Se não compreenderem esses conceitos, as pessoas racionais estarão fadadas a passar o resto da vida confusas e perplexas pelo comportamento de outros; se os apreenderem, algumas peculiaridades do comportamento humano vão começar a fazer sentido.

---

[1] Exceto pelos que têm o S no meio da palavra.
* Signalling, Subconscious hacking, Satisficing e Psychophysics, no original (N. T.).

Por que deveríamos ignorar nosso GPS

O sistema de navegação por rádio que conhecemos como GPS é uma obra-prima da lógica, mas é psico-logicamente burro: o que você quer e o que seu dispositivo de GPS acha que você quer nem sempre coincidem. O GPS define sua ação em termos matemáticos, lógicos — fazer você chegar ao seu destino o mais rápido possível. Tudo bem, a distância pode ser uma variável secundária — para os motoristas, talvez seja irritante (e pior financeiramente) o GPS economizar trinta segundos no trajeto mandando-os usar uma estrada mais rápida, mas que tem trinta quilômetros a mais, então há uma programação para evitar isso. Mas, fora a velocidade média estimada e a distância, outras variáveis são deixadas de lado.

A navegação por GPS é mesmo um recurso milagroso e um triunfo do raciocínio lógico. Uma rede de satélites militares americanos localizados a mais de 10 mil quilômetros de altitude em torno da Terra, todos transmitindo sinais com potência pouco maior do que uma lâmpada de cem watts, permite que um dispositivo no seu carro ou celular identifique sua localização em um raio de menos de sete metros,[1] o que significa que seu celular ou GPS pode, levando em conta informações de trânsito anteriores e de tempo real, calcular a rota mais rápida para qualquer destino com impressionante precisão.

---

[1] O sistema é tão minucioso que os relógios a bordo desses satélites precisam ser calibrados para atrasar 38 microssegundos por dia em relação ao horário da Terra, para compensar os efeitos da relatividade geral e especial.

Apesar disso, ainda ignoro muitos dos conselhos do meu GPS, especialmente se já estou familiarizado com o trajeto, ou se minhas prioridades psico-lógicas divergem das lógicas. Isso acontece porque o GPS é incrivelmente esperto, mas ao mesmo tempo é dogmático e presunçoso.[2] Ele vai dizer para seguirmos determinada rota, todo confiante, com base em uma compreensão perfeita de um conjunto muito limitado de dados e uma ideia simplista da nossa motivação. Não demonstra qualquer sensibilidade ao contexto ou a qualquer prioridade diferente que possamos ter. Dispositivos de GPS sabem tudo do que cabe a eles e nada sobre qualquer outra coisa.

Além do mais, todos os aplicativos de navegação presumem que você está tentando chegar o mais rápido possível ao seu destino, mas eu não sou uma mera carga — se estiver de férias, talvez eu deseje seguir por uma rota mais longa e bonita. Se estou voltando para casa do trabalho, talvez prefira uma rota mais lenta que fuja de engarrafamentos. (Os seres humanos, ao contrário de dispositivos de GPS, preferem demorar mais a ficar presos no trânsito.) Esses dispositivos também não conhecem o conceito de compensação, especialmente no quesito de otimização do "tempo médio estimado de viagem" e no de minimização da "variância" — a diferença entre o melhor e o pior tempo para determinada rota.

Por exemplo, quando estou indo para o aeroporto, é comum eu ignorar o GPS. Isso acontece porque, se tenho que chegar a tempo de um voo, não preciso do trajeto médio mais rápido, e sim da opção em que o tempo médio tenha a menor variância — a do "cenário com menos chance de dar problema". O aplicativo de navegação sempre recomenda que eu pegue uma rodovia, mas geralmente uso as estradas secundárias. Meu percurso por vias menores geralmente leva uns quinze minutos a mais do que se eu fosse pela M25, mas não me importo com isso, porque um atraso de quinze minutos ainda permite que eu chegue com tempo de sobra; é preferível ao risco pequeno, mas importante, de passar uma hora e meia parado em uma M25 congestionada, o que me faria perder o voo.[3]

---

[2] Em uma época menos politicamente correta, talvez poderíamos tê-lo descrito como "um pouco alemão".

[3] Rodovias são excelentes em otimização, mas péssimas em opção: se uma estrada secundária estiver engarrafada, dá para pegar uma saída e tentar um caminho diferente, se estamos em vias expressas ficamos sem escolha. Um GPS não entende nada disso, mas humanos sabem por instinto. O livro *Antifrágil*, de Nassim Nicholas Taleb, é uma aula excelente sobre a compreensão dessas considerações de segunda ordem (*Antifragile: Things That Gain from Disorder*.

O GPS só sabe o que sabe e é cego para soluções que não fazem parte dos seus parâmetros básicos. Ele ignora completamente a existência de transporte público, então vai sugerir que eu vá de carro para o centro de Londres às oito da manhã, um trajeto que só um lunático escolheria fazer. E, em oposição, meu aplicativo de transporte urbano Transport for London ignora completamente a invenção do automóvel. E, quando abro o Google Maps e clico em "transporte público", ele presume que não tenho carro (uma suposição muito californiana) e recomenda, cheio de confiança, que meu trajeto até a estação ferroviária mais próxima — um percurso tranquilo de no máximo quinze minutos de carro — seja feito usando uma combinação complexa de rotas de ônibus que levaria uma hora e quinze.

Para compreender este livro, você precisa entender que existe no cérebro humano uma dualidade bem semelhante à relação entre a lógica do GPS e a sabedoria mais abrangente do motorista, entre a lógica e a psico-lógica. Existe a resposta inequivocamente "correta", em que alcançamos a certeza por meio da delimitação dos dados considerados. O problema disso é que, no contexto equivocado, a solução pode ser completamente errada. E existe também o discernimento bastante decente da psico-lógica, que considera uma gama muito mais ampla de fatores para chegar a uma conclusão que pode não ser perfeita, mas quase nunca é estúpida.

A credibilidade que podemos associar a esses dois modos de pensar varia conforme o contexto. Às vezes, é melhor confiar sem pensar duas vezes no GPS, mas em outros momentos precisamos ignorá-lo completamente e usar parâmetros mais amplos. Repetindo, não é porque estamos errados que nem sempre seguimos o GPS: é porque nossos planos de viagem têm fatores importantes os quais o GPS ignora. Muita suposta "irracionalidade" pode ser explicada assim.

Nem sempre nosso comportamento corresponde às ideias convencionais de racionalidade, mas não é por sermos tolos: é porque sabemos mais do que

---

Nova York: Random House, 2012. Ed. bras.: *Antifrágil: Coisas que se beneficiam com o caos*. Trad. de Renato Marques. Rio de Janeiro: Objetiva, 2020). Por exemplo, seria irritante alguém jogar 120 pedrinhas na sua cabeça, uma por minuto, durante duas horas; mas alguém jogar um pedregulho na sua cabeça de uma vez só é fatal: 1 x 120 nem sempre corresponde a 120 x 1. Mais sobre isso depois.

sabemos que sabemos. Não tomei a decisão de usar estradas secundárias para ir até o aeroporto porque tinha calculado a variância do tempo de percurso — foi instintivo, e só depois que percebi meu raciocínio inconsciente. "O coração tem razões que a própria razão desconhece", como disse Pascal.[4]

Porém, em alguns casos, nossas decisões conscientes e inconscientes coincidem: quando volto para casa do aeroporto, sem hora para chegar, costumo seguir o GPS. Em outras ocasiões, colocamos a razão para escanteio. Se eu estivesse passeando pelo vale do Loire, provavelmente preferiria desligar o GPS e consultar um bom guia de viagens; se meu GPS fosse dotado de consciência, ele acharia que sou um grande idiota, escolhendo estradas vagarosas e atravessando pontes estreitas perto de vários *châteaux* em vez de pegar uma autoestrada a poucos quilômetros de distância.

Na verdade, meu GPS surta até quando eu saio do percurso para encher o tanque — "Faça o retorno... faça o retorno... FAÇA O RETORNO!". Ele tem uma noção muito limitada do que estou tentando fazer. Mas, em um passeio pelo Loire, eu não priorizaria a velocidade para chegar ao meu destino — um GPS é simplesmente incapaz de compreender uma motivação dessas. Ele entende de tempo, velocidade e distância, mas não tem nenhum critério para avaliar belezas de cenário.

Assim como seu GPS ainda não foi programado para entender uma série mais abrangente de motivações humanas, nosso cérebro consciente não evoluiu para perceber muitos dos fatores instintivos que inspiram nossas ações. Segundo uma teoria fascinante proposta originalmente pelo biólogo evolutivo Robert Trivers e depois defendida pelo psicólogo evolutivo Robert Kurzban, não temos acesso completo aos motivos por trás das nossas decisões porque, em termos evolutivos, é melhor para nós ficarmos no escuro; evoluímos para nos enganar, para que possamos enganar melhor outras pessoas. Assim como convém não dizer certas coisas, também convém não analisar certas emoções.[5] A teoria diz que, se todas as nossas motivações inconscientes afetassem nossa

---

[4] "*Le coeur a ses raisons que la raison ne connaît point.*" Basicamente, "às vezes vale a pena ignorar o GPS" em francês do século XVII.
[5] Como "Estou lhe dando estas flores na tentativa desesperada de que você transe comigo" ou "Estou ansioso para estudar história da arte na sua venerável Universidade Oxford para que possa impressionar os recrutadores da JP Morgan".

consciência, nosso comportamento poderia conter indicações sutis que revelem nossa motivação verdadeira, o que limitaria nosso potencial de socialização e reprodução.

Robert Trivers oferece um exemplo extraordinário em que um animal com acesso consciente a suas próprias ações pode ser prejudicial à sua adequação evolutiva. Quando uma lebre está sendo perseguida, ela corre em zigue-zagues aleatórios para tentar despistar o predador. Essa técnica será mais eficaz se a aleatoriedade for genuína e inconsciente, pois é melhor se a lebre não souber de antemão para onde será o pulo seguinte: se ela estivesse ciente, sua postura poderia revelar alguma pista ao predador. Com o tempo, cachorros aprenderiam a reconhecer esses sinais — com consequências fatais. Essas lebres mais conscientes acabariam desaparecendo, então as lebres modernas provavelmente descendem das que tinham menos consciência de si. Da mesma forma, talvez os seres humanos descendam de antepassados que sabiam disfarçar melhor suas motivações verdadeiras. Não basta disfarçá-las de outros — para realmente convencer, é preciso disfarçá-las de nós mesmos.

Acho que Robert Trivers tem razão com sua teoria de autoengano; caso contrário, nosso trabalho como publicitários seria muito mais fácil do que é. Poderíamos apenas perguntar para as pessoas por que elas agiram de determinada maneira ou se elas comprariam alguma coisa, e elas responderiam com sinceridade: "Não, eu não pagaria 4,65 dólares por um café, mas, se você puser um logo verde requintado em um copo de papel para que eu possa exibir quando entrar no escritório, talvez eu me interesse...". Na vida real, ninguém jamais diria isso.

O saudoso David Ogilvy, um dos grandes nomes do mercado publicitário americano e fundador da empresa onde eu trabalho, teria dito certa vez: "O problema das pesquisas de mercado é que as pessoas não pensam do jeito que elas sentem, não dizem o que pensam e não fazem o que dizem".[6] Trivers e Kurzban explicaram a ciência evolutiva por trás desse imbróglio: é que nós não temos acesso às nossas motivações genuínas, porque não é do nosso interesse saber. Eis o que disse Bill Bernbach, contemporâneo de Ogilvy:

[6] Não encontrei nenhuma evidência de que Ogilvy tenha dito isso mesmo — sua carreira começou com pesquisas de mercado, e ele era um grande incentivador da estratégia. Mas, apesar disso, acho que ele concordaria com essas palavras, mesmo que de forma relutante.

A natureza humana não muda há 1 milhão de anos. E não vai mudar nem no próximo milhão. Só mudaram coisas superficiais. É chique falar do homem em mutação. Um comunicador precisa atentar para o homem imutável — as compulsões que o movem, os instintos que dominam todas as suas ações, ainda que suas verdadeiras motivações estejam sendo constantemente camufladas pela sua linguagem.

Anos atrás, durante uma entrevista sobre compra de livros pela internet para um cliente, um jovem me disse algo surpreendentemente honesto. "Olha, pra ser honesto, não gosto muito de ler romances, mas descobri que, se ler alguns do Ian McEwan, dá para pegar garotas de muito mais qualidade." É raro encontrar tamanha franqueza sobre nossas motivações reais.[7]

O autoengano humano também dificulta nosso trabalho por outro motivo: ninguém quer acreditar na sua existência, e parece ser algo que as pessoas aceitam apenas em um nível teórico raso.[8] Para as pessoas, é muito mais confortável atribuir o sucesso de um empreendimento a tecnologias melhores ou uma gestão mais eficiente de redes de abastecimento do que a um desejo humano inconsciente implícito.

Talvez seja porque não há dúvida de que precisamos de algum grau de autoengano para funcionar como espécie social.[9] Imagine um mundo em que nós fôssemos incapazes de mentir, e onde as pessoas em encontros românticos perguntassem sem firulas ao parceiro em potencial temas como poder aquisitivo e perspectivas profissionais, sem sequer fingir interesse pela personalidade. Onde estaríamos?[10]

A evolução não se importa com a objetividade — só se importa com aptidão.

---

[7] É incerto se essa consciência dele ajudou muito em seu potencial reprodutivo: me recordo de que ele era solteiro. Talvez essa motivação fosse óbvia demais para as garotas que ele conhecia?
[8] Até gente que trabalha com publicidade, para ser honesto.
[9] Assim como, em termos evolutivos, talvez compense encararmos nosso potencial com excesso de otimismo, em vez de objetividade. Na psicologia, curiosamente, constatou-se que as únicas pessoas que não sofrem com excesso de confiança são as que têm depressão profunda.
[10] Em Nova York, talvez.

Se for útil para nós percebermos o mundo de forma distorcida, então a evolução vai limitar nossa objetividade. Como Trivers destaca, o ponto de vista padrão e ingênuo é a ideia de que a evolução nos deu sentidos que nos proporcionam uma imagem correta do mundo. No entanto, a evolução não quer saber de correção e objetividade: ela quer saber de aptidão. Eu posso saber racionalmente que uma cobra é inofensiva, mas esses seres rastejantes ainda me deixam instintivamente nervoso.

Não é fácil persuadir as pessoas a aceitarem a ideia de motivações ocultas. Afinal, quem gosta de gatos talvez entenda que esses animais tendem a ficar mais afetuosos quando estão com fome, mas boa sorte se você tentar convencê-los de que o bichano só está fingindo afeto para ganhar comida. No entanto, todos nós lucraríamos se aprendêssemos a aceitar o fato de que nossas motivações e emoções inconscientes podem ter pouco a ver com os motivos que atribuímos a elas.

Lembra a companhia aérea e os sanduíches? Assim como deduzimos muita coisa sobre uma companhia aérea com base no serviço de bordo oferecido, enquanto não damos atenção à aeronave de 150 milhões de dólares ou ao modelo das turbinas, também é muito possível ficarmos insatisfeitos com um hospital porque o atendimento na recepção é ruim, as revistas são antigas e a enfermeira ficou pouco tempo conosco. Na verdade, talvez fosse vantajoso para o serviço público de saúde no Reino Unido "desperdiçar" um pouco mais de dinheiro em sinalizações, enquanto o setor de saúde norte-americano provavelmente deveria gastar muito menos. Tudo bem disponibilizar revistas recentes na recepção para mostrar que você se importa, mas, quando a vontade de demonstrar dedicação ao paciente leva a testes desnecessários e procedimentos cirúrgicos invasivos, provável que seja melhor um pouco de moderação.

As pesquisas jamais mostrariam isso; se nos perguntassem, nós insistiríamos que só queremos saber de medidas objetivas na área da saúde, e falaríamos isso com confiança no que estamos afirmando. Mas a verdade é que os detalhes adicionais exercem um efeito muito maior na nossa reação emocional, e, portanto, em nosso comportamento, do que resultados mensurados. Considere estas declarações contrastantes: "Ela morreu ontem, mas tenho que admitir que o hospital foi maravilhoso" e "Não, o papai está bem. Não graças à porcaria daquele hospital. Ele teve que esperar quatro dias pela cirurgia". Falando objetivamente, o serviço público de saúde do Reino Unido fornece um excelente serviço médico pelo dinheiro gasto nele; o resultado lamentável é que ficamos tão incomodados com ele quanto ficaríamos durante um voo em um avião novo em folha que oferece sanduíches de segunda categoria.

Para um negócio ser verdadeiramente voltado para o cliente, ele precisa ignorar o que as pessoas falam. Ele tem que se concentrar no que as pessoas sentem.

Vou dar um exemplo de como pode ser libertador para a criatividade ignorarmos o que as pessoas falam. Assim como a questão de como avaliamos hospitais e atendimento médico, tem a ver com a questão de atribuição emocional equivocada. O fato é que, embora saibamos como nos sentimos, não conseguimos explicar exatamente o *motivo*. A natureza se preocupa muito com as emoções, e as emoções têm grande influência sobre como agimos, mas elas não vêm acompanhadas de explicações — porque muitas vezes é melhor não sabermos.

O que achamos que sentimos pode ter pouco a ver com o motivo verdadeiro por que sentimos isso, então muitas vezes é bom fazer perguntas simples para as quais a resposta parece absolutamente óbvia. "Por que as pessoas vão a restaurantes?", por exemplo. "Porque elas têm fome", seria a resposta. Mas, se pararmos para pensar, uma pessoa que está apenas com fome poderia saciar a vontade de forma muito mais econômica em outro lugar. Restaurantes só têm uma relação tangencial com comida: o valor real deles está no contato social e no status.[11]

É interessante que, depois que saímos da infância, paramos de fazer essas perguntas aparentemente infantis. Faça o seguinte exercício, que começa com uma pergunta infantil, mas que talvez não tenha sido feita antes: Por que as pessoas não gostam de precisar ficar em pé em trens lotados?[12] Fiz essa pergunta uma vez durante uma reunião com uma empresa ferroviária. Todo mundo ficou confuso; quer dizer, é óbvio que ficar em pé deve ser pior do que se sentar, não? Talvez. Mas por quê? E, se ficar em pé sempre é pior do que se sentar, por que

---

[11] Talvez seja revelador o fato de que a maior parte do faturamento seja com álcool, não comida.
[12] Estou falando aqui do metrô e dos trens urbanos de Londres. A pergunta "Por que as pessoas se incomodam de ficar em pé durante uma viagem de quatro horas" *seria* infantil!

as pessoas continuam em pé mesmo quando algum assento vaga? Pode haver uma série de motivos, mas, por incrível que pareça, os próprios passageiros não têm certeza, mesmo quando conseguem depois chegar a racionalizações plausíveis. Mas é possível que, se essa pergunta for feita mais vezes, sejam desenvolvidos novos formatos de vagão que ninguém tenha imaginado ainda, ou quem sabe a questão seja resolvida com diferenciação de preços. Ainda não sabemos.

Então vamos perguntar de novo — por que as pessoas odeiam ficar em pé no trem? Tem a ver com elas se sentirem enganadas? Afinal, elas pagaram por um lugar no trem, e a empresa aceitou seu dinheiro e não ofereceu um lugar. É isso? Nesse caso, seria possível oferecer vagões sem assentos para trajetos mais curtos de trem e metrô? Os usuários poderiam receber um reembolso parcial da passagem, ou ganhar pontos que renderiam viagens gratuitas. Será que assim elas ficariam felizes? Poderíamos tentar descobrir.

Ou talvez seja porque é cansativo; não é só a necessidade de ficar em pé, mas também de não perder o equilíbrio. Ou talvez porque, tendo que se segurar em uma barra para não cair, as pessoas não possam mais usar o celular, ler um livro ou jornal, ou beber café, então a viagem se torna chata. Se os motivos são esses, então uma série de apoios acolchoados pode ajudar.[13] Talvez seja porque as pessoas não têm onde colocar a bolsa, ou porque sejam paranoicas e temam furtos.[14] Ou talvez seja mais uma questão de status; quem viaja sentado tem janela, pode controlar seu espaço pessoal, tem lugar para colocar as sacolas — e quem viaja em pé fica de mãos abanando. Não tem nada que essas pessoas possam dizer para si mesmas que deixe a situação menos desconfortável. Mas isso leva a uma hipótese interessante: e se viajar de pé tivesse benefícios? Em outras palavras, existe espaço para alquimia?

Imagine se existissem trens urbanos com assentos no meio do vagão e que o espaço para ir em pé ficasse perto das janelas dos dois lados. As pessoas sentadas poderiam ter suporte para copo e mais nada; quem estivesse de pé teria a vista da janela, lugar para apoiar o corpo e uma prateleira para colocar

---

[13] Esses apoios acolchoados existem no fundo dos vagões de metrô em Londres, e as pessoas encostadas neles nunca parecem infelizes.
[14] Curiosamente, uma empresa britânica acabou de lançar uma mochila com todos os zíperes virados de dentro para as costas, justamente para resolver esse temor.

a bolsa ou o laptop, com duas entradas de USB para carregar o celular. Assim, haveria vantagens evidentes para não se sentar, ao ponto de viajar em pé passar a ser percebido — por terceiros e por nós mesmos — como uma opção, não concessão.[15]

Planos como esse só aparecem quando as pessoas fazem uma pergunta burra mantendo a mente aberta. O usuário de transporte público sabe que detesta ficar em pé, mas não sabe direito por quê; se você perguntar, ele vai exigir mais assentos, mas a única maneira de atendê-lo seria gastando uma fortuna com o aumento da quantidade de trens. Não fazemos perguntas básicas porque, assim que nosso cérebro fornece uma resposta lógica, paramos de procurar opções melhores; com um pouco de alquimia, é possível encontrar respostas melhores.

---

[15] "*A choice, not a compromise*" [Opção, não concessão] já foi um slogan da Ogilvy para o Ford Fiesta. Bordões publicitários — "Você de Mercedes" para o modelo Classe A, por exemplo, muitas vezes oferecem vislumbres acidentais e reveladores sobre a psico-lógica.

Parte 1
Dos usos e abusos da razão

Alguma coisa claramente deu errado com a comida tanto na Inglaterra quanto nos Estados Unidos entre as décadas de 1950 e 1980: ela passou a ser considerada mais uma questão de conveniência que de prazer. Pode parecer chocante agora, mas as previsões que eu lia na infância sobre o futuro imaginavam que os pratos de comida seriam substituídos por doses de nutrientes consumidos em forma de comprimidos — por algum motivo, supunha-se que o propósito da comida era satisfazer as necessidades nutricionais de minerais, vitaminas, proteínas e carboidratos, e que a função da indústria alimentícia era fornecer isso tudo da maneira mais eficiente possível.

Algumas pessoas visionárias haviam concebido uma definição estreita da comida, para criar um modelo racional de como a indústria alimentícia deveria agir.[1] Com essa atenção a escala e eficiência, as pessoas esqueceram para que a comida *serve*; embora, claro, seja uma forma de nutrição, ela também cumpre diversos outros propósitos. Os idealizadores da alimentação por comprimidos haviam perdido de vista o fato de que o ato de comer é agradável e uma ferramenta útil em ocasiões sociais.[2] Mesmo que tais pílulas fossem produzidas,

---

[1] Se isso parece ridículo em retrospecto, lembre-se de que o Vale do Silício pode estar fazendo a mesma coisa com alguma frequência hoje em dia: destruindo a variedade e o prazer em busca de uma metalógica que seria psicologicamente desastrosa.

[2] Se você participar de alguma reunião com o governo britânico, ninguém vai oferecer biscoitinhos. É uma economia de cerca de 50 milhões de libras por ano. O custo oculto é que

é perfeitamente plausível que quem optasse por esse tipo de alimentação acabaria na mais absoluta infelicidade.

Em muitos sentidos, é justamente na ineficiência de alimentos de alta qualidade onde reina a origem de seu valor emocional. O pão de fermentação natural que os hipsters adoram é feito de um jeito ridiculamente lento e ineficiente. Também é absurda a quantidade de variedades locais de queijo que os franceses têm, mas essa variedade e escassez é algo que contribui para o nosso prazer. Compare com a indústria de queijos nos Estados Unidos há trinta anos — que tinha uma eficiência incrível e era concentrada em apenas alguns estados. Nos anos 1990, parecia haver apenas dois tipos de queijo, um amarelo e um laranja, e nenhum era particularmente bom. Uma situação semelhante era a das cervejas americanas, cuja qualidade, antes da revolução recente das cervejarias artesanais, era deprimente;[3] contudo, desde o aumento magnífico de diversidade e ineficiência da produção cervejeira americana, os Estados Unidos deixaram de ser o pior país para um amante de cerveja e se tornou o melhor.[4]

A alimentação assumiu uma extraordinária ineficiência, e os futuristas dos anos 1960 que defendiam os comprimidos ficariam chocados de ver como erraram. As pessoas passam horas preparando refeições, comendo, assistindo a programas de TV sobre comida. Elas valorizam ingredientes locais e estão dispostas a pagar mais caro por alimentos produzidos sem fertilizantes químicos. Em contraste, quando impusemos a lógica à indústria alimentícia, esquecemos os motivos verdadeiros de por que apreciamos a comida.

Tomando isso como metáfora, eu gostaria de ver essa melhora na relação com a comida ao longo das últimas três décadas aplicada a outras áreas. Só quando deixarmos de lado a lógica limitada e passarmos a reconhecer o valor da psico-lógica poderemos fazer avanços genuínos. Se encararmos com franqueza a existência de motivações inconscientes, poderemos ampliar nossas

---

cada reunião assume um clima ligeiramente desagradável, por violar os princípios mais básicos de hospitalidade. Eu nem gosto de biscoito, mas mesmo assim fico irritado com isso. Uma assembleia sem biscoitos parece não tanto uma reunião colaborativa quanto um interrogatório sob a milícia da Sérvia. Em qualquer regime Sutherland, bolinhos seriam obrigatórios.

[3] Lamento dizer que Wisconsin tem culpa no cartório tanto pelo queijo quanto pela cerveja.

[4] Uma cervejaria artesanal americana começou recentemente a produzir na Alemanha.

soluções possíveis. Assim, se quisermos ter liberdade para explorar espaços de experimentação antes ignorados a fim de solucionar problemas práticos, precisamos descobrir o que as pessoas querem de verdade, e não a) o que elas dizem que querem ou b) o que nós achamos que elas deviam querer.

1.1. O binóculo quebrado

Durante os últimos cinquenta e tantos anos, a maioria dos problemas relacionados ao comportamento humano ou ao processo decisório foi solucionada com observações pelo que eu chamo de "binóculo padrão". Ele tem duas lentes — pesquisa de mercado e teoria econômica — que, juntas, deviam fornecer um panorama completo da motivação humana. Só tem um problema: o binóculo está quebrado. As duas lentes estão bastante rachadas e distorcem a imagem que enxergamos sobre qualquer tema.

A primeira lente é a pesquisa de mercado, ou, para usar um termo mais simples, fazer perguntas para as pessoas. No entanto, a questão disso é que, lembrando as palavras de Ogilvy: "O problema das pesquisas de mercado é que as pessoas não pensam do jeito que elas sentem, não dizem o que pensam e não fazem o que dizem". As pessoas simplesmente não têm acesso íntimo às suas motivações. A segunda lente é a teoria econômica padrão, que não pergunta às pessoas o que elas fazem, e nem sequer *observa* o que elas fazem. Ela apenas supõe uma visão estreita e excessivamente "racionalista" da motivação humana, concentrando-se em uma noção teórica e unidimensional do que se *acredita* que os humanos estão tentando fazer. Repetindo, a economia comportamental já demonstrou que fornece uma perspectiva incompleta e às vezes equivocada do comportamento humano — o mundo corporativo e o político não prestaram atenção o suficiente às falhas da economia e das pesquisas. Por que será?

Em geral, qualquer pessoa responsável por decisões de negócios ou de política pode supor com segurança que tudo que ela enxerga por esse binóculo é correto — no mínimo porque todos com quem ela trabalha, e qualquer um que pode contratá-la, promovê-la ou demiti-la, enxerga o mundo pelo mesmo binóculo.

"O modelo econômico disse que era para agir assim" é o equivalente do século XXI para "Eu só estava seguindo ordens", uma tentativa de fugir da culpa recusando qualquer responsabilidade por nossas ações. Às vezes, é claro que o binóculo funciona de maneira adequada: é bem comum as pessoas descreverem corretamente suas motivações, e uma grande porção do comportamento humano condiz perfeitamente com a teoria econômica. Como seria de se esperar, são comuns os pontos de convergência entre a lógica e a psico-lógica.

Contudo, ainda precisamos de um conjunto novo de lentes; como expliquei no começo do livro, problemas insistentes provavelmente são insistentes porque resistem à lógica. Em outros casos, o velho binóculo fornece uma imagem tão distorcida, com um campo de visão tão limitado, que nos impede de enxergar soluções criativas muito mais simples. O binóculo quebrado parte do princípio de que para uma viagem ser melhor ela tem que ser mais rápida, que uma alimentação melhor precisa ser mais barata, e que o estímulo para incentivar atitudes mais ecológicas tem que ser transformar as pessoas em ambientalistas fervorosas. Essas ideias todas podem ser possivelmente verdadeiras — mas nem sempre.

Nenhuma lente nova proporcionada por ciências como a economia comportamental e a psicologia evolutiva seria perfeita, mas pelo menos elas podem nos oferecer um campo de visão mais amplo. Em todo progresso há uma dose de palpites, mas é útil se pudermos começar com uma gama maior de palpites. A seguir vai um exemplo simples de como uma lente nova pode permitir que enxerguemos (e solucionemos) problemas a partir de uma perspectiva mais psico-lógica.

Um de nossos clientes na Ogilvy Change é uma concessionária grande de eletricidade que agenda atendimentos residenciais com eletricistas para fazer reparos ou manutenção de sistemas de aquecimento central. As visitas são agendadas em horários durante a manhã ou à tarde — é difícil estabelecer uma hora mais específica, pois não tem como prever o tempo que cada atendimento vai levar. Os clientes reclamam disso, e a queixa mais comum é: "Perdi um dia inteiro de trabalho". O que esses clientes *dizem* que desejam é poder marcar horários certos. No entanto, se interpretássemos essa demanda literalmente, custaria uma fortuna chegar a esse nível de precisão, ocasionando um risco de frustração sempre que as circunstâncias impedissem os eletricistas de cumprir a promessa. Os leitores mais astutos talvez já tenham percebido também que o agendamento de um horário específico não seria necessariamente a solução do problema de "perder um dia inteiro de trabalho" — se você agendar a visita entre uma da tarde e duas da tarde, por exemplo, ainda assim vai precisar faltar ao trabalho, a não ser que more perto do escritório.

Nossa primeira recomendação para o cliente foi prestar atenção no que os usuários estavam dizendo, mas interpretar de forma *lateral*, não *literal*. Era evidente que as pessoas achavam irritante a extensão do período reservado para atendimento, mas talvez a questão principal fosse o nível de incerteza associado à espera do eletricista. Qualquer um que tenha passado cinco horas esperando um eletricista em casa sabe que isso é uma espécie de tortura mental, quase um regime de prisão domiciliar; não se pode tomar banho ou dar um pulo no mercado para comprar leite, porque ficamos receosos de que o eletricista vai chegar no segundo em que dermos uma saída. Então passamos metade do dia em clima de suspense, com medo de o eletricista nem dar as caras. A experiência seria diferente se o eletricista aceitasse mandar uma mensagem de texto para o cliente meia hora antes de chegar? De repente, passaríamos a ter tempo para cuidar dos nossos afazeres como se fosse um dia de folga, e nossa única obrigação seria ficar de olho no telefone.[1] Essa é uma das soluções sugeridas por nós. É tão bom quanto oferecer agendamentos com horário fixo? Não exatamente, mas talvez proporcione 90% de avanço em termos de emoção e percepção por 1% do custo. O binóculo antigo não revelaria isso, porque as queixas dos usuários teriam sido interpretadas de forma literal.

Christopher Graves, um colega meu que fundou o Ogilvy Center for Behavioral Change (Centro Ogilvy para Mudança Comportamental) em Nova

---

[1] São bem numerosos os fatos comportamentais que sustentam nossa afirmação. Por exemplo, painéis de horários de saída atualizados com precisão e em tempo real em estações ferroviárias, que não diminuem em nada o tempo de viagem, são ótimos para a satisfação dos passageiros — parece que preferimos esperar oito minutos por um trem que sabemos que vai chegar em oito minutos do que esperar quatro minutos em estado de incerteza e ansiedade.

York, chama esse método de "perguntar o porquê verdadeiro". As pessoas podem saber expressar corretamente seu estado emocional, mas é comum que as causas desse estado emocional (no caso, a incerteza) sejam um completo mistério. Se o experimento der certo e indicações preliminares forem positivas, teremos realizado uma forma de alquimia, usando a psico-lógica para criar valor a partir do nada. A experimentação é a única maneira confiável de mensurar o efeito que as mensagens dos eletricistas vão causar na satisfação do consumidor em comparação com um grupo de controle que não receberia nenhum aviso prévio por parte dos empregados da empresa.

Outra opção é fazer o que se conhece como um exercício de raciocínio. Por exemplo, reflita sobre qual destes avisos em um painel de informações sobre voos seria mais irritante:

BA 786 — Frankfurt — ATRASADO

ou

BA 786 — Frankfurt — ATRASADO 70 minutos

A segunda mensagem é uma chateação — mas pelo menos você tem controle da situação. Talvez precise telefonar para avisar algumas pessoas ou ir para uma sala de espera e ligar o laptop, mas vai poder se adiantar e reorganizar seu dia. Mas a primeira mensagem é uma forma de tortura mental. Você sabe que não é algo bom, mas não tem informações suficientes para saber como agir. É um atraso de dez minutos ou de noventa? Existe também o receio de que "atrasado" seja só um precursor de "cancelado". A perda de poder e controle é capaz de criar um sentimento de irritação muito mais intenso do que a perda de pontualidade.[2]

Infelizmente, não somos capazes de distinguir entre essas duas emoções: não falamos "estou infeliz porque informações insuficientes me privaram de poder"; falamos "estou com raiva porque a porcaria do meu voo atrasou". Nesses casos, nenhuma das lentes do binóculo vai fornecer uma solução. Passageiros de

---

[2] Se você tem interesse em conhecer mais sobre o efeito deprimente da sensação de falta de controle diante de estímulos adversos, ou sobre os efeitos psicológicos negativos de designs problemáticos, leia a obra de Don Norman (*The Design of Everyday Things*. Nova York: Basic Books, 1988. Ed. bras.: *O design do dia a dia*. Trad. de Ana Deiró. Rio de Janeiro: Anfiteatro, 2006) e os experimentos de "desamparo aprendido" de Martin Seligman e Steven Maier ("Failure to Escape Traumatic Shock". *Journal of Experimental Psychology*, v. 74, pp. 1-9, 1967).

avião não vão gostar de escutar, mas é verdade: se a companhia aérea precisar escolher entre atrasar um voo em uma hora ou gastar 5 mil libras para decolar na hora, a decisão a ser tomada precisa ser influenciada pela qualidade de informações fornecidas aos passageiros. Eu diria ainda que, pelo ponto de vista da psico-lógica, uma métrica que se concentra na pontualidade da empresa e ignora a qualidade das informações pode estar incentivando a empresa a focar no alvo errado.[3] (Não se esqueça também que talvez uns vinte passageiros do voo fiquem felizes de receber uma mensagem de texto avisando que esse voo atrasou — os que ainda não chegaram ao aeroporto, para ser mais preciso.)[4]

Isso tudo pode parecer uma aplicação trivial da ciência do comportamento. Mas, como você verá mais adiante, essas mesmas técnicas que podem resolver pequenos problemas também podem ser empregadas para solucionar outros muito maiores. Por exemplo, a técnica que talvez ajude com o problema dos agendamentos de eletricistas pode diminuir a relutância das pessoas a economizar para a aposentadoria.[5] Um dos motivos que me fazem crer no valor genuíno de se estudar a ciência do comportamento é que os padrões são recorrentes: uma solução que em um nível relativamente banal incentiva as pessoas a adquirirem um novo cartão de crédito também pode ser usada para diminuir a resistência das pessoas a realizar exames médicos.

Mais sobre isso mais tarde...

---

[3] Pelo ponto de vista da psicologia, também parece burrice não avaliar atrasos em proporção à duração do voo. Um atraso de meia hora em um voo de uma hora é muito mais irritante que um atraso de uma hora em um voo de nove.
[4] Ou os que querem uma desculpa para cancelar aquela reunião chata em Frankfurt.
[5] Vou explicar mais adiante neste livro.

1.2. Eu sei que funciona na prática, mas será que funciona na teoria? John Harrison e Semmelweis

O método que estou propondo vai ajudar a gerar ideias novas e interessantes que valem a pena testar, mas não espere que elas tenham uma recepção imediatamente positiva. Se você quiser uma vida fácil, nunca tente resolver um problema com uma solução extraída a partir de um campo de conhecimento diferente do que se esperaria que surgisse a solução. Alguns anos atrás, meus colegas desenvolveram uma intervenção extraordinária para reduzir a criminalidade. Eles formularam a hipótese de que a presença de grades de metal que lojas de regiões com taxas elevadas de crimes usam para proteger as vitrines à noite talvez ocasione um *aumento* na incidência de crimes, pois passam a ideia implícita de que se trata de uma terra sem lei.

Uma dessas colegas, a brilhante Tara Austin, tinha visto estudos que sugeriam que "rostos Disney" — rostos humanos com olhos grandes e proporção de crianças pequenas — pareciam surtir um efeito calmante. Combinando as duas ideias, ela criou um experimento em que as portas cerradas das lojas seriam pintadas com rosto de bebês e crianças pequenas por um coletivo local de grafiteiros.

Tudo indica que isso produziu uma redução considerável da criminalidade; além do mais, ocorreu a um custo ínfimo, e sem dúvida muito menos do que custaria uma patrulha policial ostensiva. Outras autoridades locais repetiram o método depois, mas a adesão é baixa — é muito mais fácil propor orçamentos maiores para a polícia ou a instalação de câmeras de segurança do que abordar um problema utilizando a psico-lógica.

Compare o efeito disto com a impressão passada por uma simples grade de aço.

Em um mundo sensato, o mais importante seria resolver um problema da melhor forma possível, mas a resolução de problemas tem uma relação estranha com o status: existem métodos que conferem muito status e outros que nem tanto. Até Steve Jobs enfrentou o desdém dos círculos mais nerds da indústria de software — "O que Steve faz exatamente? Ele nem sabe programar", debochou um funcionário certa vez.

Mas, em comparação com uma figura do século XVIII, a vida de Jobs foi fácil. Em meados do século XVIII, um relojoeiro praticamente autodidata chamado John Harrison soube que o governo britânico havia oferecido um prêmio de 20 mil libras — que em valores atuais corresponderia a milhões de libras — para quem conseguisse determinar a longitude com precisão de meio grau[1] após

---

[1] Trinta milhas náuticas no equador.

uma viagem da Inglaterra até as Índias Ocidentais, e ele estava determinado a encontrar uma solução. Era uma questão de vida ou morte — milhares de marujos haviam perdido a vida em um desastre de navegação com navios da Marinha britânica nas ilhas Scilly em 1707. Para avaliar as soluções propostas, a Coroa estabeleceu uma Comissão de Longitude, integrada pelo Astrônomo Real, por almirantes e professores de matemática, pelo presidente da Câmara dos Comuns e por dez membros do Parlamento.

Repare que não havia nenhum relojoeiro na comissão — era evidente que se presumia que o prêmio sairia para uma solução vinda do campo da astronomia, com medições celestes e cálculos avançados. No fim das contas, Harrison produziu uma série impressionante de descobertas que levaram à invenção do cronômetro marítimo e, consequentemente, revolucionou a navegação. Uma vez que os navios passaram a viajar com um relógio preciso, eles finalmente puderam calcular a distância percorrida de leste a oeste sem precisar recorrer a métodos menos confiáveis.[2]

Além dos incríveis avanços tecnológicos de Harrison, essa história também tem um aspecto psicológico interessante. Embora a invenção lhe tenha rendido muito dinheiro, a comissão se recusou a premiá-lo pela descoberta, por mais que ele demonstrasse em mais de uma ocasião que a solução funcionava. Harrison passaria grande parte da vida cobrando o prêmio das autoridades e reclamando que havia sido injustiçado. Nevil Maskelyne, defensor do método de cálculo astronômico de "distâncias lunares", costuma ser retratado como o vilão que impediu Harrison de receber o prêmio — e de fato a situação de Harrison não ficou mais fácil quando Maskelyne foi nomeado Astrônomo Real e membro da comissão responsável pelo prêmio. Mas a história verdadeira tem a ver com hierarquia profissional e acadêmica: para um astrônomo, a solução oferecida por um homem sem instrução que passara a vida fazendo relógios não parecia digna de consideração.

Não sei se Maskelyne era exatamente um vilão; prefiro encará-lo como um "intelectual típico". Digo isso porque a mesma situação é repetida em uma série de inovações importantes — a ciência parece dispensar seus ideais sempre que se dá mais valor à elegância teórica de uma solução ou à reputação intelectual

---

[2] É graças a Dava Sobel e seu best-seller *Longitude* (Londres: Fourth Estate, 1995) que hoje o nome de John Harrison é famoso.

do solucionador do que à praticidade de uma ideia. Se um problema for resolvido a partir de uma disciplina diferente da exercida por aqueles que se vestiram com a autoridade de guardiões legítimos da solução, mesmo provas abundantes não vão ajudar na batalha que a pessoa terá que travar.

Antes de 1948, o avião Flyer dos irmãos Wright não era exibido no Smithsonian, e sim no Museu de Ciências de Londres. Pode parecer estranho, mas, anos depois de os vendedores de bicicleta de Ohio terem voado com sua máquina mais pesada que o ar nas Outer Banks da Carolina do Norte, o governo americano se recusava a reconhecer a conquista, insistindo que um programa oficial do país havia realizado o feito antes.[3] Em 1847, quando Ignaz Semmelweis provou por definitivo que, se médicos lavassem sempre as mãos, cairia pela metade a incidência de febre puerperal, uma doença potencialmente mortífera durante o parto, ele foi menosprezado. Em muitos casos, não importa se uma ideia é verdadeira ou eficaz, e sim se ela está de acordo com as preconcepções de uma panelinha dominante.[4]

Na minha inocência, eu sempre havia imaginado que Edward Jenner conseguira aproveitar a fama após apresentar à comunidade científica sua descoberta da vacina contra a varíola. Mas a realidade foi outra: ele passou o restante da vida defendendo sua ideia contra diversas pessoas que lucravam com um método anterior chamado variolização e se recusavam a admitir a existência de uma alternativa melhor.

---

[3] E com isso provaram não apenas que uma máquina mais pesada que o ar podia voar, mas também que a arrogância não é um vício exclusivamente britânico.
[4] Semmelweis recebeu um tratamento ainda mais cruel do que Harrison: ele morreu em um hospício, talvez depois de ser espancado pelos guardas, insistindo até o fim que tinha razão. E tinha mesmo.

1.3. *Moonshots* psicológicos

A Alphabet, a empresa controladora do Google, tem uma divisão que agora se chama apenas "X". Ela foi criada com o nome "Google X", e o objetivo era desenvolver o que a empresa chama de "*moonshots*".[1] Um *moonshot* é uma inovação incrivelmente ambiciosa; em vez de buscar transformações graduais, a ideia é obter uma transformação dez vezes mais drástica. Por exemplo, a X investe em pesquisas sobre carros autônomos, com o objetivo explícito de diminuir as mortes em acidentes de trânsito em pelo menos 90%. O argumento da X é que os maiores avanços da civilização foram resultado não de melhorias modestas, e sim de revoluções — da tração animal às máquinas a vapor, dos canais aos trens, das lâmpadas a gás à eletricidade.

Torço para que a X tenha sucesso, mas acho que os engenheiros vão sofrer. Estamos agora, em muitos casos, disputando com as leis da física. O *scramjet* e o *hyperloop*[2] podem até ser *moonshots*, mas viajar por ar ou terra com essa velocidade toda é um problema muito grande — e inclui novos perigos.[3] Em

---

[1] Referência direta à ambição de alcançar a lua, o termo "moonshot" pode ser entendido como uma tentativa de mirar alto e alcançar objetivos aparentemente impossíveis. (N. T.)
[2] Respectivamente, um motor a jato superturbinado e uma modalidade de viagem terrestre em alta velocidade por túneis sem ar e, portanto, sem resistência do ar.
[3] Antes de nos empolgarmos demais com o potencial econômico dos carros autônomos, é bom levar em conta o que essa tecnologia pode oferecer para terroristas, por exemplo. Um carro autônomo é, em essência, um míssil balístico sobre rodas.

contraste, acho que "*moonshots* psicológicos" são relativamente fáceis. Aumentar a velocidade de um trem em 20% pode custar centenas de milhões, mas aumentar a satisfação de prazer dos passageiros em 20% pode sair por quase nada.

Acho provável que o maior progresso dos próximos cinquenta anos seja resultado não de avanços tecnológicos, mas de raciocínio psicológico e de projeto. Explicando melhor, é fácil obter melhorias imensas para a *percepção* a uma fração do que custaria realizar melhorias equivalentes na *realidade*. A lógica tende a ignorar melhorias mágicas desse tipo, mas a psico-lógica, não. Nós nos enganamos muito mais em relação à psicologia do que em relação à física, então essa área tem mais espaço para avanços. Além do mais, temos uma cultura que valoriza mais a mensuração de coisas do que a compreensão de pessoas, e por isso temos uma dificuldade desproporcional para buscar e reconhecer respostas psicológicas.

Vou oferecer um exemplo simples. O mapa do Uber é um *moonshot* psicológico, porque não diminui o tempo de espera para conseguir um carro, mas diminui em 90% a frustração da espera. Essa inovação surgiu a partir de um insight do fundador (quando ele estava vendo um filme do James Bond, ainda por cima),[4] que se deu conta de que, mesmo sem percebermos, ficamos muito mais incomodados com a incerteza da espera do que com a demora em si. A invenção do mapa talvez tenha sido o equivalente a multiplicar em dez a quantidade de carros em circulação — não porque o tempo de espera diminuiu, mas porque passou a parecer dez vezes menos irritante.

No entanto, gastamos muito pouco dinheiro e tempo em busca de soluções psicológicas, em parte porque, quando tentamos compreender o motivo das pessoas fazerem o que fazem, temos a tendência de recorrer à explicação racional sempre que for possível. Como vimos com a reação de Maskelyne à inovação náutica de Harrison, a maioria das pessoas que chefiam uma organização é do tipo que toma decisões de forma racional e que tendem a ser avessas a soluções psicológicas. Mas também tem a ver com nosso impulso de retratar nosso comportamento como sendo o mais puro possível, ocultando nossas motivações inconscientes por trás de uma fachada racional.

---

[4] *007 contra Goldfinger*. No filme, Bond segue o Rolls-Royce de Auric Goldfinger até o esconderijo dele nos Alpes usando um mapa animado em seu Aston Martin.

Talvez aceitemos, com relutância, que as pessoas podem ter motivações emocionais inconscientes para preferir uma marca de cerveja a outra, mas isso acontece porque não encaramos cerveja como um produto essencial. Muita gente reconheceria que questões relativamente banais, como uma campanha publicitária ou o design de um rótulo, podem influenciar o que bebemos no bar, mas, se você sugerir para alguém que motivações inconscientes semelhantes podem ser determinantes na maneira como usamos os serviços de saúde ou nas decisões que tomamos para a aposentadoria, as pessoas vão ficar chocadas.

Eu seria capaz de apostar que a quantidade de gente no mundo que está sendo paga para debater por que as pessoas preferem Coca-Cola ou Pepsi é dez vezes maior do que a de gente paga para fazer perguntas como: "Por que as pessoas agendam consultas médicas?", "Por que as pessoas fazem faculdade?" ou "Por que as pessoas se aposentam?". Acredita-se que a resposta a essas três perguntas seja racional e óbvia, mas não é.

1.4. Em busca do "porquê verdadeiro" para descobrir nossas motivações inconscientes

Como já falei, se você quiser irritar seus colegas mais racionais, comece uma reunião com uma pergunta infantil de resposta que parece óbvia — o fato de que pessoas sensatas nunca fazem esse tipo de pergunta é exatamente o motivo de você precisar fazer isso. Lembra o exemplo sobre perguntar por que as pessoas odeiam ficar em pé nos trens? Quando fiz essa pergunta, parecia provável que nenhum adulto do planeta havia pensado nisso nos últimos dez anos — soava como uma dúvida extremamente idiota.

Talvez as agências de publicidade sejam tão valiosas simplesmente porque incentivam uma cultura em que é aceitável fazer perguntas tolas e sugestões bobas. Jeremy Bullmore, meu amigo e mentor, descreveu um debate intenso que aconteceu nos anos 1960 na agência J. Walter Thompson sobre os motivos que levavam as pessoas a comprarem furadeiras elétricas. "Bom, é óbvio que, se elas precisam furar alguma coisa, para instalar prateleiras ou algo do tipo, então elas vão sair e comprar uma furadeira para fazer isso", sugeriu alguém, muito sensato. Llewelyn Thomas, o filho redator do poeta Dylan, pensava diferente. "Acho que não é assim que funciona. A pessoa vê uma furadeira elétrica na loja e decide comprar. Depois, ela chega em casa e fica procurando desculpas para furar as paredes." Essa discussão captura perfeitamente a cisma entre aqueles que acreditam em explicações racionais e os que acreditam em motivação inconsciente; entre a lógica e a psico-lógica.[1]

---

[1] Concordo com Thomas — não sou muito de mexer com ferramentas, mas admito que meu

As motivações inconscientes só podem ser reveladas se houver uma atmosfera em que as pessoas possam fazer perguntas aparentemente burras sem medo ou vergonha. "Por que as pessoas odeiam esperar a chegada de um eletricista?" "Por que as pessoas se incomodam quando o voo atrasa?" "Por que as pessoas odeiam ficar em pé no trem?" Todas essas perguntas parecem simplórias — e, por isso, é perigosamente fácil para nosso cérebro racionalizar até achar uma resposta plausível. Mas não é porque existe uma resposta racional que não pode haver uma resposta irracional mais interessante no inconsciente.

"Por que as pessoas compram mais sorvete no verão?" tem toda a cara de uma pergunta bem simplória. "É óbvio! Para se refrescar em um dia quente!" Certamente parece plausível, mas o comportamento humano conta outra história. Em primeiro lugar, a luz do sol é um preditor muito melhor de vendas de sorvete do que a temperatura. E, para confundir ainda mais a situação, quais são os três países europeus com maior índice de vendas de sorvete per capita? Finlândia, Suécia e Noruega. Uma maneira de ver a questão talvez seja perguntar se as pessoas precisam de uma desculpa da ocasião especial para justificar o consumo do sorvete. Será que um dia ensolarado na Suécia é raro o bastante para proporcionar a ocasião necessária?

Da mesma forma, a pergunta "Por que as pessoas vão ao médico?" parece idiota, até percebermos que não é. Será que é porque elas estão se sentindo mal e querem ficar bem? Às vezes, mas por trás desse comportamento em teoria racional existem muitas outras motivações. Será que estão preocupadas e querem se tranquilizar? Algumas pessoas só precisam de uma comprovação para apresentar ao patrão como prova de que elas estavam doentes. Muita gente pode querer alguém que lhes dê atenção. Talvez as pessoas não estejam em busca de tratamento, e sim de reconforto. A distinção é importante — afinal, quase ninguém vai ao dentista sem necessidade.

Se quisermos solucionar o problema das consultas médicas desnecessárias ou simplesmente estabelecer um sistema para priorizar quem vai ser atendido primeiro, é crucial levar em conta tanto as motivações inconscientes quanto as pós-racionalizações. Alguns problemas podem ser resolvidos pelo telefone, e outras consultas podem ser adiadas até ser provável que a pessoa se recupere

---

principal interesse culinário não é o preparo das receitas: é a desculpa para comprar engenhocas de cozinha.

naturalmente. Em caso de epidemia de gripe, talvez até possa deixar que o telefone atenda com uma gravação automática que detalha os sintomas e explica o que as pessoas mais jovens ou menos vulneráveis podem fazer se estiverem com a doença. Quando as pessoas sabem que uma enfermidade está pegando muita gente, elas ficam menos ansiosas e proporcionalmente menos propensas a procurar um médico para tranquilizá-las. "Isso é muito comum" é a tranquilização perfeita. (O que *ninguém* quer ouvir é o médico dizer "Que caso extraordinário — durante minha carreira toda, nunca encontrei nada parecido.")

O estranho é que todo mundo fica muito mais contente fingindo que ficar bem, o motivo pós-racionalizado para a ida ao médico, é a única coisa que importa. Se você quiser mudar o comportamento das pessoas, pode ser enganoso considerar a explicação racional delas, pois esse não é o "porquê verdadeiro". Ou seja, talvez não adiante tentar mudar comportamentos através de argumentos racionais, podendo inclusive ser contraproducente. Existem muitos campos de atuação humana em que a razão desempenha uma função muito pequena. Geralmente é muito mais eficaz quando compreendemos o obstáculo inconsciente para um comportamento novo e o removemos ou criamos um contexto novo para uma decisão.

A diferença entre usar lógica ou psico-lógica depende da nossa vontade de resolver o problema ou de apenas passar a impressão de que estamos tentando encontrar uma solução. Você talvez não seja visto como um herói se salvar o mundo de forma indireta; a gente vai se sentir muito melhor pregando sobre o sofrimento dos ursos-polares do que promovendo a reformulação das latas de lixo reciclável, mas essa segunda opção talvez seja a mais eficiente. Grande parte dessa negação das motivações inconscientes tem a ver com os delírios egocêntricos das pessoas que atuam em profissões de status elevado. Você preferiria pensar em si mesmo como um cientista médico que está expandindo as fronteiras do conhecimento humano ou como uma espécie de adivinho moderno que trata seus pacientes preocupados com recursos tranquilizantes? Um médico moderno é essas duas coisas, mas provavelmente ele é empregado mais para o segundo caso que para o outro. Mesmo se ninguém — paciente ou médico — quiser acreditar, vai ser difícil entender e aprimorar a qualidade do atendimento médico se não admitirmos isso de vez em quando.

1.5. O verdadeiro motivo de escovarmos os dentes

Existe um exemplo do comportamento humano que possui tanto um propósito médico "oficial" quanto uma explicação psicológica subjacente, e acho que ele pode nos ajudar a demonstrar como uma explicação lógica e racional é capaz de atropelar a explicação inconsciente evolutiva. Ele começa com mais uma pergunta infantil: "Por que as pessoas limpam os dentes?". É óbvio que é para preservar a saúde bucal e para evitar cáries, tratamentos de canal e extrações. Que outra resposta poderia haver? Bom, na verdade, se examinarmos o comportamento dos adultos — quando escolhemos, compramos e usamos pastas de dente —, notamos padrões de consumo que contradizem por completo essa explicação lógica. Se estivéssemos interessados de verdade em minimizar o risco de deterioração dental, escovaríamos os dentes depois de cada refeição, mas quase ninguém faz isso. Na verdade, o mais comum é as pessoas limparem os dentes *antes* dos momentos de maior apreensão em relação às consequências sociais negativas do mau hálito ou de manchas visíveis.

Quando é que você costuma escovar os dentes? Seja honesto. Depois de tomar sorvete ou antes de sair para um encontro?[1] Você talvez limpe os dentes de forma obsessiva antes de uma apresentação no trabalho, ou antes de um jantar romântico. Talvez não tanto depois de comer uma barra de chocolate em

---

[1] Ou, se você for casado, que tal antes de um daqueles raros momentos na meia-idade em que há a remota possibilidade de relação sexual?

casa no fim do dia. Se você não acredita, pergunte-se o seguinte: por que quase todas as pastas de dente têm sabor de menta? Um estudo recente comprovou que o uso de fio dental não proporciona qualquer benefício para a saúde bucal. Imagino que os fabricantes de fio dental tenham ficado apavorados com essa conclusão, mas eles podem ficar tranquilos — prevejo, com toda a confiança, que esse estudo não vai afetar em quase nada a propensão das pessoas a usarem fio dental; não era por motivos de saúde que elas usavam antes.[2]

Mais estranho ainda que nosso comportamento com escovas de dentes é nossa preferência por pastas com listras. Quando elas surgiram pela primeira vez, em um produto chamado Stripe, houve uma intensa discussão sobre como elas eram feitas. Muitas pessoas dissecaram o tubo vazio; outras congelaram um tubo cheio e depois fizeram um corte transversal.[3] O estranho é que ninguém questionou "Por quê?". Afinal, os ingredientes são todos misturados assim que a pasta de dente entra na nossa boca, então para que separá-los no tubo? São duas as explicações: 1) mera novidade infantil; e 2) psico-lógica. Em termos psico-lógicos, as listras servem como um sinal: supunha-se que a sugestão de que a pasta de dente realizava mais de uma função (combater cáries, evitar infecções e melhorar o hálito) seria mais convincente se a pasta tivesse três ingredientes ativos visivelmente distintos. De modo geral, qualquer esforço adicional visível investido em um produto impressiona as pessoas: se afirmarmos apenas "este sabão em pó é melhor que o nosso antigo", vai parecer pobre. No entanto, se substituirmos o sabão em pó por gel, tablete ou algum outro formato, o custo e o esforço dedicados à mudança vão fazer com que o consumidor ache mais plausível que tenha havido de fato alguma inovação no produto novo.

A pasta de dente é um exemplo especialmente interessante porque, se acontece de uma motivação inconsciente coincidir com uma explicação racional, presumimos que é essa a mais importante.

---

[2] Desconfio que as pessoas usem fio dental pelo mesmo motivo por que adoramos enfiar cotonetes no ouvido — a sensação é maravilhosa. Também sou devoto do álcool em gel para higienizar as mãos, mas, para ser honesto, não uso isso para evitar infecções, e sim pelo frescor delicioso de quando o gel evapora nas mãos.

[3] Na verdade, existem duas formas de se produzir pasta de dente listrada, mas, como este livro não é sobre fluxo laminar, vou me abster de entrar em detalhes.

Imagine chegar em casa e encontrar um cocô de cachorro no chão da cozinha; você acharia nojento e o removeria dali imediatamente. Depois de se livrar daquilo, você lavaria o chão com água e detergente, e, se eu perguntasse o motivo de tudo isso, você responderia: "porque é anti-higiênico, óbvio; é uma fonte de micróbios". Mas aí é que está: uma pessoa nos primeiros anos da era vitoriana teria sentido exatamente as mesmas emoções e agido igual, mas ela não sabia da existência de micróbios. O nojo dela em relação a fezes era tecnicamente irracional, "puramente emocional". Hoje em dia, se alguém começasse a jogar fezes por todos os lados, essa pessoa seria vista como um problema de saúde pública, enquanto no século XVIII a prática teria sido tachada de "profana", e no século XV a pessoa correria o risco de terminar na fogueira. Assim, o nojo em relação a fezes não se baseava originalmente em raciocínio objetivo — era um instinto, cujo motivo ainda não tinha sido descoberto.

1.6. A coisa certa pelo motivo errado

Durante o meio milhão de anos até o surgimento da bacteriologia médica como campo de estudo nos anos 1870, a evolução nos proporcionara uma solução emocional para um problema racional. As pessoas tinham mais chance de sobreviver e se reproduzir se nutrissem uma intensa aversão por cocô, então quase todos hoje descendem de gente que não gostava de cocô. O interessante é que adotamos o comportamento milhares de anos *antes* de sabermos por quê.

Existe um bom motivo para a evolução funcionar dessa forma. Instinto é algo que se herda, enquanto motivos precisam ser ensinados; o importante é o nosso comportamento, não as razões dele. Como dito por Nassim Nicholas Taleb, "Não existe isso de crença racional ou irracional — só existe comportamento racional ou irracional". E a maneira mais eficaz para a evolução incentivar ou impedir determinado comportamento é associando-o a uma emoção. Às vezes, a emoção não é adequada — por exemplo, não há nenhum motivo para os ingleses terem medo de aranha, já que no Reino Unido não existem aranhas venenosas — mas o medo ainda está lá, por via das dúvidas. E por que se arriscar? Exceto no caso de alguns empregos específicos em zoológicos, não é muito útil ter medo de aranha. Então, assim como com o ato de escovar os dentes, comportamentos que produzem benefícios racionais não precisam ser inspirados por motivações racionais. Limpar os dentes faz bem para a saúde bucal, mesmo quando fazemos por vaidade. No que importa para a evolução, podemos vincular qualquer motivo que quisermos, desde que o comportamento seja benéfico.

Você não precisa de motivos para ser racional.

Os livros de história estão cheios de casos de benefícios sociais ou de saúde pública que foram inspirados mais por motivos espirituais que materiais.[1] As restrições alimentares rigorosas do Islã e do judaísmo são um bom exemplo — e possuem a vantagem adicional em termos de coesão social, pois obrigam as pessoas a comerem juntas.

Além do mais — embora possa parecer mera superstição a proibição de carne de porco, como explica o antropólogo Richard Redding —, a criação de galinhas ocasiona algumas vantagens cruciais.

Em primeiro lugar, frangos são uma fonte proteica mais eficiente que porcos; frangos precisam de 3500 litros de água para produzir um quilo de carne, enquanto porcos precisam de 6 mil. Em segundo lugar, galinhas põem ovos, um produto secundário importante não oferecido por porcos. Em terceiro, frangos são muito menores e, portanto, podem ser consumidos em menos de 24 horas; isso elimina a questão de precisar preservar uma grande quantidade de carne em um clima quente. Por fim, frangos podiam ser criados por nômades. Ainda que nem porcos nem galinhas possam ser pastoreados da mesma forma como se faz com outros tipos de gado, frangos são pequenos o suficiente para serem transportados.

Também podemos acrescentar o risco de contaminação nessa lista; embora no judaísmo a proibição seja descrita como *chok*, ou seja, uma norma sem fundamento racional, os porcos podem disseminar doenças, e a criação de suínos pode transmiti-las para os seres humanos.

Da mesma forma, o Islã postula que os mortos sejam enterrados o mais rápido possível após a morte, para "reduzir o sofrimento do falecido no além e para mandá-lo de volta a Alá". Como resultado, durante a campanha de Galípoli em 1915,[2] os muçulmanos tentavam sempre enterrar seus mortos; já os corpos das forças aliadas levavam dias para serem removidos do campo de batalha. O resultado foi uma quantidade superior de baixas entre os aliados

---

[1] Agradeço ao tenente-coronel Keith Dear por fornecer dois exemplos: o medo de fantasmas e a contribuição acidental que isso proporcionou à saúde pública são descritos no livro *The Cunning of Uncertainty*, de Helga Nowotny (Cambridge: Polity, 2016).
[2] E sem dúvida em muitas batalhas anteriores.

motivadas por doenças, e de relativamente menos casos de doenças no exército inimigo. Crenças sem comprovação científica sobre normas de sepultamento inspiraram comportamentos racionais e que salvaram vidas.

Se alguém perguntasse hoje em dia por que é uma boa ideia ter um espaço fora da cidade para enterrar os mortos, a resposta poderia ter a ver com o risco de infecção ou de contaminação do abastecimento de água. Contudo, como eu disse antes, faz pouco mais de um século que descobrimos a existência dos micróbios, então por que as cidades instalavam cemitérios longe das áreas residenciais muito antes dessa descoberta? É mais um caso de comportamento instintivo consagrado como crença espiritual. Na Idade Média, os europeus instalavam cemitérios fora das áreas fortificadas por medo de que a alma dos mortos voltasse para assombrar os vivos. Esse medo de "fantasmas" levou ao resultado acidental de melhor higiene e mais proteção contra doenças.

Ao tentar incentivar comportamentos racionais, não se restrinja a argumentos racionais.

A razão, e a premissa ingênua de que as pessoas compreendem as razões por trás do próprio comportamento, forneceria explicações muito equivocadas para o uso da pasta de dente. Se perguntássemos às pessoas por que elas escovam os dentes, elas falariam de saúde bucal e para não terem que ir ao dentista, talvez sem aludirem ao bom hálito e questões sociais. Alguém racional, portanto, sugeriria que as pessoas praticam comportamentos saudáveis por causa dos benefícios; no entanto, a realidade é que provavelmente nos preocupamos em escovar os dentes por motivos tangenciais aos benefícios para a saúde. Minha opinião? Que diferença faz saber por que as pessoas escovam os dentes, desde que escovem? Que diferença faz saber por que as pessoas reciclam, desde que reciclem? E que diferença faz saber por que as pessoas não dirigem depois de beber, desde que *não* dirijam?

Se nos limitarmos a usar argumentos racionais para incentivar comportamentos racionais, usaremos apenas uma proporção ínfima das ferramentas em nosso arsenal. A lógica exige uma ligação direta entre a razão e a ação, mas a psico-lógica, não. Isso é importante, porque significa que, se quisermos que as pessoas se comportem de maneira ecologicamente responsável, existem outras ferramentas à nossa disposição que não sejam os apelos à razão ou à obrigação. Da mesma forma, se desejamos evitar que as pessoas dirijam depois de beber, não precisamos utilizar apenas argumentos racionais; se esse método falhar — o que é comum —, existe toda uma série de alavancas emocionais que podemos ativar para obter o mesmo efeito. É só ver o mercado publicitário dos anos 1920.

Acredite se quiser, a expressão "Sempre a madrinha, nunca a noiva" [*Often a bridesmaid, never a bride*] surgiu em um comercial de Listerine — eis um produto de higiene sendo vendido não por seus benefícios para a saúde, mas pelo medo de rejeição social e sexual. "A situação de Edna era bem triste [...]. Mas é a realidade cruel da halitose." Um comercial dos anos 1930 para o sabonete Lifebuoy tinha o título "Por que chorei depois da festa" — outro produto promovido mais por seus benefícios românticos que pelos fisiológicos. A promessa da Colgate sobre o "círculo de confiança" era engenhosa por causa da ambiguidade: ela permitia que a marca falasse da confiança de se levar as crianças ao dentista, mas também que insinuasse a confiança emocional que o produto proporcionava ao consumidor durante situações profissionais ou sociais.

O comportamento do consumidor, e os esforços dos publicitários para manipulá-lo, pode ser encarado como um imenso experimento social, com considerável capacidade de revelar a verdade sobre o que as pessoas querem e o que as inspira. Em geral, o uso que as pessoas fazem do próprio dinheiro (as suas "preferências reveladas") é um sinal melhor para o que elas querem de fato do que as supostas vontades e necessidades declaradas por elas.[3]

Se Darwin tivesse esperado uns 150 anos, poderia ter poupado muito trabalho e enjoo marítimo em seus esforços para descobrir nossas origens primatas se apenas saísse de casa e fosse até o supermercado mais próximo (dele e de mim) em Otford em Kent. Ali, os dados de ponto de venda revelariam que, dos 30 mil produtos nas gôndolas, o artigo mais comprado de todos, tanto ali quanto em todos os mercados britânicos, é... a banana.

---

[3] Em alguns sentidos, precisamos de mercados simplesmente porque os preços são a única maneira confiável de fazer os consumidores dizerem a verdade sobre o que querem.

1.7. A maneira como fazemos a pergunta afeta a resposta

Alguns anos atrás, recebi a ligação de uma pessoa responsável por um programa que instalava detectores de fumaça em residências americanas em áreas pobres. Ela estava com um problema: os moradores apreciavam ganhar um detector de graça, mas resistiam à ideia de instalarem mais de um equipamento dentro de casa. Por exemplo, eles não se importavam com um no corredor de entrada, mas não queriam outro no quarto das crianças. Tenho certeza de que, no longo prazo, esse problema poderia ser resolvido com design — integrando os detectores aos lustres, por exemplo. No entanto, minha sugestão imediata foi fazer uso de um método utilizado por garçons e convencer as pessoas a aceitarem três ou quatro.

Um dos grandes elementos que contribuem para o lucro de restaurantes de luxo é o fato de que existem duas opções de água mineral, o que permite aos garçons perguntar "com ou sem gás?", tornando difícil para o cliente responder "a água da casa". Tive a ideia de que o bombeiro deveria chegar ao apartamento com cinco detectores. Com todos os cinco na mão, simplesmente perguntaria: "Acho que conseguimos dar conta de tudo com três aqui... Quantos vocês querem, três ou quatro?". Somos criaturas extremamente sociais e, assim como temos muita dificuldade para responder à pergunta "com ou sem gás?" com "da casa", também é difícil responder sobre querer "três ou quatro" detectores de fumaça com "um". Como Nassim Nicholas Taleb destaca, "a própria formulação da pergunta é uma informação".

1.8. "Uma mudança de perspectiva vale oitenta pontos de QI"

Assim disse Alan Kay, um dos pioneiros da computação gráfica. Essa talvez seja a melhor defesa da criatividade em menos de dez palavras. E desconfio que o contrário também seja verdade: que a incapacidade de mudar de perspectiva equivale a uma perda de inteligência.[1]

Certa vez, eu estava caminhando por uma rua no subúrbio de Wallingford, na Pensilvânia. Nos subúrbios americanos, não existem cercas vivas escondendo as casas — apenas uma cerca branca com meio metro de altura delimita os terrenos. Então fiquei um pouco tenso quando um cachorro grande solto veio correndo na minha direção por um gramado, latindo alto. Ele claramente não teria muita dificuldade para pular por cima da cerca baixa, estando então livre para me retalhar à vontade. Mas a pessoa que estava comigo parecia tranquila, e, de fato, a pouco mais de meio metro da cerca, o cachorro brecou de repente e continuou latindo furiosamente. Como meu amigo estava ciente, o cachorro tinha uma coleira que detectava a presença de um fio enterrado nos limites do terreno e que daria um choque se o cachorro chegasse perto demais. Embora a cerca tivesse apenas meio metro de altura, o cachorro morria de medo de se aproximar.

O processo decisório em empresas e governos está sujeito a restrições semelhantes. A teoria econômica permite que as pessoas atuem em uma área

---

[1] Acho que todos nós conhecemos alguém que, apesar de ser muito inteligente, lida com a vida de um jeito insuportavelmente inflexível.

reduzida e bastante restrita. Quando chegam aos limites dessa área, elas ficam paralisadas, que nem o cachorro. Em algumas partes influentes do governo e do mundo corporativo, a lógica econômica se tornou mais um dogma limitador do que um instrumento metodológico. Como afirmou Sir Christopher Llewellyn Smith, ex-diretor do Cern, após ser encarregado de alterar os níveis de consumo de energia no Reino Unido: "Quando eu pergunto a um economista, a resposta sempre se resume a subornar pessoas".

A lógica devia ser um instrumento, não um regulamento.

Na pior das hipóteses, o neoliberalismo pega um sistema dinâmico como o capitalismo de livre mercado, capaz de criatividade e inventividade espetaculares, e o reduz a um exercício tedioso de "como pagar 10% menos por essas bugigangas". Ele também alçou ao poder uma casta tecnocrata de mentalidade limitada, que passa uma impressão de expertise ao ignorar grande parte do que torna os mercados tão interessantes. A complexidade psicológica do comportamento humano se reduz a um conjunto restrito de suposições acerca do que as pessoas querem, de modo que os neoliberais criam um mundo feito mais para pessoas lógicas que psico-lógicas. E, assim, trens mais rápidos com assentos desconfortáveis saem de estações modernistas áridas, enquanto nosso inconsciente prefere o contrário: trens mais lentos com assentos confortáveis saindo de estações ornamentadas.

Não é culpa dos mercados; é das pessoas que se apropriaram da definição de como os mercados devem agir. Curiosamente, conforme tenhamos mais acesso a informações, dados, poder de processamento e canais de comunicação, talvez também estejamos perdendo a capacidade de enxergar as coisas por mais de uma perspectiva; quanto mais dados nós temos, menos espaço sobra para tudo que não pode ser usado com facilidade em computação. Em vez de diminuir nossos problemas, a tecnologia talvez tenha nos prendido em uma camisa de força racional que restringe nossa liberdade para solucioná-los.

Às vezes, damos um valor desproporcional à "busca da razão", e em outros momentos a aplicamos de modo equivocado. O raciocínio é um instrumento inestimável para avaliar soluções, e é essencial para quem quiser defendê-las, mas nem sempre ele ajuda a encontrar essas respostas. A matemática, por exemplo, tem o poder tanto de confundir quanto de esclarecer. As falhas inerentes dos modelos matemáticos são entendidas por matemáticos, físicos e estatísticos bons, mas muito incompreendidas pelos que são apenas competentes.[2]

Sempre que eu converso com matemáticos muito bons, uma das primeiras coisas que reparo é que eles costumam ser céticos em relação aos instrumentos que mais causam entusiasmo aos outros de sua profissão. Eles dizem frases como: "É, até dá para fazer uma análise de regressão, mas o resultado em geral é bobagem". Um problema constante é que as pessoas sem domínio de matemática tendem a conferir um alto nível de credulidade ao trabalho de matemáticos medíocres, concedendo uma importância quase mística às conclusões deles. A matemática ruim é a quiromancia do século XXI.

Contudo, a matemática ruim pode levar à insanidade coletiva, e é muito mais fácil cometer erros matemáticos grosseiros do que a maioria das pessoas imagina — basta um dado equivocado ou uma premissa falsa para ocasionar erros de enorme magnitude.

Em 1999, uma advogada inglesa chamada Sally Clark foi condenada pelo assassinato de seus dois filhos bebês. Os dois haviam morrido do que se imaginou ser a síndrome da morte súbita infantil (SMSI) num intervalo de pouco mais de um ano. A morte da segunda criança levantou suspeitas, e ela foi acusada de homicídio. Em um estudo estatístico já desacreditado, o pediatra Sir Roy Meadow depôs no julgamento que havia apenas uma chance em 73 milhões de que a morte das duas crianças tivesse ocorrido por causas naturais, ou o equivalente a "quatro cavalos diferentes vencerem uma corrida em anos consecutivos com rateio de oitenta para um". Nascem 700 mil crianças por ano no Reino Unido, e há uma chance em 8453 de que um bebê sofra de morte no berço em uma família não fumante de classe média; Meadow havia multiplicado a estatística dos dois para chegar ao resultado de uma chance em 73 milhões e alegou que levaria cem anos para uma mesma família sofrer um segundo caso da tragédia.

Depois, um especialista médico chamado pela defesa descreveu esse cálculo como uma simplificação estatística exagerada e grosseira, mas que fora aceita — e havia a nítida sugestão de que era estatisticamente ínfima a possibilidade de que Clark fosse inocente. Em um tribunal cheio de cientistas e advogados,

---

[2] Como seria de se esperar, matemáticos realmente bons são muito mais raros do que os apenas razoáveis.

ninguém tentou invalidar esse dado de uma chance em 73 milhões, mas vamos analisar o quanto é incorreto. Em primeiro lugar, ele presumia a chance de um em 8453, obtida a partir de uma única fonte — enquanto um número mais preciso seria algo próximo de 1500. O cálculo também não considerou o fato de os dois bebês serem meninos, o que aumenta ainda mais o risco. E o pior de tudo foi que não se levou em conta a possibilidade de que uma combinação em comum de fatores genéticos ou ambientais — como algum elemento da casa em que ambos morreram — tivesse tido algum papel nas tragédias. Acredita-se que a morte no berço possa estar associada a fatores genéticos — talvez seja algo hereditário, o que aumenta muito a probabilidade de incidência dupla.

Como o jornalista Tom Utley destacou no *Daily Telegraph*, ele próprio sabia de duas pessoas inocentes, em um círculo de cerca de 10 mil conhecidos, que haviam perdido dois bebês cada por motivos inexplicáveis, então era estranho que isso fosse uma ocorrência tão rara quanto o professor Meadow estava sugerindo. Embora talvez tenha sido falta de sorte que Sally Clark estivesse sozinha em casa com o filho nas duas ocasiões, sem testemunhas para defendê-la, levando em conta as correções acima seria razoável supor que mortes duplas aconteçam por acaso algumas vezes por ano no Reino Unido — e, portanto, seria menos provável que a mãe fosse culpada.

Contudo, isso ainda é um erro. Se alguém desejasse provar a intenção homicida de Sally Clark, não seria suficiente afirmar que a teoria da morte súbita infantil dupla é improvável. Isso seria se submeter ao que se conhece como "falácia da acusação", em que a acusação sugere que uma semelhança entre o criminoso e o réu possui mais valor estatístico do que merece. (Por exemplo, pode parecer conclusivo que um marcador de DNA comum entre o criminoso e um suspeito ocorra apenas uma vez em cada 20 mil pessoas, mas se o suspeito tiver sido identificado a partir de um banco de dados com o DNA de 60 mil pessoas, é razoável supor que encontrássemos três pessoas com o mesmo marcador, e ao menos duas delas seriam inocentes.)

No caso de Sally Clark, não basta provar a improbabilidade da morte súbita infantil dupla: é preciso provar também que isso é mais improvável do que o infanticídio duplo. Com a comparação estatística precisa, ao avaliar a probabilidade relativa da tragédia dupla e do infanticídio duplo, as chances de inocência sobem de uma em 73 milhões para uma chance em duas ou três. Ainda é possível que ela seja culpada, mas agora há uma dúvida mais do que razoável para justificar a absolvição. Na verdade, a explicação mais provável é que ela é inocente.

Mas perceba como o acúmulo de umas poucas premissas estatísticas equivocadas pode fazer com que um homem inteligente cometa um erro da ordem de cerca de 100 milhões — nem cartas de tarô apresentam tanto perigo assim. Essa deturpação da justiça inspirou o professor Peter Green, presidente da Sociedade Real de Estatística, a escrever para o ministro da Justiça britânico e apontar a falácia no raciocínio de Meadow, oferecendo conselhos a respeito de como usar com mais eficiência dados estatísticos em casos judiciais. No entanto, o problema nunca vai desaparecer, porque a quantidade de gente que acha que entende de estatística é perigosamente superior à de quem entende de fato, e a matemática, nas mãos erradas, pode causar problemas fundamentais.

Em termos toscos, quando se multiplica besteira por besteira, o resultado não é mais besteira — é besteira ao quadrado.

Ou seja, todo mundo devia conhecer pelo menos um matemático realmente bom; quando encontramos algum, costuma ser uma revelação. É motivo de orgulho para mim ter conhecido Ole Peters, um físico alemão excepcional ligado ao Instituto de Santa Fé e ao Laboratório Matemático de Londres, no ano passado. Ele é coautor de um artigo[3] que destaca que uma quantidade imensa de conclusões teóricas na área econômica se baseia em uma premissa sobre mecânica estatística que parece lógica, mas é totalmente errônea. A premissa era que, se quiséssemos saber se era uma boa ideia apostar em algo, poderíamos apenas imaginar a aposta sendo feita mil vezes ao mesmo tempo, somar os resultados e subtrair as perdas; se o saldo final fosse positivo, deveríamos apostar quantas vezes fosse possível.

Então uma aposta de cinco libras com 50% de chance de pagar doze libras (incluindo o valor inicial) é boa. Você ganharia em média uma libra por aposta, então *deveria* apostar muitas vezes. Você perderia cinco libras na metade das apostas e ganharia sete na outra metade. Se mil pessoas fizessem essa aposta

---

[3] Junto com Murray Gell-Mann que, posso afirmar com tranquilidade, também é um físico bastante bom, já que recebeu um Nobel, descobriu os quarks e tal ("Evaluating Gambles Using Dynamics". *Chaos*, v. 26, n. 2, fev. 2016).

uma só vez, o ganho líquido coletivo seria de mil libras. E, se uma pessoa fizesse a aposta mil vezes, ela acabaria faturando um lucro de mil libras — as apostas paralelas ou em série têm o mesmo resultado. Infelizmente, esse princípio só pode ser aplicado sob certas condições, e a vida real não é uma delas. Ele parte da premissa de que cada aposta independe de resultados anteriores, mas, na vida real, sua capacidade de apostar depende do sucesso de apostas feitas no passado.

Vamos tentar outro tipo de aposta — digamos que você aposte cem libras e, se tirar cara, sua riqueza aumente 50%, mas, se tirar coroa, perca 40%. Quantas vezes você jogaria a moeda? Suponho que muitas. Afinal, parece simples, não? De forma a calcular o valor esperado ao longo de mil tentativas, bastaria imaginar mil pessoas fazendo essa aposta ao mesmo tempo e fazer a média do resultado, como feito acima. Se, em média, o grupo tiver lucrado, a expectativa será positiva. Mas não é assim.

Vamos examinar lateralmente. Se mil pessoas fizessem essa aposta uma vez ao mesmo tempo, começando cada uma com cem libras (totalizando 100 mil), supõe-se que quinhentas pessoas acabariam com 150 libras e quinhentas, com sessenta. Isso dá 75 mil mais 30 mil, ou 105 mil, um lucro líquido de 5%. Se alguém me perguntasse quantas vezes eu ia querer que jogassem a moeda nessas condições, e quanto eu apostaria, eu diria: "Tudo que eu tiver, e faça isso o mais rápido possível. Vou me mandar para as Ilhas Maurício com a bolada". No entanto, nesse caso, a média paralela não nos diz nada sobre a expectativa em série.

Em termos matemáticos, uma perspectiva de conjunto não é o mesmo que uma perspectiva de séries temporais. Se você fizer essa aposta repetidamente, o cenário muito mais provável é você acabar falido. Se 1 milhão de pessoas fizer essa aposta repetidamente, elas vão ficar *coletivamente* mais ricas, mas só porque o 0,1% mais rico vai ser multibilionário: a vasta maioria dos apostadores vai perder. Se não acredita em mim, pense em quatro pessoas jogando a moeda só duas vezes. São quatro resultados possíveis — cara-cara, cara-coroa, coroa--cara, coroa-coroa —, todos com a mesma probabilidade. Então imagine que cada uma dessas quatro pessoas começa com cem libras e tira uma combinação diferente de resultados:

Cara-cara
Cara-coroa
Coroa-cara
Coroa-coroa

Essas quatro apostas vão render 225, noventa, noventa e 36 libras. Podemos interpretar isso de duas maneiras. Uma é dizer: "Que resultado incrível: nossa riqueza líquida coletiva aumentou mais de 10%, de quatrocentas para 441 libras, então todos saímos ganhando". A visão mais pessimista é: "Sim, mas a maioria ficou mais pobre do que estava antes, e um dos quatro está seriamente falido. Na verdade, a pessoa com 36 libras precisa tirar cara três vezes seguidas só para recuperar o valor inicial".

Essa distinção nunca tinha me ocorrido, mas parece que também passou despercebida para a maioria dos economistas. E é uma constatação de enorme importância para as ciências comportamentais, porque sugere que muitos supostos vieses que os economistas querem corrigir podem não ser vieses — talvez sejam simplesmente resultados do fato de que uma decisão que parece irracional quando vista por uma perspectiva de conjunto é racional quando vista pela perspectiva correta de séries temporais, que é como a vida real de fato acontece; o que acontece em média quando mil pessoas fazem algo uma vez não tem nada a ver com o que acontece quando uma pessoa faz algo mil vezes. Nesse sentido, parece que o instinto humano evoluído talvez seja muito melhor em estatística do que os economistas modernos.[4] Usando uma analogia extrema para ilustrar essa distinção, digamos que você ofereça 10 milhões de libras a dez pessoas para jogarem roleta-russa. Pode ser que duas ou três se interessem, mas ninguém aceitaria 100 milhões de libras para jogar dez vezes seguidas.

Conversando com Ole Peters, percebi que o problema ia muito além disso — quase todos os modelos de precificação presumem que dez pessoas pagando por algo uma vez é o mesmo que uma só pessoa pagando dez vezes por algo, mas ficou evidente que isso não é verdade. Dez pessoas que encomendam dez produtos cada na Amazon por ano provavelmente não vão se incomodar de pagar alguns dólares de frete por vez, enquanto uma pessoa que compra cem produtos da Amazon por ano vai olhar o gasto total com frete no período e refletir: "Hmm, está na hora ir ver as ofertas do Walmart".[5]

Um dos nossos clientes na Ogilvy é uma companhia aérea. Eu vivo lembrando-os que pedir para quatro empresários pagarem 26 libras cada para

---

[4] Talvez todas as pessoas que pensam como economistas tenham morrido.
[5] Isso explica por que a Amazon Prime precisa existir. Sem isso, a Amazon não teria clientes frequentes.

despachar um volume de bagagem não é o mesmo que pedir que um pai com dois filhos[6] pague 104 libras para despachar a bagagem da família inteira. Enquanto 26 libras é um valor razoável por um serviço, 104 libras é um roubo. O preço para despachar malas devia funcionar mais ou menos assim: 26 libras por um volume, 35 por até três. Afinal, é por isso que usuários de transporte público em alguns países podem comprar cartões por determinados períodos — os traslados não são cumulativos, então cem pessoas vão pagar mais para fazer uma viagem uma vez só do que uma pessoa pagaria para fazê-la cem vezes. Da mesma forma, o modelo de economia de tempo usado para justificar o investimento atual na rede ferroviária britânica High Speed 2 parte do princípio de que a economia de uma hora dez vezes por ano para quarenta pessoas será o mesmo que um passageiro economizando uma hora quatrocentas vezes por ano. Claro que isso é um absurdo; o primeiro caso é uma conveniência, e o segundo é uma revolução.

---

[6] Eu, caramba!

1.9. Cuidado com a matemática: Ou por que a necessidade de parecer racional pode ser burrice

Prefiro administrar um negócio sem matemáticos a administrar um negócio com matemáticos medíocres. Não se esqueça de que sempre que calculamos médias, somamos ou multiplicamos algo, perdemos informação. Não se esqueça também de que um único *outlier* pode resultar em uma distorção extraordinária da realidade — como quando Bill Gates entra em um estádio de futebol e aumenta em 1 milhão de dólares a riqueza média de todos os presentes.

A agência de publicidade na qual trabalho enviou uma mala direta em nome de uma instituição de caridade cliente nossa, e percebemos que um tratamento criativo teve um retorno consideravelmente maior que o outro. Como os dois tratamentos não eram muito diferentes, ficamos surpresos com a expressividade da diferença nos resultados. Quando investigamos, vimos que uma pessoa havia respondido com um cheque de 50 mil libras.[1]

Vamos ver outro exemplo de como um dado divergente — um único *outlier* — pode levar a conclusões absurdas se não for visto dentro do contexto correto. Tenho um cartão que uso para abastecer meu carro, e, sempre que passo no posto, registro a quilometragem do carro no terminal de pagamento. Depois de um ano, a empresa do cartão começou a incluir o rendimento do carro nos meus extratos mensais — uma ideia ótima, só que foi me deixando maluco, porque a cada mês meu carro foi ficando menos econômico. Fiquei

---

[1] Alguém que tinha acabado de ganhar na loteria?

um tempão intrigado com isso, obcecado por vazamentos de combustível e até achando que alguém poderia estar roubando gasolina do meu tanque.

E aí me lembrei: pouco tempo depois de minha empresa me dar esse cartão, eu esqueci de usá-lo e paguei pela gasolina com um cartão de crédito normal. Com isso, segundo os dados à disposição da empresa do cartão de combustível, houve um período em que eu tinha percorrido uma distância de dois tanques com um tanque só. Como essa anomalia continuava no banco de dados, a cada mês subsequente o rendimento do carro parecia piorar conforme eu voltava à média — um dado divergente terminou deturpando todo o resto.

Mas vamos voltar ao que eu estava dizendo antes. Na matemática, 10 x 1 sempre é o mesmo que 1 x 10, mas, na vida real, quase nunca isso acontece. É possível enganar dez pessoas uma vez, mas é muito mais complicado enganar uma pessoa dez vezes.[2] Mas quanta coisa é baseada nesse tipo de premissa? Imagine por um instante que existe um universo paralelo onde as lojas nunca foram inventadas, e onde todo o comércio é feito pela internet. Pode parecer uma noção estranha, mas é mais ou menos como funcionavam as zonas rurais dos Estados Unidos há um século. Em 1919, os catálogos da Sears, Roebuck & Company e da Montgomery Ward eram, para os 52% de americanos que residiam no interior, a principal maneira de adquirir algo que fosse um pouquinho diferente. Naquele ano, os americanos gastaram mais de 500 milhões de dólares em encomendas pelo correio, e metade foi por essas duas empresas.

Contudo, em 1925, a Sears abriu sua primeira loja física. Em 1929, as empresas já haviam aberto entre elas um total de oitocentas — talvez a aquisição da rede de mercados Whole Foods pela Amazon seja a história se repetindo.[3] Eu poderia passar uma vida falando dos fatores psicológicos em ação aqui, mas vamos voltar à premissa preguiçosa de que 1 x 10 representa o mesmo que 10 x 1, o que também é relevante.[4] O comércio on-line é um ótimo jeito de dez pessoas comprarem um produto cada, mas não é boa para uma pessoa comprar

---

[2] É por isso que vigaristas tendem a se instalar em cidades, pistas de corrida e outros lugares com um estoque razoável de vítimas crédulas.
[3] Nós, ingleses, definitivamente nos orgulhamos disso, já que, ao investir em espaços físicos, parece que a Amazon descobriu o que a Argos sempre soube: uma presença física ainda tem valor.
[4] Eu chamo isso de "Lei de Sutherland da Matemática Ruim".

dez produtos. Se você tentar comprar dez coisas diferentes ao mesmo tempo pela internet,[5] vai ser um caos. Os produtos chegam em quatro datas distintas, veículos de frete passam pela sua casa em horários diferentes, e uma entrega sempre termina sendo extraviada.[6] Em contraste, o lado positivo do Walmart, que investidores tendem a esquecer, é que as pessoas chegam, compram 47 coisas diferentes e levam para casa por conta própria. A Amazon pode ser muito forte vendendo uma coisa para 47 pessoas, mas, se ela não consegue vender 47 coisas para uma pessoa, o seu poder tem limite.

Muitos outros modelos matemáticos relacionados aos seres humanos cometem o erro de presumir que 10 x 1 = 1 x 10. Por exemplo, nosso sistema tributário supõe que dez pessoas com renda de 70 mil libras por um ano específico deveriam pagar o mesmo imposto que alguém com renda de 70 mil libras por dez anos consecutivos, mas nunca presenciei ninguém questionar isso — será outro exemplo de matemática ruim?

Andei me envolvendo recentemente em uma discussão sobre trens lotados.[7] Novamente, a métrica não distingue entre dez pessoas que precisam ficar em pé por 10% do tempo e uma pessoa que precisa ficar em pé o tempo todo, mas esses dois casos são diferentes entre si. Se sou um passageiro esporádico e acabo viajando em pé uma vez por mês, tudo bem, mas, se tivesse pagado 3 mil libras por um cartão por período de viagens e não conseguisse nunca me sentar, eu me sentiria lesado. Quando reformulamos o problema assim, fica mais fácil solucioná-lo. Que tal reservar dois trens por dia em cada direção exclusivamente para quem tem esses cartões, ou que tal eles terem o direito de se sentar na primeira classe quando a comum estiver lotada?[8] Ou, melhor ainda, que tal aumentar a primeira classe e permitir que todos os donos de cartão façam uso dela? Não resolvemos o problema de lotação nos trens, mas resolvemos aqueles que são mais afetados, e é isso o que importa.

---

[5] Como talvez você faça antes do Natal.
[6] O que exige que você vá até um bairro industrial em Dartford na véspera natalina, invalidando qualquer tempo que pudesse ter sido poupado.
[7] Como você deve ter percebido, isso é uma obsessão minha.
[8] Não uso cartões por período, mas eu acharia essas duas opções perfeitamente razoáveis — assim como eu esperaria que um freguês regular de um restaurante recebesse mesas melhores.

1.10. Recrutamento e matemática ruim

Certo. Então pode ser que dê certo para trens. Mas, se eu dissesse que podemos usar um raciocínio semelhante para aumentar a diversidade no mercado de trabalho, você provavelmente ficaria cético. Mas, aqui também, 10 x 1 não é o mesmo que 1 x 10. Imagine que você precisa preencher dez vagas, então pede para dez colegas contratarem uma pessoa cada um. É óbvio que cada um vai tentar contratar o melhor candidato possível — e isso dá no mesmo que pedir para uma pessoa escolher os dez melhores candidatos possíveis, certo? Errado. Qualquer um que for escolher um grupo de dez pessoas vai aplicar por instinto uma variância muito maior do que se fosse contratar um indivíduo só. Isso acontece porque, com uma pessoa, procuramos conformidade, mas, com dez, queremos complementaridade.

Se você pudesse comer apenas um tipo de alimento, talvez escolhesse batatas. Exceto por algumas vitaminas e minerais, elas contêm todos os aminoácidos necessários para o organismo formar proteínas, reparar células e combater doenças — ingerir apenas cinco batatas por dia já seria sustento suficiente para semanas. No entanto, se lhe dissessem que você só poderia comer dez tipos de alimento pelo resto da vida, você não escolheria dez variações de batata. Na verdade, é possível que você nem escolha batatas — provavelmente optaria por algo mais diversificado.

O mesmo é válido para contratações — é muito mais provável aceitarmos riscos ao contratar dez pessoas do que ao contratar apenas uma. Se você contratar dez pessoas, talvez espere que uma ou duas não durem muito: você não vai colocar sua reputação em jogo se um ou outro funcionário novo sair depois de dois anos, ou se algum começar a roubar grampeadores e tirar xerox do traseiro na festa de Natal. Mas, se você contratar uma pessoa e ela surtar, seu fracasso será evidente. Então indivíduos que contratam indivíduos talvez sejam avessos a riscos sem necessidade; eles estão contratando batatas.

Quando contratamos, precisamos compreender que motivações inconscientes e bom senso racional se sobrepõem, mas nem sempre coincidem. Uma pessoa responsável por recrutamento talvez ache que está tentando contratar o melhor candidato para a vaga, mas a motivação inconsciente tem uma diferença sutil. Sim, ela quer contratar alguém que seja bom, mas também tem receio de contratar alguém que acabe se revelando ruim — uma variância baixa será um atrativo tão forte quanto um desempenho médio elevado. Se você quiser variância baixa, compensa contratar alguém convencional e se ater ao status quo, enquanto quem estiver contratando um *grupo* de funcionários tem muito mais chance de se arriscar com candidatos menos convencionais.

É possível perceber claramente esse mecanismo de diversidade quando estamos procurando um imóvel para comprar. Se eu lhe desse um orçamento para você escolher a casa perfeita, você teria uma boa noção do que deseja, mas provavelmente seria um pouco sem imaginação. Isso acontece porque, quando você tem uma casa, ela não pode ser ruim demais em nenhum aspecto: não pode ser muito pequena, nem muito longe do trabalho, nem muito barulhenta ou esquisita, então você vai optar por uma casa convencional. Por outro lado, se eu duplicasse seu orçamento e falasse para você comprar *duas* casas, seu processo decisório mudaria. Você agora iria atrás de dois imóveis bastante diferentes com pontos fortes complementares — talvez um apartamento na cidade e uma casa de campo.

Se você quer escolher um candidato para o Parlamento, a opção mais segura é escolher alguém insípido, mas apresentável, que seja formado em ciência política ou economia, mas ninguém que quisesse contratar dez candidatos escolheria *dez assim* — seriam incluídos alguns candidatos imprevisíveis.[1] Cecil "Bertie" Blatch obviamente compreendia isso quando, como presidente da

---

[1] Talvez alguém que tenha tido um emprego de verdade, alguém de origem humilde e alguém com formação em ciência.

Finchley and Friern Barnet Conservative Association, decidiu "perder" alguns dos votos de um candidato mais convencional e proporcionou a Margaret Thatcher sua primeira vitória. Não foi trapaça; foi correção de um viés mental. Compreendendo isso, o potencial de aumento da diversidade no quadro de funcionários, na educação ou na política, sem a imposição de cotas, aumenta quando as pessoas são escolhidas em lotes.[2]

Todo mundo se preocupa com a redução de mobilidade social, o aumento da desigualdade e a homogeneidade deprimente dos políticos, mas é possível que isso tenha surgido a partir de esforços bem-intencionados de criar um mundo mais justo. O dilema é que ou se cria uma sociedade mais justa e igualitária, com oportunidade para todos, mas onde a sorte desempenha um papel importante, ou se cria uma sociedade que preserva a ilusão de justiça completa e não aleatória, mas em que as oportunidades existem apenas para uns poucos — o problema é que, quando "as regras são as mesmas para todo mundo", quem ganha são os mesmos chatos de sempre. A ideia de que devemos, portanto, tentar usar um sistema de recrutamento menos justo deixa as pessoas revoltadas toda vez que eu sugiro isso, mas é bom lembrar que existe uma contrapartida inevitável entre justiça e variedade. Ao aplicarmos os mesmos critérios idênticos para todos em nome da justiça, acabamos recrutando pessoas idênticas.[3]

Na Ogilvy, agora recrutamos talentos criativos através de um programa de estágio chamado "Tubo". Os candidatos não precisam ter diploma de graduação; não precisam ser jovens; não precisam nem ter qualificação — na verdade, durante as primeiras fases eles são recrutados às cegas. Ainda é cedo para oferecer alguma avaliação definitiva sobre o sucesso do programa, mas os recrutas parecem um pessoal tão bom de papo quanto gente vinda de Oxford — inclusive até mais interessantes, em alguns casos.[4] Meses depois da entrada da primeira leva, alguns deles receberam um prêmio no Festival de Cannes

---

[2] Eu sei por experiência pessoal. Anos depois de eu ser contratado, alguém envolvido no processo seletivo revelou que eu jamais teria sido convocado se a empresa estivesse procurando uma pessoa de cada vez, mas, como havia quatro vagas, eles decidiram "se arriscar com o esquisitão", ou algo parecido.

[3] Você deveria oferecer pelo menos uma entrevista a alguém que fosse, digamos, o atual campeão britânico sub-25 de gamão? A "política de justiça" diria que não, mas, pessoalmente, eu sempre o receberia.

[4] Um é ex-mixologista e outro, poeta.

por uma ideia de publicidade para a maionese Hellmann's — algo que outras pessoas não conseguem mesmo depois de uma vida inteira na profissão.

Lembre-se que qualquer pessoa pode construir facilmente uma carreira a partir de um único talento excêntrico, se ele for aplicado com inteligência. Como sempre recomendo aos jovens, "Descubra uma ou duas coisas em que seu chefe seja péssimo e torne-se você muito bom nisso". Talentos complementares são muito mais preciosos que talentos conformistas.

1.11. Cuidado com as médias

Quando o tenente Gilbert S. Daniels, que era antropólogo físico, foi contratado pelas Forças Armadas Americanas para projetar um cockpit melhor para aeronaves velozes no início dos anos 1950, ele precisou questionar a premissa de que os cockpits deviam ser projetados para "o homem médio". A ideia era que, se calculássemos a média das medidas de muitos pilotos, encontraríamos um molde que poderia ser usado como base para a construção de um cockpit — com instrumentos visíveis para a maioria das pessoas, e com fácil acesso aos controles a qualquer espécime que não fugisse demais dos padrões.

No entanto, Daniels já sabia, a partir da medida que tinha feito de mãos humanas, que a média das mãos humanas não correspondia a uma mão típica, e ele também constatou que o corpo humano médio — aquele que é a média em uma série de dimensões — é surpreendentemente raro. Ao projetar um cockpit para um homem médio, o cockpit estaria sendo projetado não para todo mundo, mas sim para um tipo surpreendentemente raro, ou até inexistente. Dos 4 mil pilotos, nem sequer um tinha as medidas dentro da faixa média correspondentes a todos os dez critérios.[1]

---

[1] Outra tentativa, alguns anos antes, de encontrar a forma feminina perfeita a partir do cálculo da média de corpos femininos também fracassou.

Não planeje para a média.

Os sistemas de medição, e especialmente as médias, nos incentivam a nos concentrar no meio do mercado, mas a inovação acontece nos extremos. Você tem mais chance de pensar em uma boa ideia se estiver se concentrando em um *outlier* do que se pegar como base dez usuários médios. Estávamos conversando há pouco tempo sobre isso em uma reunião quando chegou uma bandeja de sanduíches. "Isso é a prova exata do que estou dizendo", falei, indicando a comida. O sanduíche não foi inventado por um indivíduo médio. O conde de Sandwich era um jogador obsessivo e exigia que a comida tivesse um formato que não o obrigasse a levantar da mesa de carteado para comer.

Os consumidores esquisitos inspiram mais inovações do que os consumidores normais. Apesar disso, é perfeitamente possível que, ao longo dos últimos cinquenta anos, as pesquisas de mercado convencionais, sob a falsa premissa da representatividade, tenham mais acabado com ideias boas do que as incentivado.

1.12. O que é mal medido é mal gerido

As conclusões acima têm consequências importantes para os sistemas de medição. As empresas adoram esses sistemas, porque com eles é fácil comparar e gerir coisas. É verdade que "o que é medido é gerido", mas a verdade concomitante é "o que é mal medido é mal gerido". Um grande problema dos sistemas de medição é que eles destroem a diversidade porque obrigam todo mundo a perseguir o mesmo objetivo limitado, muitas vezes no mesmo jeito limitado, ou a fazer escolhas com base nos mesmíssimos critérios.

Nunca vi nada que provasse que o sucesso acadêmico é um indicativo correto de sucesso profissional.[1] O eminente professor Lord Winston, obstetra e especialista em fertilidade, não procura astros do mundo acadêmico para trabalhar na medicina, ainda que pudesse escolher a nata da turma. No entanto, hoje é comum empresas britânicas entrevistarem apenas pessoas formadas, no mínimo, *magna cum laude*, uma prática que vem sendo aplicada sem fundamento, apenas por parecer lógico. Se você precisa escolher alguém em uma lista de candidatos com formação superior, pegar o desempenho acadêmico deles como filtro parece fazer sentido, mas, sem outras informações, é absurdo — e, quando a prática é aplicada em larga escala, é um desperdício terrível de talentos.

---

[1] Na medicina, dizia-se — apenas parcialmente de brincadeira — que vale a regra oposta: os alunos formados *magna cum laude* se tornavam os melhores médicos, e os medíocres se tornavam os mais ricos.

Não faria muita diferença se, digamos, o Goldman Sachs ou um punhado de instituições de ponta usasse esse critério, mas, quando todos repetem o mesmo método, fica ridículo. Já que mais da metade das pessoas com diploma universitário seria, por definição, barrada nesse obstáculo, o resultado disso vai ser que milhares de pessoas passarão três anos na faculdade à toa, ou que o sistema de notas vai inflacionar, até elas perderem o valor.[2] Isso é outro exemplo de pessoas usando a razão não para tomar melhores decisões, mas só para passar a impressão de estar sendo razoável.

Como qualquer especialista em teoria dos jogos sabe, a capacidade de tomar decisões ligeiramente aleatórias que não se conformam a regras estabelecidas é uma virtude. Em um cenário competitivo, como um processo seletivo, adotar um método não convencional para identificar talentos pode funcionar muito mais do que um método "mais certo" que seja de uso comum, porque assim será possível encontrar talentos subestimados pelos outros.

Uma outra questão de se usar um sistema logicamente coerente para contratar pessoas é que os ambiciosos de classe média sabem explorá-lo ao "manipular o sistema". Aulas de violino: confere. Experiência profissional no banco do tio: confere. Trabalho voluntário com pessoas carentes: confere.[3] Notas altas: confere. Por outro lado, se você contratar aquele jogador genial de gamão, uma coisa é certa. Ele tem um talento genuíno — e é pouco provável que os pais dele tenham gastado uma fortuna para bancar aulas particulares de gamão.

A excelência de verdade pode vir onde menos se espera. Nassim Nicholas Taleb aplica essa regra ao escolher médicos: nada daquele grã-fino de cabelos grisalhos e porte elegante — é melhor o colega mais fora de forma e menos grã-fino, com um terno mal ajustado, mas que possui o mesmo nível profissional do colega elegante. O primeiro conseguiu ser bem-sucedido em parte graças à sua aparência; o segundo, apesar dela.

---

[2] Conheci recentemente uma pessoa formada *cum laude* em matemática em Cambridge que enfrentou dificuldade para conseguir entrevistas de emprego. Como é que pode? Puro nonsense!
[3] Às vezes eu me pergunto se os abrigos para moradores de rua às vezes desejam, no fundo, que aqueles candidatos a instituições de elite vão catar coquinho.

1.13. Nossas escolhas não são tão racionais quanto pensamos

O contexto e a ordem das escolhas afetam as coisas de modos que não imaginaríamos de forma consciente — não só em decisões de recrutamento ou negócios, mas também em situações pessoais. Dan Ariely, psicólogo e economista comportamental, foi um dos primeiros a destacar o famoso efeito isca[1] no processo decisório — o fenômeno em que consumidores tendem a apresentar uma mudança específica de preferência entre duas opções quando se veem diante de uma terceira opção que é mais desejável que uma e menos que outra.

Um exemplo contundente explorado por Ariely é a oferta de assinatura da revista *The Economist*. A opção intermediária — que oferece apenas exemplares impressos por 125 dólares — é conhecida como a isca. Ninguém — exceto talvez alguém com profundo desprezo por tecnologia — escolheria essa alternativa, já que pelo mesmo preço seria possível obter a assinatura completa que inclui exemplares impressos e digitais, mas ela produz um efeito enorme no comportamento. Ao criar uma decisão "óbvia" muito fácil, ela incentiva mais pessoas a adquirir a assinatura plena a um valor maior. Em um experimento conduzido por Ariely, 84% de assinantes em potencial optaram pelo plano completo mais caro. No entanto, quando a opção de engodo é removida e restam apenas as razoáveis, as preferências se invertem: 68% escolheram o plano mais barato exclusivamente virtual.

---

[1] Também conhecido como efeito de dominância assimétrica.

> **PLANOS DE ASSINATURA**
>
> **Bem-vindo(a) ao
> Centro de Assinaturas da *The Economist***
> Escolha o tipo de plano que você deseja adquirir ou renovar.
>
> ☐ **Plano Economist.com** — US$ 59,00
>   Assinatura por um ano para o site Economist.com Inclui acesso on-line a todas as matérias da *The Economist* desde 1997.
>
> ☐ **Plano impresso** — US$ 125,00
>   Assinatura por um ano para a versão impressa da *The Economist*.
>
> ☐ **Plano impresso & web** — US$ 125,00
>   Assinatura por um ano para a versão impressa da *The Economist* e acesso on-line a todas as matérias da *The Economist* desde 1997.

Contexto é tudo: curiosamente, o potencial atrativo da nossa escolha é afetado pelas comparações com o que rejeitamos. Como disse um amigo, "todo mundo gosta de frequentar festas junto de algum amigo um pouquinho menos atraente".

Corretores imobiliários às vezes exploram esse efeito apresentando ao comprador uma casa de isca, o que facilita sua escolha por uma das duas casas que eles realmente querem vender. Em geral, eles mostram uma casa totalmente inadequada e, depois, duas comparáveis, das quais uma tem um nítido custo-benefício melhor. A casa mais valorizada é a que eles querem vender, e a outra é apresentada com o objetivo de fazer com que a casa definitiva pareça muito boa.

PLANOS DE ASSINATURA	
Bem-vindo(a) ao **Centro de Assinaturas da** *The Economist* Escolha o tipo de plano que você deseja adquirir ou renovar. ☐ **Plano Economist.com** — US$ 59,00 Assinatura por um ano para o site Economist.com Inclui acesso on-line a todas as matérias da *The Economist* desde 1997. ☐ **Plano impresso** — US$ 125,00 Assinatura por um ano para a versão impressa da *The Economist*. ☐ **Plano impresso & web** — US$ 125,00 Assinatura por um ano para a versão impressa da *The Economist* e acesso on-line a todas as matérias da *The Economist* desde 1997.	16% ➡ 68% 84% ➡ 32%

Vemos aí mais um exemplo de ação humana em que as mesmas particularidades comportamentais que ocorrem em processos decisórios pequenos e relativamente triviais — a escolha de uma viagem de férias ou uma assinatura de revista — ocorrem também em decisões mais sérias. Você talvez aceite que uma isca, ou dominância assimétrica, pode afetar sua escolha de revista ou local de férias. Mas isso sem dúvida jamais se aplicaria a algo tão importante quanto a compra de uma casa ou a contratação de funcionários, certo? Sinto muito, mas se aplica sim — aparentemente, as peculiaridades do processo decisório humano ocorrem em todos os níveis. Esse é um dos motivos por que acredito que acadêmicos, governantes e executivos podem se beneficiar se prestarem mais atenção ao marketing de consumo. As pequenas descobertas que você fizer ao vender barras de chocolate podem ser relevantes para a forma como você estimula comportamentos mais impactantes. Geralmente, é provável que alguém já tenha encontrado uma resposta para o seu problema — ela apenas surgiu em outro domínio.

1.14. Fatos iguais, contexto diferente

Se você quiser levar uma vida simples, sem o fardo de decisões esquisitas, não se case com ninguém que tenha trabalhado no departamento criativo de uma agência publicitária. Por bem ou por mal, o trabalho incute um medo paranoico da obviedade e estimula o impulso de questionar tudo que é ortodoxo e de ir contra qualquer consenso. Isso fica cansativo — especialmente quando esse mesmo pensamento perverso e teimoso se aplica a decisões domésticas cotidianas.

Alguns anos atrás, nossa torradeira desenvolveu uma tendência a soltar faíscas preocupantes e uma ou outra labareda ou nuvem de fumaça, e ainda por cima o espaço para o pão era estreito demais, de modo que qualquer fatia mais grossa que o típico pão de forma industrial corria o risco de ficar presa entre as resistências.[1] "Que tal você comprar uma daquelas torradeiras de abertura mais larga?", sugeriu minha esposa. Mais ou menos uma hora depois, voltei para casa com uma caixa enorme e revelei que ali havia não uma torradeira nova, mas uma máquina de fatiar pão. "Repensei o briefing", declarei, cheio de orgulho. "Não precisamos de uma torradeira mais larga. O que precisamos é de *pães mais finos*!"

Tentamos essa solução durante algum tempo, cortando fatias finas de pão para encaixar na torradeira estreita. Não foi um fracasso completo, mas a fa-

---

[1] É bem possível que os dois problemas estivessem relacionados — as faíscas e chamas brotavam da fatia de pão integral que tinha ficado entalada lá dentro.

tiadora de pão ocupava mais ou menos metade da área útil na cozinha e produzia uma quantidade espetacular de migalhas. E, quando os filhos chegaram, tivemos que nos certificar que a mortífera lâmina giratória ficasse longe do alcance das mãozinhas infantis. Hoje, a máquina fica guardada dentro de um armário, enquanto na prateleira está uma torradeira de uso diário, com abertura mais larga para as fatias de pão, exatamente como minha esposa havia sugerido desde o início.

Mas...

O armário que guarda a máquina de fatiar pão fica na cozinha de nosso apartamento de quatro quartos, no segundo andar de um prédio construído por volta de 1784. O edifício foi construído pelo arquiteto Robert Adam, um dos gigantes da arquitetura britânica do século XVIII, para o médico pessoal do rei George III. Ele está localizado em um terreno comunitário de 28 mil metros quadrados modelado por Capability Brown, o paisagista inglês responsável por decorar os jardins do palácio de Blenheim e do castelo Highclere.[2] E consegui isso tudo de graça. Não o apartamento, claro. Ele me custou 395 mil libras em 2001. O seu valor de mercado atual deve ser de umas 650 mil libras, mas, se alguém o comprar, vai levar a arquitetura e o paisagismo de graça.[3] O edifício é tombado pelo patrimônio histórico nacional e pertence a uma categoria que contém as construções de interesse excepcional e representa 2,5% de todas as 375 mil construções tombadas na Inglaterra, metade das quais são igrejas, e muitas outras são inabitáveis — a Coluna de Nelson, por exemplo, ou a Royal Opera House.

A Inglaterra deve ter algo em torno de 2500 construções tombadas na mesma categoria onde é possível morar,[4] e não pago um centavo a mais por esse privilégio. Enquanto um quadro de Picasso custa umas 100 mil vezes mais do que um quadro de um pintor de feira na rua Bayswater, uma casa projetada por Robert Adam custa o mesmo que outra casa do mesmo tamanho na mesma região feita por algum arquiteto desconhecido. Recentemente um apartamento projetado pelos arquitetos modernistas Maxwell Fry e Walter Gropius foi colocado à venda em Notting Hill; por ser nessa região, foi anunciado a um

---

[2] Esse último hoje é mais conhecido como Downton Abbey.
[3] E também, de bônus, uma fatiadora de pão deixada pelos moradores antigos.
[4] Incluindo o palácio de Buckingham.

preço exorbitante, mas não mais caro do que os apartamentos normais no prédio vizinho.

Se você quiser uma obra de arte muito barata, compre arquitetura.

O motivo por que eu gosto dessa arquitetura espetacular que não custa nada é o fato de que, ao comprar a casa, empreguei exatamente o mesmo raciocínio perverso de quando comprei a fatiadora de pão: reescrevi o briefing e tentei tomar uma decisão abrindo mão das premissas habituais. Pensei no que a maioria das pessoas faz quando se muda de casa, ciente de que, se eu escolhesse um imóvel do mesmo jeito que muitos fazem, eu acabaria disputando as mesmas casas com muita gente. Por outro lado, eu sabia que, se comprasse uma casa com critérios bastante inusitados em comparação com o resto das pessoas, conseguiria achar um imóvel relativamente subvalorizado. Em mercados competitivos, compensa ter (e cultivar) um gosto excêntrico.

Quando a maioria das pessoas compra uma casa, a ordem da busca é a seguinte: 1) estabelecer faixa de preços, 2) definir local, 3) definir quantidade de quartos, 4) determinar outros parâmetros — tamanho do jardim, por exemplo. A qualidade arquitetônica está no final da lista — e perde ainda mais valor por não ser algo quantificável. Se você conseguir se convencer de que enxerga valor em algo que os outros não enxergam, vai poder aproveitar uma casa fabulosa por muito menos.[5]

---

[5] Quem estiver lendo este livro nos Estados Unidos talvez queira ver o site Wright On The Market, que lista os imóveis à venda projetados por Frank Lloyd Wright.

Antes de nos mudarmos, eu tinha decidido que queria morar em algum lugar interessante, dando muito mais ênfase à arquitetura do que à localização exata ou à quantidade de quartos. Esse método excêntrico certamente minimiza a inveja de status. Às vezes, visitamos uma casa ridiculamente cara de algum amigo nosso. "O que você achou?", pergunta minha esposa, no caminho de volta para casa. "Bom, é realmente grande", respondo, "mas eu não consegui não notar que a arquitetura era meio ruim."

Como eu disse, nosso apartamento fica no segundo andar, e não temos elevador.[6] Mas também nisso decidi encarar de outra maneira. Não ter elevador faz bem para a saúde, porque é garantia de atividade física algumas vezes por dia. No meu ponto de vista, o apartamento não era mais comprometido pela falta de elevador — ele era incrementado pela presença de uma academia gratuita.

Podemos tirar duas lições dessa história. Em primeiro lugar, nem sempre compensa agir de forma lógica se todo mundo faz o mesmo. A lógica talvez seja boa para defender e explicar uma decisão, mas nem sempre é boa na hora de decidir. Isso acontece porque a lógica convencional é um processo mental simples que está igualmente disponível para as outras pessoas e, portanto, vai levar todo mundo ao mesmo lugar. Isso nem sempre é ruim — quando compramos produtos produzidos em massa, como torradeiras, muitas vezes é bom cultivar interesses típicos. Mas, ao escolher itens de baixa oferta,[7] é vantajoso ser excêntrico. A segunda lição interessante é que não temos nenhuma medida unitária concreta do que é importante e do que não é — a mesma qualidade (como a falta de elevador) pode ser vista como uma praga ou uma bênção, dependendo da maneira como encaramos. Suas prioridades, e a forma como você as define, sempre vão afetar seu processo decisório.

Quando tomamos decisões, é bom às vezes tomar cuidado para não dar atenção demais a valores numéricos. Ao comprar uma casa, é fácil comparar números (como a quantidade de quartos, a metragem, o tempo de trajeto até o trabalho), e eles tendem a monopolizar nosso olhar. A qualidade arquitetônica não tem valor numérico e, como resultado, tende a ser um item baixo em nossa lista de prioridades, mas não há motivo para supor que algo é mais importante só porque pode ser expresso em números.

---

[6] O apartamento no andar de baixo custaria 200 mil libras a mais do que o nosso, em grande parte por causa disso.

[7] Como imóveis, praias ou cônjuges.

1.15. O sucesso raramente é científico — inclusive na ciência

Muitas vezes, usamos mal nosso poder de raciocínio, dando muito pouca atenção à maneira como avaliamos soluções, mas atenção demais às condições de como chegamos às soluções. A razão é uma ferramenta de avaliação maravilhosa, mas enxergamos ela como se fosse a única capaz de solucionar problemas — e não é. Se você examinar a história das grandes invenções e descobertas, o raciocínio dedutivo sequencial contribuiu para uma quantidade relativamente pequena delas. O grafeno, um dos feitos mais importantes dos últimos trinta anos, foi descoberto pelo físico Andre Geim em Manchester,[1] mas ele criou a substância quando fazia experimentos com lápis e durex, equipamentos que poderiam ser encontrados em qualquer papelaria.

Geim disse que trata a ciência da seguinte forma: "Eu vou de um tema de pesquisa para outro a cada punhado de anos. Não quero estudar a mesma coisa 'do berço ao túmulo', como alguns acadêmicos fazem. Para conseguir isso, é comum fazermos o que eu chamo de 'experimentos bate-foge', ideias malucas que nunca deviam dar certo, e é claro que na maioria dos casos não dão mesmo. Porém, às vezes encontramos uma joia... Esse estilo de pesquisa pode parecer atraente, mas é muito difícil em termos psicológicos, mentais e físicos, e também em termos de bolsa de pesquisa. Mas é divertido".

---

[1] Uma descoberta que lhe rendeu um prêmio Nobel.

Por mais que sejamos todos obcecados por metodologia científica, Geim sabe que é muito mais habitual avanços decisivos acontecerem por uma mistura de sorte, experimentação e palpites instintivos; é depois que a razão entra em cena. Contudo, os burocratas para quem ele precisa justificar suas atividades exigem as razões desde o início para justificar o financiamento, mas a noção da existência de um processo científico robusto que leva sem erro ao progresso parece não ter fundamento.

Aqui temos o genial físico americano Richard Feynman, em uma palestra de 1964, descrevendo seu método: "Em geral, usamos o seguinte processo para procurar uma lei nova. Primeiro, damos um palpite. [...] Depois, computamos as consequências desse palpite, para ver, se a lei que imaginamos estiver certa, para ver o que ela acarretaria, e aí comparamos os resultados da computação com [...] experiências, comparamos diretamente com as observações para ver se funciona. [...] Essa simples frase é a essência da ciência. Não faz a menor diferença se o palpite é belo, não importa a sua inteligência, ou quem fez o palpite, ou qual é o nome da pessoa. [...] Se ele não bater com a experimentação, está errado. Nada mais".[2]

Um palpite bom que resiste à observação ainda é ciência. Um acidente venturoso, também.

Empresários e políticos não conseguem entender isso muito bem e tendem a avaliar decisões com base no rigor do processo que as produziu, em vez do rigor com que se avaliam as consequências. Para eles, o uso da razão "parece científico", mesmo se ela estiver sendo aplicada no lugar errado. Afinal, deveríamos rejeitar antibióticos, raios X, fornos de micro-ondas ou marca-passos porque as descobertas científicas que levaram à criação disso foram resultado de acidentes venturosos?[3] Só um purista alucinado adotaria essa perspectiva — e ele também acabaria faminto, entediado e, muito possivelmente, morto. É assim tanto no progresso científico quanto nos negócios. O iPhone, que talvez seja o

---

[2] Disponível em: <www.farnamstreetblog.com/2009/12/mental-model-scientifc-method>.
[3] Para mais sobre isso, veja *Contra o método*, obra-prima de Paul Feyerabend (*Against Method*. Londres: New Left Books, 1975. Ed. bras.: Trad. de Cezar A. Mortari. São Paulo: Ed. Unesp, 2010), ou os escritos de Sir Peter Medawar.

produto mais bem-sucedido desde o Modelo T da Ford, foi desenvolvido não em resposta a uma demanda do consumidor ou após repetidas pesquisas com grupos de foco; ele foi a criação monomaníaca de um homem meio maluco.[4]

No entanto, nessa busca por políticas públicas e soluções de negócios, estamos à mercê da obsessão por quantificação racional. Uma cultura nervosa e burocrática de visão limitada está conferindo mais importância à pureza da metodologia do que ao valor possível da solução, nos levando a ignorar soluções possíveis não porque elas tenham sido refutadas, mas porque não foram resultado de um processo de raciocínio aprovado.

Por causa disso, o mundo dos negócios e o da política se tornaram muito mais tediosos e sensatos do que o necessário. Quando Steve Jobs discursou para uma cerimônia de formatura, suas palavras de ordem "continuem inquietos, continuem tolos" provavelmente contínham um conselho mais valioso do que pode parecer à primeira vista. Afinal, é uma característica típica de empreendedores que, já que não precisam defender seu raciocínio a cada decisão tomada, eles têm liberdade para experimentar com soluções impensáveis para pessoas dentro de um contexto corporativo ou institucional.[5]

Aprovamos coisas razoáveis rápido demais, enquanto ideias inusitadas geralmente são vistas com desconfiança. Se você sugerir um corte de preços no produto que está encalhado, sua ideia racional sem graça será aprovada sem pensar duas vezes, mas, se você sugerir uma mudança de nome, vai ter que suportar sessões torturantes de PowerPoint, grupos de pesquisa, análises multivariadas e sabe Deus o que mais[6] — e tudo porque sua ideia foge da lógica convencional. No entanto, as descobertas mais valiosas não fazem sentido logo de cara; se fizessem, alguém já teria descoberto. E ideias que as pessoas odeiam talvez sejam mais poderosas do que as de que elas gostam, pois as ideias populares e óbvias já foram todas testadas.

Devíamos testar coisas inusitadas — porque ninguém mais vai fazer isso.

---

[4] E um que tinha uma fobia muito incomum: Steve Jobs tinha pavor de botões. Ver a página 211.
[5] Quando a IBM criou a divisão de PC, a empresa a instalou na Flórida, a um litoral inteiro de distância da matriz em Nova York. O objetivo foi evitar que gerencialistas reprimissem ideias novas logo que surgissem, e também proporcionar espaço experimental para o que T. J. Watson chamou de "patos selvagens".
[6] O processo vai tomar (e roubar) meses da sua vida.

1.16. A vista do alto da montanha: Os motivos que fornecemos para nossos sucessos experimentais

Imagine que você está subindo uma montanha grande que nunca foi escalada antes. Olhando a partir da base, é impossível saber quais partes são acessíveis, porque uma boa extensão do terreno está oculta atrás do sopé. Sua escalada demanda uma grande quantidade de tentativa e erro: rotas são experimentadas e abandonadas; as idas e voltas são frequentes. Muitas das suas decisões podem depender de pouco mais que instinto ou sorte. Mas, com o tempo, você consegue chegar ao cume e, uma vez lá, a rota ideal é evidente. Você pode olhar para baixo e enxergar qual teria sido o melhor caminho para escalar, e essa agora se torna "a rota padrão". Ao descrever para seus amigos alpinistas o percurso, você finge que escolheu o melhor caminho desde o início: vendo em retrospecto, você declara que preferiu essa rota simplesmente graças ao seu bom discernimento.

É mentira? Bem, sim e não.[1] Pode ser que, durante sua escalada, você tenha percorrido em diversos momentos grande parte da rota ideal, ou até ela inteira.[2] O que você diz também é verdade pois confirma que há um caminho navegável até o topo, o que você não sabia com certeza na primeira tentativa de escalada. E a rota que você descreve *existe*, então, nesse sentido, sua descrição do percurso é perfeitamente correta. Contudo, em um aspecto, é uma mentira gigante, porque deturpa completamente o processo pelo qual você subiu até o

---

[1] Bem, na maior parte, é sim.
[2] Embora seja também possível que sua rota de fato e a rota ideal não tenham nem se cruzado.

topo. Ela celebra indevidamente o processo decisório racional, a otimização e a lógica sequencial — uma celebração que, na verdade, devia ser dirigida ao altar da tentativa e erro, dos bons instintos e da sorte.[3]

Enquanto escrevo, está passando um seriado dramático de detetive na televisão, em que se usa exatamente o mesmo tipo de "edição seletiva" para descrever a captura do assassino. A convenção dos dramas de detetive é que só se discutem as informações que têm alguma relevância para a captura do criminoso, enquanto na literatura policial é possível inserir uma ou duas pistas falsas: porém, nenhum dos dois evidencia as muitas horas de trabalho perdido e o tempo gasto com linhas de investigação infrutíferas. Como disse certa vez Alfred Hitchcock, "o drama é que nem a vida real, só que sem as partes chatas".

Nós estamos sempre reescrevendo o passado para criar uma narrativa que elimine os detalhes não cruciais — substituindo a sorte e as experimentações aleatórias por uma intenção consciente. Por exemplo, um amigo meu mencionou certa vez que parte do atrativo inicial para comprar a casa onde ele mora era o fato de ser perto de um restaurante excelente, esquecendo que o lugar abriu depois que ele se mudou. Na realidade, quase tudo é mais evolutivo do que gostaríamos de admitir. Por muito tempo, em minha experiência no mercado publicitário, eu tive consciência de que em todas as propostas apresentadas havia pós-racionalizações, apresentadas como se elas sempre tivessem sido racionais.

Não estou sugerindo que deveríamos solucionar problemas de forma completamente aleatória, sem planejar aonde queremos chegar, nem digo que os dados e a avaliação racional são inúteis em nossas deliberações. Mas, quando pensamos em algo genuinamente novo, o instinto inconsciente, a sorte e simples experimentações aleatórias desempenham um papel muito mais importante no processo de resolução do que é reconhecido por nós. Antigamente eu me incomodava por apresentar ideias como se fossem produto de uma lógica indutiva pura, até me dar conta de que, na realidade, tudo na vida funciona assim. Negócios. Evolução por seleção natural. Até a ciência.

Parece que até os matemáticos aceitam que o processo de descoberta não é o mesmo que o processo de justificação. Cédric Villani é detentor da Medalha Fields, que costuma ser descrita como a maior distinção do mundo

---

[3] Com os diversos deuses e deusas da sorte — Ganesha, Tique, Fortuna etc. —, as religiões antigas talvez fossem mais objetivas do que os racionalistas modernos, pois não eram inclinadas a atribuir tudo à ação racional de indivíduos humanos.

para matemáticos. Ele foi premiado "por provar o amortecimento não linear de Landau e a convergência ao equilíbrio da equação de Boltzmann" e disse: "Um matemático utiliza duas etapas cruciais. Ele usa a intuição para supor o problema certo e a solução certa, e depois usa a lógica para comprovar".

Nós fundimos as duas partes desse processo. Partimos do princípio de que o progresso tem que ser tão óbvio logo de cara quanto pode ser em retrospecto, e queremos que as ideias sejam tão claras no ato da formulação quanto durante sua análise — instinto e sorte não podem figurar na busca por soluções. No entanto, a experiência da descoberta não sustenta esse método. Se isso vale para a física e a matemática, então provavelmente vale ainda mais para questões de comportamento humano.

No prefácio de um relatório anual da WPP,[4] uma empresa publicitária multinacional britânica, Jeremy Bullmore cita a lenda de Arquimedes na banheira como exemplo de descoberta — ele até admite que a lenda talvez não seja verdadeira, mas ela não deixa de ilustrar uma verdade importante. O rei Hiero II, tirano de Siracusa, teria fornecido a seu ourives o ouro necessário para forjar uma coroa votiva para um templo. Porém, quando a coroa foi entregue, o rei suspeitou que o ourives tivesse adulterado o ouro com prata e ficado com o restante do metal. Arquimedes foi encarregado da tarefa de descobrir a verdade — ele sabia o peso específico do ouro, claro, mas, para determinar se a coroa era feita de ouro puro, seria preciso determinar o volume da peça.

Um método estritamente lógico talvez fosse derreter a coroa e formar uma barra — e, assim, determinar o volume, embora com a infeliz consequência da destruição da peça. Conforme Arquimedes buscava uma solução, Hiero foi ficando cada vez mais impaciente. O problema não saía da cabeça de Arquimedes, acompanhando-o até no banho, onde ele percebeu que, ao mergulhar o corpo na banheira, o nível da água subia, e, quando começava a sair, a água descia. Como Bullmore descreve, "absolutamente tudo que ele observava ou encontrava tinha uma relevância potencial para esse problema persistente", como se ele soubesse que havia descoberto uma forma de medir o volume de sólidos complicados sem saber exatamente como.

Bullmore destaca que tendemos a desprezar quem admite fazer mais uso da intuição do que de experimentos cuidadosamente planejados. Ele imagina

---

[4] "You May Not Know Where You're Going Until You've Got There", *WPP Annual Report*, 2014.

como Arquimedes teria descrito posteriormente sua descoberta, como se estivesse se dirigindo a um periódico científico:

> Abordei o problema de forma racional. Como, por definição, o volume diz respeito ao volume ocupado, supus que o espaço ocupado em um líquido permitia a medição do volume desse líquido antes e depois da imersão de um objeto sólido. Daí se conclui que a diferença entre os dois, que chamarei de 'deslocamento', deve ser exatamente igual ao volume do objeto sólido utilizado. Posteriormente, a única condição necessária era a escolha de um recipiente de tamanho e formato adequados que fosse facilmente suscetível a mensuração linear convencional.

O argumento de Bullmore, claro, é que esse tipo de relato serve para validar uma ideia ou descoberta, mas, em termos de explicação do surgimento da ideia, é bem falso. Ele defende ainda que a tendência a atribuir nossos sucessos a um método intencional e científico e a minimizar a participação de fatores acidentais ou imprevistos é enganosa e pode inclusive limitar nossa capacidade de inovação.

Está na hora de fazer outra pergunta idiota: para que é que serve a razão? Pode parecer absurdo, mas, em termos de evolução, não tem nada de trivial. Afinal, até onde sabemos, todos os outros organismos do planeta sobrevivem muito bem sem essa capacidade. É verdade que a razão parece ter nos proporcionado vantagens excelentes em relação a outros animais — e provavelmente não teríamos realizado muitos de nossos sucessos tecnológicos e culturais sem ela. Mas, em termos de evolução, eles devem ser um subproduto, porque a evolução não planeja para o longo prazo.[5]

Portanto, temos que procurar um motivo diferente para essas nossas vantagens, além de também questionar se a razão foi feita para nos ajudar a tomar a maioria das decisões ou se ela evoluiu para cumprir algum outro propósito. É verdade que acreditamos conscientemente que nossos atos são orientados pela razão, mas isso não significa que sejam — nós pensarmos que sim pode ser nada mais do que uma vantagem evolutiva.

Uma possível explicação surpreendente para a função da razão surgiu há meros dez anos: a hipótese argumentativa[6] sugere que a razão se formou no

---

[5] Por exemplo, ela não pensa: "Hum, vamos acrescentar um recurso ao cérebro para que, daqui a 1 milhão de anos, possamos ter um programa Apollo".
[6] Proposta inicialmente por Dan Sperber e Hugo Mercier e descrita plenamente em *The Enigma of Reason* (Londres: Penguin, 2017).

cérebro humano não para instruir nossas ações e crenças, mas para explicá-las e defendê-las para terceiros. Em outras palavras, é uma adaptação necessária devido à natureza altamente social da nossa espécie. Podemos usar a razão para detectar mentiras de outros, para resolver conflitos, para tentar influenciar outras pessoas ou para explicar em retrospecto nossas ações, mas ela não parece desempenhar um papel determinante em decisões individuais.

Na minha opinião, essa teoria tem muito a seu favor. Em primeiro lugar, ela explica por que indivíduos usam a razão de modo tão esporádico, seletivo e, principalmente, egoísta. Explica o motivo de sermos bons para inventar justificativas para posições que já defendemos, ou por decisões que já tomamos. E explica o viés de confirmação, que leva as pessoas a procurar e absorver apenas as informações que sustentam uma crença existente. Explica também a "formação adaptativa de preferências", pela qual mudamos nossa percepção da realidade a fim de enxergarmos nós mesmos em lentes mais favoráveis. Nesse modelo, a razão não é o que Descartes imaginava, a função de ciência, pesquisa e desenvolvimento do cérebro — ela é o nosso departamento jurídico e de relações públicas.

Parece importante compreender essa teoria, acima de tudo porque talvez ela nos ajude a reconhecer o que a razão humana sabe fazer bem, e o que não sabe.[7] Ela talvez nos ajude também a entender como o uso equivocado ou excessivo da razão pode sair pela culatra. Argumentos coletivos egoístas podem ser úteis quando as pessoas estão em posse de todos os fatos relevantes, e é por isso que eles são úteis nas ciências físicas, quando todas as variáveis relevantes são conhecidas e podem ser expressas em números. No entanto, nas ciências sociais, isso simplesmente não se aplica — é impossível quantificar muitos dos fatores psicológicos importantes que afetam as pessoas, e não existe um sistema universal de medidas para o que realmente interessa.

Nas ciências físicas, causa e efeito são bem definíveis; nas ciências do comportamento, é muito mais complexo.

Causa, contexto, sentido, emoção, efeito.

---

[7] Por exemplo, podemos ser imunes a argumentos sólidos quando eles entram em conflito com uma predisposição emocional, ou quando não temos simpatia ou confiança pela pessoa que os defende.

1.17. O uso excessivo da razão

Uma explicação para o motivo de argumentos aparentemente lógicos nem sempre fazerem as pessoas mudarem de ideia, e por que eles devem ser vistos com desconfiança, é que é fácil demais criá-los no mundo real. Assim como na "lógica do GPS", é possível formular uma razão plausível para qualquer ato se selecionarmos os dados que desejamos incluir no modelo e ignorar fatos inconvenientes. Como já falei antes, tanto as pessoas que perderam o referendo do Brexit no Reino Unido quanto os democratas que perderam a eleição para Donald Trump nos Estados Unidos acreditam que suas campanhas tinham argumentos melhores, mas só alguém muito devoto do *Remain* ou do Partido Democrata não perceberia que o campo em que eles estavam dispostos a argumentar, nos dois casos, era espetacularmente limitado.

Quanto maior a quantidade de dados, mais fácil será encontrar sustentação para alguma narrativa questionável egoísta. A profusão de dados no futuro não vai resolver discussões: vai piorá-las.

1.18. Portas automáticas não substituem porteiros: Por que eficiência nem sempre compensa

O mundo dos negócios, da tecnologia e, em grande medida, da política passaram as últimas décadas envolvidos em uma busca incessante por aumentos expressivos de eficiência. Contudo, o que ninguém perguntou é se as pessoas gostam tanto de eficiência quanto é suposto pela teoria econômica. O que eu chamo de "falácia do porteiro" é o que acontece quando nossa estratégia se torna sinônimo de eficiência e redução de custos; primeiro, o trabalho de um porteiro de hotel é definido como "abrir a porta", e em seguida a função dele é substituída por um mecanismo de porta automática.

O problema é que abrir uma porta é apenas a tarefa *pressuposta* do porteiro; as outras fontes de valor menos definíveis têm a ver com uma multiplicidade de funções distintas, além de abrir portas: chamar táxis, fornecer segurança, reconhecer clientes, e também servir de símbolo para o status do hotel. Ter um porteiro pode até permitir que a diária cobrada seja mais cara.

Quando todas as funções de um empreendimento são examinadas a partir da mesma perspectiva econômica limitada, o mesmo jogo pode ser aplicado de forma incessante. Dê uma definição restrita a algo, deixe-o automatizado ou agilizado — ou elimine-o de vez —, e então encare o valor poupado como lucro. Isso também se explica pelo pensamento argumentativo, em que preferimos vencer uma discussão a ter razão?

Liguei para o call center de uma empresa outro dia, e a experiência foi excelente: prestativos, informados e simpáticos. A empresa era uma cliente nossa, então perguntei o que eles fizeram para que os atendentes ficassem tão bons. A resposta foi inesperada: "Para falar a verdade, provavelmente nós pagamos muito bem".

O call center ficava a trinta quilômetros de uma cidade grande; os profissionais da região, em vez de se deslocar uma hora por dia para arrumar emprego com salários decentes, permaneciam décadas na mesma empresa e se tornavam muito eficientes. Os custos de treinamento e contratação eram irrisórios, e a satisfação do consumidor era extraordinária. A equipe não era considerada um "custo" — era um motivo significativo do sucesso da empresa.

Contudo, o capitalismo moderno determina que é apenas uma questão de tempo até algum consultor malicioso chegar até a diretoria com uma apresentação de PowerPoint chamada "Dimensionando Custos de Serviços ao Consumidor Via Terceirização e Gestão de Recursos", ou algo do tipo. Dentro de alguns meses, ou a atividade toda acabará transferida para outro país, ou a equipe antes satisfeita do call center será obrigada a aceitar contratos de trabalho intermitente. Em breve ninguém mais vai ligar para fazer encomendas porque vai ser impossível entender o que os atendentes falam, mas isso não vai fazer diferença quando o relatório trimestral de faturamento da empresa chegar com um gráfico que contém o seguinte tópico: "Redução do custo de pessoal mediante realocação/redução de call center".

Hoje, raras são as empresas de capital aberto cuja principal atividade é a criação de produtos feitos para atender a uma demanda do mercado. No lugar disso, a atenção está voltada em grande parte para a invenção de narrativas aparentemente plausíveis sobre eficiência para atender a analistas financeiros, que muitas vezes não entendem nada dos ramos que dizem analisar além do que conseguem ler em alguma planilha. Não é preciso comprovar que a redução de custos funciona na prática, desde que ela seja coerente com teorias econômicas típicas. Existe um princípio simples de negócios segundo o qual, por pior que alguma decisão acabe se revelando, ninguém vai ser demitido por seguir a economia, ainda que a capacidade de previsão dela seja comparável à quiromancia.

Vejamos algo chamado "*quad play*". A ortodoxia econômica atual exige que todas as redes de telefonia celular ofereçam também internet de banda larga, telefonia fixa e TV por assinatura, assim como que todos os serviços de TV por assinatura ofereçam também internet de banda larga, celular e telefone fixo, e por aí vai. O raciocínio "econômico"[1] disso é que, ao oferecer todos esses quatro serviços, a empresa pode desfrutar de eficiência das funções de apoio, economia de escala e liderança de preços; segundo os modelos econômicos, a conclusão é que a empresa que fornecer os quatro serviços pelo menor preço vai dominar o mercado. Contudo, no mundo real, *quad play* é tão apreciado quanto um sanduíche podre. O cérebro humano foi calibrado pela evolução para não ir atrás da otimização econômica e terminar com um desastre sistêmico. O *quad play* coloca quatro ovos em uma mesma cesta, e com isso nos tornamos vulneráveis: se você se recusar a pagar aquela taxa de 250 libras pelo roaming internacional das suas férias em Tenerife, uma mesma empresa pode cortar seu celular, sua televisão, a internet e o telefone. E, além do mais, ninguém quer um lembrete mensal extra de qual é o custo total de tudo.[2]

Será que o mundo corporativo abandonou sua função tradicional e socialmente útil, em que empresas concorrentes testavam teorias divergentes sobre a melhor forma de satisfazer as necessidades dos consumidores e suas tentativas eram julgadas pelo mercado? Às vezes parece que foi tudo reduzido a uma espécie de religião monoteísta de eficiência em que nada é questionado, desde que sejamos capazes de recitar os mantras aprovados de gestão sobre economia de escala e redução de custos para nossos lordes financeiros.

Anos atrás, tomei café da manhã com o diretor-executivo de uma das maiores empresas do Reino Unido, que tinha acabado de passar por uma sabatina com analistas do centro financeiro. Para o leitor que não está acostumado com o mundo corporativo moderno, pode parecer estranho saber o motivo da insatisfação deles com esse diretor; a empresa dele vendia um produto que era ao mesmo tempo o mais caro dos disponíveis e que também detinha a maior participação de mercado. O que tem de errado com isso? Você talvez tivesse imaginado que os analistas estariam satisfeitos, mas o que eles falaram foi que não tinha como o produto mais caro da categoria ser também o líder do mercado, e sugeriram que ele diminuísse o preço ou aceitasse que a participação no mercado ia cair. Conferi hoje e, sete anos depois, o produto ainda tem o mesmo preço elevado, e a participação no mercado agora é maior ainda do que naquela época.

---

[1] Ou seja, idiota.
[2] Uma vez calculei tudo o que eu gasto por mês com internet, telefone fixo, celular e TV por assinatura, e minha esposa precisou me convencer a não pular da janela.

Gol contra da ortodoxia econômica — na verdade, não é incomum que produtos caros tenham uma participação de mercado alta, e qualquer um daqueles analistas financeiros teria percebido isso assim que enfiasse a mão no bolso e pegasse seu iPhone[3] ou a chave do Audi. Mas, para eles, era mais importante a empresa agir de modo condizente com teorias econômicas do que ser capaz de fornecer um produto de qualidade superior a uma grande quantidade de gente.

Há um ano, a empresa onde eu trabalho transferiu, sem consultar ninguém, os funcionários de todas as sucursais espalhadas pelo mundo — mais de 70 mil pessoas — para uma plataforma de e-mail nova em um único fim de semana. Muitos usuários acharam que o sistema era, sem dúvida, pior do que o anterior, mas "pelo menos agora ele poderia ser administrado por uma mesma rede". O que me deixou apavorado foi que não houve nenhum teste para ver como a produtividade seria afetada pela nova plataforma. Cada uma dessas 70 mil pessoas provavelmente passa pelo menos três horas do dia de trabalho lidando com e-mails, trocando mensagens ou agendando atividades, então uma plataforma que fosse só 5% mais lenta resultaria em uma perda espetacular de produtividade.

Mas ninguém testou, porque o propósito da atividade não era melhorar a produtividade, e sim poder apresentar aos analistas uma bela história plausível de que estávamos "reduzindo os custos de TI por meio da consolidação de funções de apoio". No caso, a plataforma foi aprimorada desde a adoção, mas o fato de uma decisão de redução de custos ter sido tomada sem qualquer consideração pelos riscos ocultos à eficiência foi preocupante. Por que as grandes organizações comerciais estão usando esse método ideológico nos negócios? Não deveria ser essa uma fraqueza do comunismo?

Ninguém fala disso, mas uma faceta ligeiramente constrangedora, porém essencial, do capitalismo de livre mercado é que ele não se importa com razões — na verdade, muitas vezes ele recompensa os idiotas sortudos. Você pode ser um lunático com oitenta de QI, mas, se cair de paraquedas no momento certo

---

[3] Foi a mesma ortodoxia econômica que levou analistas financeiros a insistirem que a Apple lançasse o malfadado iPhone 5c, uma variante de plástico do iPhone clássico. A ideia era que, sem um modelo de baixo custo, a Apple não conseguiria capturar uma participação de mercado adequada. O produto fracassou; quem não tinha dinheiro para um iPhone novo já havia resolvido o problema comprando ou herdando um modelo mais antigo, não usando uma versão que era claramente inferior.

em um nicho de mercado negligenciado, vai faturar pesado. Da mesma forma, você pode ter todos os diplomas de MBA que o dinheiro pode pagar, mas, se lançar sua ideia genial um ano atrasado (ou antes da hora), vai se dar mal.

Para quem considera que a inteligência é a virtude mais elevada, isso tudo parece terrivelmente antimeritocrático, mas é por isso que os mercados são tão fantásticos: eles não se importam de recompensar e bancar o que é necessário, independente da qualidade do raciocínio. Talvez as pessoas não "mereçam" ser recompensadas por ter sorte, mas um sistema que não garantisse a sobrevivência dos acidentes venturosos perderia quase todo o valor. O progresso evolutivo, afinal, é produto desses acidentes. De forma semelhante, um sistema de negócios que oferecesse, digamos, subsídios para manter abertos restaurantes vazios, só porque parecia haver bons motivos para eles continuarem abertos, não levaria a uma conclusão satisfatória.

A teoria é que o livre mercado tem a ver principalmente com a maximização da eficiência, mas, na verdade, os livres mercados não são nem um pouco eficientes. Admirar a eficiência do capitalismo é que nem admirar a voz de Bob Dylan: é se aferrar a uma opinião honesta por um motivo completamente ridículo. O mecanismo do mercado tem uma vaga eficiência, mas a ideia de que a maior virtude é essa eficiência é definitivamente um erro, porque concorrência é algo muito ineficiente. Na região onde moro, tenho acesso a oito supermercados diferentes; não tenho dúvidas de que seria muito mais "eficiente" se Waitrose, M&S, Lidle e os outros se fundissem todos em um único "Grande Mercado do Povo".[4]

A métrica que está faltando aqui é a variação semialeatória. Mercados realmente livres trocam a eficiência por uma inovação testada na prática que depende muito de sorte. Esse processo ineficiente é necessário porque a maioria das conquistas do capitalismo de consumo nunca foi planejada e só pode ser explicada em retrospecto, se tanto. Por exemplo, muito poucas empresas chegaram a testar os efeitos de se transferir as operações de call center para países com mão de obra mais barata — isso se tornou uma prática generalizada, tamanho é o entusiasmo pela redução de custos.

Aqui vai um exemplo perfeito da tendência do mundo corporativo moderno de fingir que a economia é fato, mesmo quando não é. Os teatros do West End

---

[4] Também não tenho dúvidas de que o estabelecimento seria terrível.

de Londres costumam mandar e-mails para pessoas que já assistiram a algum espetáculo, para incentivá-las a comprar ingressos, e uma conhecida minha que trabalhava como executiva de marketing para uma companhia teatral era responsável pelo envio desses e-mails. Com o tempo, ela constatou algo que desafiava as normas convencionais da economia: aparentemente, se um e-mail anunciando uma peça ou um musical incluísse uma oferta de ingressos com desconto, o resultado era *menos* ingressos vendidos. Por outro lado, o anúncio de ingressos sem descontos *aumentava* a demanda.

De acordo com a teoria econômica, isso não faria o menor sentido, mas no mundo real é algo perfeitamente plausível. Afinal, qualquer teatro que vende ingressos com desconto claramente está dizendo ter ingressos de sobra, e daí é razoável deduzir que o espetáculo oferecido não é tão bom assim. Ninguém quer gastar cem, duzentas libras com ingressos, comida, estacionamento e babá e depois descobrir que teria sido melhor ver TV em casa; ao evitarem os ingressos com desconto, as pessoas não estão sendo burras — estão demonstrando um alto nível de inteligência social de segunda ordem.

Apesar da descoberta da minha amiga, seus colegas continuaram exigindo que os descontos fossem oferecidos. Ela explicou pacientemente que qualquer desconto diminuiria a demanda, e a companhia acabaria vendendo menos ingressos a um preço menor, mas eles insistiram na questão. Essa persistência acontecia porque, embora empiricamente fosse a decisão errada, em termos econômicos fazia sentido lógico. Se 30% dos ingressos não fossem vendidos com o desconto, era de se supor que também não teriam sido vendidos com o preço cheio. Por outro lado, se ela não tivesse oferecido desconto e 20% dos ingressos não fossem vendidos, ela teria levado a culpa. As motivações das pessoas nem sempre estão alinhadas com os interesses de uma empresa: a melhor decisão é buscar a justificação racionalizada, não o lucro. Ninguém é demitido por fingir que a economia foi verdadeira.

No começo deste livro, examinei uma campanha beneficente em que as melhorias lógicas e racionais não deram certo e as irracionais e psico-lógicas funcionaram. Quantas soluções ainda podemos descobrir se desistirmos de tentar solucionar tudo de acordo com nosso córtex pré-frontal enquanto ignoramos o resto do cérebro? É isso que a próxima parte pretende desvendar.

Parte 2

A história de um alquimista (ou por que a magia ainda existe de verdade)

2.1. O grande lado positivo de abandonarmos a lógica — ganhamos magia

No final da Idade Média, a ciência cometeu uma falácia e chegou à conclusão equivocada de que a alquimia não funcionava. As pessoas haviam passado anos se esforçando para transformar metais básicos em ouro; quando viram que não ia acontecer do jeito que esperavam, elas desistiram.

Mais tarde, Newton não ajudou ao encher nossa cabeça com ideias sobre termodinâmica e conservação de energia — e a ciência nos iludiu por completo com a ideia de que é impossível criar algo a partir de nada. Ela nos ensinou que não tem como criar um metal valioso a partir de um barato, nem como criar energia em um lugar ou formato sem destruí-la em outro. Ainda que tudo isso funcione bem no domínio restrito da física, é um grande engano no que diz respeito ao campo muito diferente da psicologia.

Na psicologia, essas leis não se aplicam: 1 + 1 pode ser igual a 3.

Com o tempo, os economistas conceberam sua própria versão desse conceito deprimente de que nada pode ser criado ou destruído. "Não existe almoço grátis", disseram eles. A triste consequência é que ninguém mais acredita em magia. Mas ela ainda existe — em vez da física e da química, a magia ocorre nos campos da psicologia, da biologia, e da ciência da percepção. E pode ser criada.

A agência publicitária J. Walter Thompson costumava aplicar um teste para aspirantes a redator. Uma das perguntas era simples: "Aqui estão duas moedas idênticas de 25 centavos. Tente me vender a da direita". Um candidato aprovado entendia a ideia de alquimia. "Vou pegar a moeda da direita e colocar na bolsa de Marilyn Monroe.[1] Depois, vou lhe vender uma moeda de 25 centavos genuína que pertenceu a Marilyn Monroe."[2]

Na matemática a regra é que 2 + 2 = 4. Na psicologia, 2 + 2 pode ser mais ou menos que 4. Depende de você.

Não damos valor a coisas; damos valor ao que elas significam. As leis da física determinam o que elas são, mas o que elas significam é determinado pelas leis da psicologia.

Empresas que vão atrás de oportunidades para fazer magia, como a Apple ou a Disney, estão sempre nas listas das marcas mais valiosas e lucrativas do mundo; seria de imaginar que os economistas já teriam percebido isso.

O vinho é mais saboroso quando é servido de uma garrafa mais pesada. Analgésicos são mais eficazes quando as pessoas acham que eles custam caro. Quase tudo se torna mais desejável quando as pessoas acreditam que se trata de algo escasso, e pertences geram mais satisfação quando estão associados a alguma marca famosa.

Infelizmente, ninguém da vida pública acredita em magia ou confia em quem a fornece. Se você sugerir alguma solução em que o aumento de valor percebido é maior que o gasto correspondente de dinheiro, tempo, esforço ou recursos, as pessoas não vão comprar a ideia ou, pior, podem achar que você está dando algum golpe. É por isso que o marketing não recebe nenhum crédito nos negócios — quando ele gera magia, é mais socialmente aceitável atribuir o sucesso resultante à logística ou à gestão de gastos.

Por mais que às vezes possa parecer um compromisso com a ética, essa aversão à magia acarreta problemas enormes; com essa relutância arraigada a sequer considerar soluções mágicas, se torna limitada a quantidade de ideias que as pessoas podem aceitar. É por causa disso que os governos muitas vezes

---

[1] Ela supostamente estava viva na época.
[2] Uma alternativa mais esquisita seria desvalorizar a moeda da esquerda emprestando-a a assassinos em série infames como Jeffrey Dahmer ou Fred West. Depois, quase ninguém ia querer ficar com ela — embora provavelmente alguém no eBay terminaria comprando.

estão fadados a manipular as alavancas duplas da compulsão jurídica e dos incentivos econômicos e ignorar soluções que poderiam ser menos impositivas ou fornecer melhor relação custo-benefício. Por exemplo, a decisão recente do governo britânico de gastar 60 bilhões de libras em uma nova linha férrea de alta velocidade para ligar Londres, Birmingham e Manchester é um bom exemplo. A argumentação em torno desse gasto tem dois elementos: em parte, é para poupar tempo com trens novos e mais rápidos, e em parte é para aumentar a capacidade.[3]

No entanto, o problema é o custo. É óbvio que 60 bilhões de libras é muito dinheiro, e é preciso considerar também o tempo que vai levar a construção de uma ferrovia nova. É verdade que os trens novos vão reduzir uma hora de cada trajeto, e uma viagem normal a Manchester demoraria apenas em torno de setenta minutos, em vez das atuais duas horas e dez minutos, mas vamos ter que esperar até o fim da década de 2020 para desfrutar esse benefício.[4] Dez anos de espera para poupar sessenta minutos não é uma proposta de encher os olhos. Então sugeri uma alternativa mágica que reduziria o tempo de viagem até Manchester em uns quarenta minutos *e* aumentaria a capacidade dos trens atuais, tudo dentro de seis meses e ao custo trivial de cerca de 250 mil libras.

Meu truque era simples. Não pense na logística do problema, pense na perspectiva dos passageiros. Para diminuir o tempo de viagem em quarenta minutos, não é preciso diminuir a quantidade de tempo que as pessoas passam no trem — que, de qualquer forma, é a parte mais agradável da viagem; seria preciso apenas reduzir o tempo perdido *esperando o trem*. Desde que elas cheguem quarenta minutos mais rápido de uma ponta à outra da viagem, terá ocorrido uma economia de quarenta minutos.

Seria fácil implementar isso. Hoje em dia, as pessoas compram passagens de Londres para Manchester ou Birmingham com antecedência, o que diminui consideravelmente o preço da viagem, mas exige que o passageiro viaje em um trem específico — e, se ele perder esse trem, a passagem não vai valer nada. Como resultado, por receio de perder o trem as pessoas costumam chegar à

---

[3] Pode parecer surpreendente para leitores de outros países, mas o uso de trens no Reino Unido vem aumentando há alguns anos — na verdade, a quantidade de ingleses viajando de trem em anos recentes é maior do que em qualquer período desde os anos 1920.
[4] Quando ela for inaugurada, eu já estarei aposentado há muito tempo.

estação de Euston uns 45 minutos antes da hora prevista. Nesses 45 minutos, geralmente dois outros trens de horários anteriores saem da estação, e partem com assentos vazios.

Expliquei que, para cortar quarenta minutos do tempo de viagem, bastava criar um aplicativo que permitisse que o passageiro embarcasse em um desses dois trens anteriores se houvesse lugar, em troca de uma pequena taxa voluntária. É óbvio que isso nem sempre funcionaria, pois às vezes os trens anteriores poderiam estar lotados, mas na maior parte do tempo seria uma maneira fácil de ajudar as pessoas a passarem de vinte a quarenta minutos a menos na estação. Isso também proporcionaria o benefício extra de aumentar a capacidade da rede ferroviária, pois os assentos vagos seriam ocupados, e os do trem original poderiam ser revendidos.

Até onde eu sei, ninguém levou essa sugestão a sério — ela não se encaixa no que os analistas de transportes, de visão limitada e baseada em métricas, entendem como melhorias. A única noção deles de tempo poupado se aplica ao tempo passado em movimento — o meio pelo qual eles pretendem criar melhorias é restrito demais.[5]

---

[5] Da mesma forma, a melhor maneira de aprimorar viagens aéreas provavelmente tem a ver com a rapidez em aeroportos, e não aviões mais rápidos.

2.2. Transformando chumbo em ouro: O valor está na mente e no coração do valorizador

O motivo da desistência dos alquimistas na Idade Média foi uma abordagem errada do problema — eles haviam estabelecido a meta impossível de tentar transformar chumbo em ouro, mas tinham enfiado na cabeça que o valor de algo reside exclusivamente no *que esse algo é*. Isso era uma premissa falsa, porque não é preciso mexer com estrutura atômica para fazer com que chumbo valha tanto quanto ouro — basta mexer com a psicologia humana para que ele pareça valer tanto quanto ouro. E aí, quem vai se importar se não for ouro *de verdade*?

Se você acha que isso é impossível, pegue o dinheiro de papel dentro da sua carteira ou bolsa; o valor é exclusivamente psicológico. Ele reside não no objeto em si mesmo, mas na mente de quem o valoriza. Portanto, podemos criar (ou destruir) valor de duas formas: mudando o objeto ou mudando a mentalidade em relação a ele.

Um argumento defendido por este livro é que praticamente todo empreendimento muito bem-sucedido, por mais que finja ser popular por motivos racionais, deve a maior parte do sucesso ao fato de ter encontrado um truque de magia psicológica, às vezes por acaso. Google, Dyson, Uber, Red Bull, Coca Diet, McDonald's, Apple, Starbucks e Amazon, todos se desenvolveram, de propósito ou sem querer, com alguma forma de alquimia mental. E, em paralelo a esses grandes sucessos, precisamos nos lembrar também de um grupo de empresas das quais você nunca ouviu falar: as que fracassaram. Em muitos casos, as ideias delas seguiam a lógica à perfeição, mas deram errado porque eram pobres em alquimia.

Preocupados com a ideia malfadada de "transmutação" — a transformação de um elemento em outro —, os alquimistas não fizeram experiências de *reposicionamento* do chumbo. Talvez eles pudessem ter acrescentado um ingrediente misterioso ou uma técnica de polimento que o deixasse um pouco mais lustroso e batizado o produto de "Ouro Preto". Ou, melhor ainda, podiam ter usado o truque francês de criar escassez artificial mediante topografia e proveniência[1] e chamado o chumbo especial deles de algo como "Or de Sable de Lyon". Esse monopólio regional teria preservado a raridade e deixado o produto deles mais caro que o ouro sem graça de sempre. E só precisa acontecer alguma circunstância impactante em termos de relações públicas: quem sabe algum rei pudesse ser induzido a encomendar uma coroa feita desse material, e aí já seria meio caminho andado. Alguns artesãos da época haviam conseguido exatamente isso com uma combinação de habilidade, escassez e posicionamento; por exemplo, o grama do esmalte de Limoges, que continha em grande parte cobre, era na época consideravelmente mais valioso que ouro.[2]

---

[1] Alguns exemplos notórios incluem a champanhe e o borgonha.
[2] O grama da tinta de impressora moderna é mais caro que ouro.

2.3. Transformando ferro e batata em ouro: Lições da Prússia

No século XIX, um ato glorioso de alquimia salvou o erário da Prússia quando a família real conseguiu transformar as joias de ferro em mais desejáveis do que as de ouro. Para financiar o esforço de guerra contra a França, em 1813, a princesa Marianne lançou um apelo às mulheres ricas e nobres para que substituíssem seus adereços de ouro por outros de metal básico. Em troca pelas joias de ouro doadas, elas receberam réplicas de ferro carimbadas com as palavras *"Gold gab ich für Eisen"*, "Dei ouro por ferro". Depois, o uso e a exibição das réplicas de ferro em eventos sociais se tornaram um indicador de status muito mais expressivo do que o ouro propriamente dito. Joias de ouro provavam apenas a riqueza da família, enquanto as joias de ferro demonstravam que a família era não só rica, mas também generosa e patriota. Como observou um contemporâneo, "as joias de ferro se tornaram a moda de todas as mulheres patriotas, demonstrando assim sua contribuição para as batalhas de libertação".

Sim, metais preciosos têm valor, mas significados também têm, e geralmente apostar neles custa menos para o bolso e para o meio ambiente. Afinal, quando pensamos em *para que* servem as joias de ouro, percebemos que é uma forma extremamente esbanjadora de demonstrar status. Mas, usando os ingredientes psicológicos certos, foi fácil permitir que o ferro cumprisse esse papel com a mesma eficácia. Psicologia 1, química 0.

Frederico, o Grande, um monarca do século XVIII, usou a mesma magia

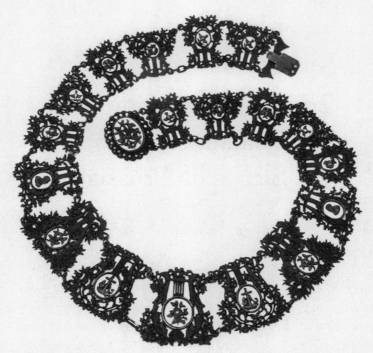

"Gold gab ich für Eisen." Quando a alquimia fez com que joias de ferro fossem um ornamento de maior status que o ouro.

para promover as batatas como produto agrícola nacional, aplicando o elixir da psicologia para transformar algo antes desprezado e que não valia nada em uma preciosidade. Ele queria que os camponeses prussianos do século XVIII cultivassem e comessem batata porque contava com essa fonte alternativa de carboidratos para reduzir o risco de fome durante períodos de escassez de pão; isso também diminuiria a volatilidade dos preços de alimentos. O problema era que os camponeses não gostavam de batata; nem quando Frederico tentou recorrer a coação e ameaçou aplicar multas, as pessoas não mudaram seu viés em relação ao alimento. Algumas pessoas rejeitavam porque a Bíblia não mencionava batatas, e outras diziam que, já que cachorros se recusavam a comer batata, por que humanos deviam comer?

Então Frederico desistiu da força bruta e experimentou persuasão sutil. Ele estabeleceu uma horta real de batatas no terreno do palácio e declarou que seria um alimento real, que só poderia ser consumido por membros da família real ou por quem tivesse autorização do trono.[1] Quando você declara que algo é tão exclusivo e inacessível, todo mundo passa a desejá-lo muito mais — digamos que isso se chama "elixir de escassez". Frederico tinha noção disso, então posicionou guardas em torno da horta para proteger a plantação, mas com ordens secretas de que eles não deveriam vigiar a horta com muita atenção. Prussianos curiosos perceberam que era possível invadir a horta real de batatas e roubar, comer e até cultivar por conta própria esse tubérculo fabulosamente exclusivo. Hoje, a batata — que é uma fonte insuperável de nutrientes e energia — é muito popular na Alemanha e no resto do mundo.[2]

Batatas no túmulo de Frederico, o Grande.

---

[1] Mais ou menos como o queijo cheddar na Inglaterra do século XVII ou a carne de cisne no Reino Unido atual.

[2] Ouvi boatos de que diversas marcas de roupa de hip-hop empregaram uma estratégia semelhante à de Frederico: ao fazer com que fosse relativamente fácil roubá-las nas lojas, as roupas acabavam sendo usadas por pessoas consideravelmente mais descoladas que as que pagavam o preço cheio de loja. E algumas cervejarias com certeza produzem tulipas na esperança de elas serem furtadas. Como um cliente já me contou, "as pessoas ganham um copo que custou uns trinta centavos; nós ganhamos propaganda gratuita na cozinha delas".

2.4. A alquimia moderna da semântica

Mas esse tipo de alquimia não funciona mais hoje em dia, certo? Bom, você já foi a um restaurante no exterior e experimentou *chilean sea bass* (que poderia ser traduzido como cherne-chileno)?[1] Esse peixe é resultado de uma forma específica de alquimia chamada "Alquimia da Semântica". O filé de vinte dólares é servido com esse nome em restaurantes chiques, mas vem de um peixe que por muitos anos foi conhecido como *Patagonian toothfish* (traduzido literalmente como peixe-dente-da-patagônia, embora na América Latina ele seja mais conhecido como merluza-negra). Ninguém vai pagar vinte dólares para comer peixe-dente-da-patagônia, mas, se o nome for cherne-chileno, a história é outra. A ideia veio de um importador americano de peixe chamado Lee Lentz, ainda que, a rigor, a maior parte da pesca não seja feita no Chile e merluzas e chernes nem pertençam à mesma família.[2]

---

[1] Quem odeia peixe talvez prefira pular as próximas páginas.
[2] A importância do nome também se estende às universidades. Um texto de John Steele Gordon chamado "Overrated & Underrated" [Superestimado & Subestimado], publicado na edição de maio/junho de 1999 da revista *American Heritage*, classificou Elihu Yale como o "filantropo mais superestimado" da história dos Estados Unidos, afirmando que grande parte do sucesso da instituição que veio a se tornar a Universidade Yale se deve à generosidade de um homem chamado Jeremiah Dummer. Por algum motivo, os administradores da faculdade não queriam que ela fosse conhecida como "Dummer College" [a pronúncia é igual a *dumber*, ou "mais burro"].

Por mais que possa parecer desonesto, o gesto de Lentz faz parte de uma antiga tradição de reposicionar frutos do mar. O peixe-pescador já foi chamado de peixe-sapo, o vermelho também é conhecido como olho-de-vidro, e ouriços--do-mar, como pindaíbas. Mais recentemente, aconteceu algo parecido com o *pilchard*. Pescado no litoral da Cornualha antes de ser salgado e despachado para o resto da Europa, esse tipo de peixe foi considerado uma iguaria por séculos, até o advento das geladeiras e dos congeladores domésticos, o que fez o interesse por peixes salgados minguar — pelo menos fora de Portugal. "O mercado estava diminuindo rápido à medida que as peixarias que os vendiam iam fechando", disse Nick Howell, da Pilchard Works, uma fornecedora de peixes em Newlyn. "Percebi que eu tinha que tomar uma atitude." Felizmente, Nick foi criativo. Ele descobriu que o que os córnicos chamavam de *pilchard* era servido para turistas ingleses no Mediterrâneo, com limão e azeite, com o elegante nome de sardinha-portuguesa.[3] Então ele rebatizou o *pilchard*, um nome que remetia a comida barata,[4] de "sardinha-da-Cornualha". Depois disso, quando alguém da área de compras de supermercados ligasse para pedir sardinhas, a pessoa era logo encaminhada para comprar "*pilchards* da Cornualha". Alguns anos atrás, Nick conseguiu que a União Europeia concedesse às sardinhas-da-Cornualha o status de Denominação de Origem Protegida (DOP), e o resultado foi incrível: o *Daily Telegraph* registrou em 2012 que a venda de sardinhas frescas em supermercados disparou 180% no ano anterior, um aumento explicado em parte por um crescimento enorme nas vendas de "sardinhas-da-Cornualha". Esse exercício de branding revigorou toda a indústria da pesca da região.

As sardinhas-da-Cornualha são mais um exemplo de alquimia geográfica em ação.[5] O simples acréscimo de um adjetivo geográfico ou topográfico ao nome de algo — seja um prato de restaurante ou um produto nas prateleiras

---

[3] O nome científico é *Sardina pilchard*.
[4] E, talvez pior ainda, a ração de gato. Na Inglaterra, o *pilchard* é um sabor comum de rações felinas: é difícil passar uma impressão de escassez para um alimento se ele é dado a bichos de estimação. Curiosamente, muitos alimentos que hoje são considerados de luxo já foram tratados como elemento mais ou menos descartável em épocas e locais onde eles eram abundantes: no século XIX, criados domésticos na Escócia costumavam exigir que seu contrato de trabalho incluísse uma cláusula de que "eles não fossem obrigados a comer salmão mais de três vezes por semana".
[5] Para os leitores do resto do mundo, a Cornualha é uma bela região rural no extremo sudoeste da Inglaterra, fortemente associada a comida.

— permite que se cobre um preço mais alto e ocasione um aumento das vendas. Segundo um estudo da Universidade de Illinois em Urbana-Champaign, opções descritivas em cardápios produziram um aumento de 27% nas vendas em restaurantes em comparação com pratos sem descrição.

Nos cardápios, parece que adjetivos rendem mais do que substantivos. Até mesmo adjetivos sem definição clara, como "suculento", podem subir a popularidade de pratos. Charles Spence, psicólogo experimental de Oxford, publicou um artigo sobre o efeito que o nome de um prato produz nos fregueses de um restaurante. "Se o prato tiver um rótulo étnico, como um nome italiano", diz ele, "as pessoas vão achar que a comida é mais autêntica."[6] Somos muito mais suscetíveis sobre a atratividade e o sabor de um prato quando ele vem ornamentado com uma descrição vistosa: "Um rótulo chama a atenção das pessoas para determinadas características do prato, e isso ajuda a realçar sabores e texturas".

Nunca se esqueça disto: a natureza de nossa atenção afeta a natureza de nossa experiência.

A publicidade[7] também funciona assim. Grande parte da eficácia da publicidade deriva do poder que ela tem de direcionar o olhar para os aspectos favoráveis de uma experiência, com a intenção de enriquecer essa experiência. O estranho é que existe uma forma de incremento para cardápios que parece ser letal: aparentemente, a inclusão de fotos dos pratos limita muito o preço que se pode cobrar por eles. Existem opiniões diversas quanto ao motivo. Há quem pense que a prática está associada demais a restaurantes de baixo custo, e outras pessoas acreditam que fotografias atrativas podem elevar demais as expectativas, o que levaria a uma inevitável decepção quando a comida chegasse. Acho definitivamente interessante que muitas hamburguerias famosas no mundo, como Five Guys e In-N-Out, possuem cardápios só com texto, sem fotos, enquanto o McDonald's usa um monte de imagens em suas telas de LCD. Será que isso limita a capacidade deles de cobrar mais?[8]

---

[6] Uma *gelateria* pode cobrar mais do que uma sorveteria.
[7] Em inglês, a palavra *advertising* vem do latim "*anima advertere*", ou "chamar atenção".
[8] O Japão é uma exceção a essa regra. No Japão, não só os restaurantes sofisticados exibem fotos de alta qualidade, como existe um mercado muito bem pago de profissionais que criam modelos de sushi e outros pratos para expor na vitrine dos restaurantes. Eu não recomendaria o método para um restaurante em Londres, Paris ou Nova York.

2.5. Enrolação do bem — e a gambiarra do inconsciente

É fácil descartar a alquimia como enrolação. E, para ser sincero, é provável que algumas coisas que eu digo acabem se revelando enrolação. Mas grande parte — a mudança do nome de peixes, o acréscimo generoso de referências geográficas a pratos no cardápio, o reposicionamento do ferro — pode entrar na categoria de "enrolação do bem", porque a mesma técnica que funciona para peixes também pode resolver questões muito mais importantes. Por exemplo, como podemos incentivar mais mulheres a investir em uma carreira na indústria da tecnologia? Ou, reformulando a pergunta, como podemos evitar que a indústria da tecnologia pareça pouco atraente para mulheres? Uma faculdade encontrou a resposta. Em 2006, Maria Klawe, formada em matemática e ciências da computação, foi nomeada reitora da Harvey Mudd College, na Califórnia. Na época, apenas 10% dos estudantes de ciências da computação eram mulheres. O departamento concebeu uma estratégia para atrair mais alunas para as matérias e estimular o interesse no contato com as ciências da computação, na esperança de convencê-las a se formarem na área.

Uma disciplina que antes se chamava "Introdução à programação em Java" foi rebatizada para "Métodos criativos para a resolução de problemas em ciência e engenharia com Python".[1] Os professores então dividiram a turma em grupos — dourado para os que não tinham experiência com programação e

---

[1] Palavras como "criatividade" e "resolução de problemas" soam menos nerd.

preto para os que tinham.[2] Foi implementada também a *Operação Eliminação do Efeito Machista*, em que os homens que gostavam de se exibir durante as aulas eram chamados à parte e orientados a parar de gracinha. Quase da noite para o dia, a disciplina introdutória de ciências da computação na Harvey Mudd deixou de ser a matéria obrigatória mais detestada para se tornar a preferida.

Isso foi apenas o começo. É óbvio que as melhorias na disciplina introdutória surtiram efeito, mas também era importante fazer com que as alunas se inscrevessem em outra disciplina na área. Professoras levaram as turmas ao Congresso Grace Hopper, um evento anual para "celebrar as mulheres na indústria da tecnologia". Foi um passo significativo para demonstrar que não havia nada de estranho ou antissocial em mulheres que trabalhavam com tecnologia. Por fim, a faculdade ofereceu uma bolsa de pesquisa para o verão para que alunas pudessem aplicar seus talentos recém-descobertos em algo útil que beneficiasse a sociedade. "Tínhamos alunas trabalhando em coisas como jogos educativos e uma versão de *Dance Revolution* para idosos. Elas podiam usar a tecnologia da informática para realmente fazer a diferença", diz Klawe.

Como costuma acontecer com pequenos incentivos, esses tiveram um efeito multiplicador, e o movimento se agigantou. Depois do primeiro experimento de quatro anos, a faculdade conseguiu quadruplicar a quantidade de alunas se formando em ciências da computação em pouco tempo, indo de 10% para 40%. Repare que não houve cotas — foi tudo voluntário, e ninguém foi privado da liberdade de escolher. Apenas a aplicação de bom marketing para resolver um problema.

A invenção do "motorista da vez" foi uma maneira ainda mais esperta de usar semântica em prol de um benefício social. A expressão, que se refere à pessoa que se compromete a não beber para poder levar os amigos para casa, foi criada deliberadamente e se popularizou graças ao apoio ativo de Hollywood, que aceitou usá-la em alguns episódios de séries famosas de comédia e drama. A expressão surgiu originalmente na Escandinávia e foi adotada pela destilaria Hiram Walker, no Canadá, para promover o consumo responsável de seus produtos alcoólicos, e depois foi levada intencionalmente para os Estados Unidos a pedido do Harvard Alcohol Project.

---

[2] Repare nesse uso sagaz de cores.

Quando é normal perguntar "quem vai ser o motorista da vez na sexta", fica fácil ver como é muito mais simples adotar esse sistema, e também se torna muito mais fácil a pessoa sóbria defender a sobriedade sempre que alguém oferecer uma bebida. Na Bélgica e na Holanda, o motorista (ou a motorista) só precisa explicar que não pode beber, que é um "Bob" — um acrônimo[3] em holandês de *Bewust Onbeschonken Bestuurder*, ou "motorista deliberadamente sóbrio". Nos dois casos, a criação de um nome para um comportamento cria de forma implícita uma norma para ele.

É interessante considerar quantas outras atitudes benéficas podem ser possíveis graças a invenções semânticas. Por exemplo, sempre achei muito útil a expressão "corte de custos", que é usada não só como eufemismo para redução de pessoal, mas também quando casais com filhos crescidos fora de casa decidem se mudar para residências menores e mais fáceis de manter. Ela permite que pessoas mais velhas morando em casas grandes demais encarem sua mudança a um espaço menor como se fosse uma escolha motivada por preferência pessoal, e não — como poderia ser visto — uma concessão resultante de necessidade financeira. Crie um nome, e se cria uma norma.[4]

---

[3] Tecnicamente, é um "acrônimo invertido", já que o nome Bob veio antes da versão por extenso.
[4] No Reino Unido, os detestados empréstimos estudantis seriam percebidos de um jeito bem diferente se fossem descritos simplesmente como "imposto de graduação".

2.6. Como os colombianos repensaram o peixe-leão-vermelho (com uma ajudinha da Ogilvy e da Igreja)

Quando o furacão Andrew atingiu o sudeste dos Estados Unidos em 1992, foi o pior furacão na história do país. Causou danos incalculáveis tanto a propriedades quanto ao meio ambiente; contudo, o maior efeito que ele teve para o ambiente talvez não tenha sido a extinção de uma espécie, mas justamente o contrário. No sul da Flórida, o furacão rompeu um grande aquário de águas costeiras, libertando no golfo do México e no Caribe uma espécie indesejada de peixe.

O peixe-leão-vermelho vem das águas tropicais que banham a Indonésia. Embora seja um peixe de aparência bonita, é também um predador voraz para outros peixes, capaz de comer até trinta em meia hora. Além do mais, uma fêmea dessa espécie pode produzir mais de 2 milhões de ovas por ano, o que era uma questão particular no Caribe, onde ele não possui predadores naturais. A dizimação de espécies locais pôs em risco o meio ambiente e a economia da Colômbia, muito dependente da pesca. E também estava destruindo a ecologia dos recifes de coral. Foi aí que alguns colegas meus pegaram emprestado uma ideia de Frederico, o Grande; a Ogilvy & Mather de Bogotá decidiu que a solução era criar um predador para o peixe-leão-vermelho: os seres humanos. O jeito mais simples e econômico de livrar as águas colombianas desse peixe era incentivar as pessoas a comê-lo, estimulando por sua vez a pesca. A agência recrutou os principais chefs da Colômbia e lhes pediu que criassem receitas com peixe-leão-vermelho para os restaurantes mais renomados. Conforme eles explicaram, o peixe-leão-vermelho é venenoso por fora, mas delicioso por dentro, então a agência criou uma campanha com o slogan "Terrivelmente delicioso". Em conjunto com o Ministério do Meio Ambiente colombiano, eles produziram uma mudança cultural ao transformar o invasor em uma comida cotidiana. Os peixes-leões-vermelhos logo estavam nos supermercados. Cerca de 84% da população colombiana é católica, então o governo pediu que a Igreja recomendasse à congregação o consumo do peixe às sextas-feiras e durante a Semana Santa. Esse elemento adicional — o adendo da Igreja católica — foi o verdadeiro toque de alquimia. Hoje em dia, as espécies nativas estão se recuperando, e a população de peixe-leão-vermelho está caindo.[1]

---

[1] Essa medida única será o suficiente para eliminar o peixe-leão-vermelho? Provavelmente não. No entanto, não é preciso erradicar por completo o peixe para resolver o problema — é só manterem as populações abaixo de um limite. Um estudo divulgado pela Universidade do Estado de Oregon constatou que, nos recifes onde a população ficava abaixo da "densidade máxima", as populações de peixes nativos aumentavam de 50% a 70%, enquanto em regiões onde não havia esforços para combater a espécie invasora os peixes locais continuaram desaparecendo.

2.7. A alquimia do design

Nós já aprendemos a projetar objetos físicos que se encaixam muito bem na mão humana. A menos que você seja uma criança pequena, ou que vá se hospedar em algum hotel pretensioso onde toda a decoração foi escolhida para gritar "Ei, olha como somos diferentes",[1] maçanetas geralmente têm um tamanho e formato que combinam com seu corpo. Bons designers sabem criar objetos que funcionam bem com nossa estrutura física evoluída, mesmo que essas partes do corpo tenham evoluído originalmente para outros fins; nossas mãos não evoluíram para segurar volantes de carros, nem nossas orelhas ficaram salientes para segurar nossos óculos, mas os bons designers sabem que esses elementos podem ser úteis para fins diferentes dos que motivaram seu surgimento.

Em geral, o design no mundo físico é relativamente bem-feito. Existem algumas exceções bizarras,[2] mas, de modo geral, nós fizemos um trabalho

---

[1] Um hotel em Nova York (o W, na Times Square, eu acho) tem uma placa para indicar os elevadores com a palavra britânica "Lifts", em vez da americana "Elevators", em uma tentativa de parecer refinado. É claro que, para turistas ingleses, isso se perde — acho que um equivalente no mercado imobiliário britânico são os anúncios agora usarem "apartment" em vez de "flat", para sugerir que os apartamentos são cosmopolitas.

[2] Por que o mármore é considerado um material adequado para piso de banheiro de hotel? Desconfio que a resposta aqui seja, de novo, "por causa do que significa": o mármore é um material escasso e, portanto, caro; assim, ele passa a ideia de que o hotel não poupou gastos. Porém, é uma pena que essa imagem venha às custas da nossa segurança. Se os donos de hotel

bastante razoável, porque aceitamos que nosso corpo tem um formato curioso e criamos objetos que funcionem bem com ele. Melhor ainda, em países mais ricos, agora projetamos o entorno para se adequar a pessoas fisicamente menos aptas que a média, ou a indivíduos que não têm o funcionamento de todos os membros. Essa prática tem sido promovida por grupos que lutam em nome de pessoas com deficiência, e em alguns casos talvez até tenha excedido um pouco a medida, embora também tenha produzido muitos benefícios inesperados para outras pessoas além das que pretendia atender originalmente — pois, na realidade, todo mundo fica incapacitado de vez em quando. Para quem carrega uma mala pesada, escadas são quase que impraticáveis. Quem segura uma xícara de café é como se tivesse apenas uma mão disponível. Quem precisa de óculos, mas se encontra sem eles, é deficiente visual.

Até mesmo quando pensamos em projetos para pessoas sem deficiências, é bom partir do princípio de que o usuário pode estar sujeito a algumas restrições. É por isso que uma maçaneta horizontal é melhor que uma redonda: dessa forma conseguimos abrir a porta com o cotovelo — seja alguém que não tem mãos ou alguém que está com as mãos ocupadas segurando xícaras de chá. A instalação de rampas para cadeiras de rodas em aeroportos pode beneficiar igualmente os viajantes que escolhem malas com rodinhas. Legendas feitas para pessoas com deficiência auditiva também podem ser úteis se você quiser ver televisão em um bar ou aeroporto, ou quando seus filhos estão dormindo.[3]

Esse tipo de design pode ser uma ótima prática empresarial: alguns anos atrás, a British Telecom lançou um telefone para pessoas com deficiência visual, que tinha botões enormes. Para grande surpresa, o modelo se tornou o maior sucesso de vendas da empresa; era um telefone que pessoas sem problemas graves de visão podiam usar facilmente enquanto estavam deitadas na cama, com os óculos longe. A OXO Good Grips é uma fabricante de utensílios de cozinha bastante bem-sucedida que aplica esse princípio para um contexto mais amplo: Sam Farber criou a empresa porque sua esposa sofria de artrite

---

precisam de uma decoração luxuosa desnecessária nos banheiros, podia pelo menos ser um material *antideslizante* caro. Parece que ninguém levantou muitos dados sobre acidentes em banheiros de hotel. Mas eu conheço quatro colegas que já foram parar no hospital por causa de quedas assim, e alguns até estavam sóbrios.

[3] Ou quando Hollywood dá um Oscar para atores que falam baixo e enrolado.

e tinha dificuldade para usar artigos de cozinha — a facilidade e o conforto do uso dos produtos com design inteligente logo expandiu a popularidade da empresa entre pessoas sem restrições de mobilidade. Vale lembrar que os produtos feitos para pessoas com pouca firmeza nas mãos também servem bem para mãos molhadas — algo comum no dia a dia de uma cozinha.[4]

Com o tempo, a maioria dos objetos físicos, por uma espécie de seleção natural, adquire uma forma e função que combinam com preferências e instintos que desenvolvemos. Depois de algumas décadas, esse princípio foi estendido à interface de softwares.[5] Gestos com os dedos, como apontar, clicar, pinçar para ampliar, entre outros, se tornaram o padrão nas interações com dispositivos tecnológicos, pelo simples motivo de que eles são muito semelhantes aos movimentos instintivos que já fazemos há algumas centenas de anos.[6]

Esta espada de esgrima foi criada para esgrimistas que tinham perdido dedos, mas o design do cabo acabou sendo adotado por esgrimistas profissionais que ainda tinham todos os dez.

---

[4] Meus cumprimentos a Adam Morgan, autor de *Eating the Big Fish* (Nova Jersey: John Wiley & Sons, 2009) e *Beautiful Constraint* (Adam Morgan e Mark Barden. Nova Jersey: John Wiley & Sons, 2015).
[5] O pioneiro dessa escola de pensamento é Don Norman, autor do aparentemente genial *O design do dia a dia* (*The Design of Everyday Things*. Nova York: Basic Books, 1988. Ed. bras.: Trad. de Ana Deiró. Rio de Janeiro: Anfiteatro, 2006). Digo aparentemente porque meu exemplar foi impresso em uma fonte ridiculamente pequena, e só consigo ler algumas páginas de cada vez. Duvido que tenha sido por escolha de Don.
[6] O gesto indicativo declarador é exclusivo da raça humana, embora cachorros domésticos aparentemente tenham desenvolvido uma compreensão inata do gesto humano. Desde muito cedo, eles sabem olhar na direção que o dedo está apontando: centenas de milhares de anos antes de Steve Jobs, os cães desenvolveram sua própria versão de interface gráfica para o usuário — apontar e assobiar, em vez de apontar e clicar.

Os três principais tipos de dispositivo moderno de consumo de mídia — o laptop/computador de mesa, o tablet e o celular — também são produto da forma humana. De todos os milhões de possibilidades hipotéticas,[7] existem, na prática, três modos confortáveis para o corpo humano: 1) em pé; 2) deitado e 3) sentado. Os três dispositivos que usamos para acessar conteúdos digitais refletem relativamente bem esses modos. Um celular para quando estamos andando, um tablet para usar na cama e um laptop ou computador para quando estamos sentados em uma mesa.[8]

Mas, ainda que se admita que objetos físicos foram feitos de acordo com o corpo humano evoluído, não é consenso universal que o mundo seja feito para se adequar ao *cérebro* humano evoluído. O pensamento econômico padrão, em nome da elegância matemática, parte do princípio de que o cérebro humano funciona como um relógio mecânico. Em um mundo desenvolvido por economistas, as cadeiras seriam feitas apenas para sustentar o peso de uma pessoa, sem levar em conta acolchoamento ou conforto físico. Isso é o que poderíamos chamar de "design aspérgico" — um design que considera o funcionamento de todas as partes do sistema, menos a parte biológica.[9] Mas nosso cérebro também evoluiu, e também mudou de forma, assim como nosso corpo.

É visto como essencial compreender a forma humana ao se projetar uma cadeira, mas raramente alguém considera útil, que dirá necessário, conhecer a psicologia humana quando é pedido um projeto de um plano previdenciário, um aparelho de som portátil ou uma ferrovia. Quem é o Herman Miller da previdência, ou o Steve Jobs do design do imposto de renda? Essas pessoas estão começando a surgir — mas a espera tem sido terrivelmente longa. Se existe algum mistério no cerne deste livro, é a questão de como a psicologia pôde ser tão curiosamente ignorada nos negócios e na política quando, quer seja administrada bem ou mal, ela propicia uma diferença tão espantosa.

---

[7] Por exemplo, pendurado de ponta-cabeça pelos calcanhares.
[8] Grande parte do faturamento da Starbucks é graças à concessão de superfícies horizontais (mesas) para usuários de laptops enquanto finge que vende café.
[9] Um exemplo extremo disso costuma ocorrer no projeto de estacionamentos, onde rampas de subida e descida são instaladas em um ângulo de noventa graus em relação à direção em que seu carro está se movendo, para poupar a quantidade de concreto necessária, embora isso exija a realização de manobras difíceis com grande chance de danificar o veículo. Em contraste, se você quiser ver o trabalho do Steve Jobs da arquitetura de estacionamentos, vá visitar a praça Bloomsbury, em Londres, onde o estacionamento subterrâneo tem forma de hélice dupla; é possível ir até o nível mais baixo e voltar para a superfície sem alterar a posição do volante.

2.8. Design psico-lógico: Por que menos às vezes é mais

A lógica econômica sugere que mais é melhor. Muitas vezes, a psico-lógica acredita que menos é mais. Akio Morita veio de uma família japonesa que atuava na produção e venda e molhos de soja e missô desde meados do século XVII. Com o sócio Masaru Ibuka, ele fundou a Sony (com o nome de Empresa de Engenharia de Telecomunicação de Tóquio) em 1946. A empresa se ocupou primeiro em vender gravadores de fitas magnéticas, seguido de rádios transistorizado de bolso.[1] Mas seu grande momento genial talvez tenha sido a criação do walkman Sony, o antepassado do iPod.

Para qualquer um que tenha nascido depois de 1975, não existe nada incomum em pessoas andando pela rua ou sentadas no trem com headphones na cabeça, mas, no final da década de 1970, isso era uma cena muito estranha; comparável com o uso dos primeiros celulares no final dos anos 1980, quando quem usasse esses aparelhos em público corria um alto risco de ser ridicularizado.[2] Nas pesquisas de mercado, o walkman despertou muito pouco interesse e um bocado de hostilidade. "Por que eu gostaria de sair andando por aí com música tocando na cabeça?" era uma resposta comum, mas Morita ignorou.

---

[1] A rigor, esses rádios não cabiam no bolso, mas, em uma das primeiras manifestações de sua genialidade, Morita encomendou camisas com bolsos enormes para seus funcionários. Se não tem como diminuir o rádio, vamos aumentar os bolsos.
[2] Também me lembro de ver pela primeira vez alguém fazendo cooper nos anos 1970 — por um instante, achei que ele estivesse sendo perseguido por algum agressor fora de vista.

A ideia para o walkman tinha surgido com Ibuka, então com setenta anos, que queria um aparelho pequeno que lhe permitisse escutar óperas inteiras durante os voos entre Tóquio e os Estados Unidos.[3]

Quando os engenheiros surgiram com o produto pronto, estavam especialmente orgulhosos. Eles não só haviam conseguido criar o que Morita encomendara — um toca-fitas estéreo em miniatura —, mas também deram um jeito de incluir um recurso de gravador. Imagino que ficaram arrasados quando Morita os mandou remover esse recurso adicional. A tecnologia envolvida,[4] considerando a economia da produção em massa, teria acrescentado só mais algumas libras ao preço final, então por que *não* acrescentar esse adicional considerável?[5] Qualquer pessoa "racional" teria recomendado que Morita acatasse a sugestão dos engenheiros, mas, segundo várias fontes, Morita vetou o botão do gravador.

Isso desafia toda a lógica econômica convencional, mas não desafia a psico-lógica. Morita achou que a presença de um recurso de gravador geraria confusão no público quanto ao propósito daquele aparelho novo. Era para gravar voz? Era para fazer fitas da minha coleção de discos de vinil? Ou era para gravar música ao vivo? Assim como o McDonald's eliminou os talheres de seus restaurantes para deixar óbvio o modo como as pessoas deviam comer os hambúrgueres, a remoção do gravador nos walkmans foi a maneira da Sony criar um produto que possuía menos recursos, mas que tinha um potencial muito maior de mudanças comportamentais. Ao reduzir todas as possibilidades do dispositivo a uma única função, se tornou evidente o *que* o dispositivo era. O termo técnico de design para isso é "affordance", uma palavra que deveria ser mais conhecida. Como diz Don Norman:

> O termo affordance se refere às propriedades percebidas e reais do objeto, sobretudo as propriedades fundamentais que determinam como exatamente o objeto poderia ser usado. [...] O affordance proporciona indícios fortes de como algo funciona. Barras devem ser empurradas. Moduladores devem ser girados. Fendas

---

[3] Ou pode ter sido ideia de Morita — as versões divergem.
[4] O interior do walkman derivava, em parte, do Sony Pressman, um gravador em miniatura muito usado por jornalistas.
[5] O primeiro walkman até incluía um microfone — mas era para permitir que um companheiro falasse com você enquanto você estava com o headphone.

servem para que algo seja inserido. Bolas servem para quicar ou ser batidas. Quando affordances são bem utilizados, o usuário sabe o que fazer só de olhar: não precisa de nenhuma foto, etiqueta ou instrução.[6]

Quando você entender esse conceito, talvez consiga entender por que Morita tinha razão.[7] Sempre é possível acrescentar funções a algo, mas, embora isso faça com que o objeto novo seja mais versátil, também reduz a clareza de seu affordance, o que diminui o prazer na hora de usar e talvez até torne mais difícil justificar a compra.

O mundo é cheio de inteligências invisíveis desse tipo. Um ponto positivo que sempre destaco da arquitetura tradicional é que ela é de fácil uso. Alguns anos atrás, eu fazia parte de um grupo que falaria em um congresso dentro de um edifício brutalista dos anos 1960 no South Bank de Londres. Ficamos todos dando voltas no lado de fora do prédio, experimentando as portas de vidro, tentando em vão achar o lugar por onde devíamos entrar. Diga o que quiser do Museu Britânico, mas ninguém nos últimos 150 anos chegou diante da sua fachada tradicional e pensou: "Hum, onde será que fica a porta?".

Imagine por um instante uma porta com uma maçaneta e uma "barra de empurrar", e que em cima dela está escrita a palavra EMPUXE. Se a Sony tivesse produzido um walkman com gravador, teria sido o mesmo. Um EMPUXE — um objeto cuja função era ambígua. O walkman também recorre a uma evidente heurística psicológica, ou regra geral — a "heurística do pouco de tudo", em que sempre supomos que algo que faça apenas uma coisa é melhor do que algo que diz fazer muitas coisas. Da mesma forma, quando escutamos alguém falar de "sofá-cama", nosso instinto é imaginar um móvel que não seja nem um sofá muito bom, nem uma cama confortável. E você talvez já tenha visto o que em inglês é chamado de *spork*, uma colher ruim que é ainda mais inútil como garfo.

---

[6] Don Norman, *The Design of Everyday Things*. Nova York: Basic Books, 1988. [Ed. bras.: *O design do dia a dia*. Trad. de Ana Deiró. Rio de Janeiro: Anfiteatro, 2006.]

[7] Embora a Sony tenha acabado dando o crédito da ideia do walkman (e um cheque de 10 milhões de dólares) para Andreas Pavel, que havia patenteado antes um "Stereobelt" enquanto morava no Brasil, tenho bastante certeza de que o crédito pela ideia significativa de remover a função de gravador do aparelho precisa ir para Morita ou Ibuka.

Alguma ideia de onde fica a porta?

Pessoas com predisposição científica vão destacar — e com razão — que não é possível saber se a remoção da função de gravador do walkman foi uma boa ideia. Não existe nenhum universo paralelo onde um modelo multifuncional foi lançado e acabou encalhado. Também é verdade que a função de gravador foi incluída em versões posteriores do walkman, embora isso tenha acontecido depois que todo mundo já sabia como funcionava o aparelho.[8] No entanto, o único fundamento em que posso me basear aqui é o padrão recorrente de acontecimentos — é muito mais comum do que se imagina que inovações importantes ocorram mais graças à remoção do que à inclusão de recursos. O Google, na prática, é o Yahoo *sem* toda aquela porcaria irrelevante que entulhava a página de busca, e o Yahoo, no auge, era o AOL *sem* o acesso à internet embutido. Em cada caso, o concorrente de maior sucesso conseguiu se dar melhor removendo algo que o concorrente oferecia, em vez de acrescentar.

A própria *raison d'être* do Twitter também surgiu do limite arbitrário da quantidade de caracteres permitidos. O Uber antigamente não permitia o agendamento prévio de viagens. Publicações de grande sucesso, como a *The Week*, na prática reúnem notícias de vários jornais do mundo e removem conteúdo excedente para deixá-los mais fáceis de digerir; o McDonald's deletou 99% dos itens do repertório das lanchonetes americanas tradicionais; a Starbucks passou a primeira década de sua existência deixando a comida em segundo plano e se concentrando no café; a concorrência entre companhias aéreas de baixo custo

---

[8] Da mesma forma, o primeiro iPhone pôde ser compreensível em grande parte porque as pessoas já conheciam o iPod.

se dava em termos de que confortos os passageiros *não* tinham durante o voo. Se você quiser proporcionar facilidade de uso — e facilidade de compra —, geralmente é uma boa ideia não oferecer às pessoas um canivete suíço, algo que promete fazer muitas coisas.[9] Com a exceção notória do celular, muitas vezes achamos mais fácil comprar objetos que servem a um único propósito.

No entanto, a mentalidade do engenheiro — como na Sony — é o contrário; a ideia de remover funções parece completamente ilógica, e é extremamente difícil defender o abandono da lógica convencional em qualquer situação corporativa ou governamental, a menos que você seja o presidente, diretor-executivo ou ministro no comando. Por mais que você possa pensar que o instinto das pessoas é tentar tomar a melhor decisão possível, existe uma força mais poderosa que impulsiona o processo decisório nas empresas: o desejo de não levar a culpa nem perder o emprego. A garantia mais segura contra a culpa é fazer uso da lógica convencional em todas as decisões.

"Ninguém jamais foi demitido por comprar um IBM" nunca foi o slogan oficial da empresa — mas, quando ela se popularizou entre os responsáveis por adquirir sistemas de TI, acabou se tornando o que alguns comentaristas chamaram de "mantra de marketing mais valioso do mundo". O método de marketing mais robusto no contexto *business-to-business* não é explicar o quanto o seu produto é bom, e sim instilar medo, incerteza e dúvida (algo que costuma ser abreviado pela sigla em inglês FUD, de *fear*, *uncertainty* e *doubt*) quanto às alternativas disponíveis. O desejo de tomar boas decisões e o impulso de não ser demitido ou levar a culpa podem parecer, a princípio, motivações semelhantes, mas a verdade é que elas nunca são exatamente a mesma coisa, e podem inclusive ser diametralmente opostas.

---

[9] Pode ser que você tenha um canivete suíço, mas, se tiver, eu apostaria que você só o usa quando não tem mais nada à mão.

Parte 3

Sinalização

3.1. Príncipe Albert e os táxis

Já mencionei neste livro que existem cinco motivos principais para o comportamento humano se afastar tantas vezes do que consideramos a racionalidade convencional. O primeiro desses é a sinalização, a necessidade de enviar indicativos confiáveis de comprometimento e intenção, o que pode inspirar certeza e confiança. A colaboração só é possível quando há algum mecanismo para evitar mentiras e trapaças; é muitas vezes preciso sacrificar a eficiência em alguma medida para passar a impressão de confiabilidade ou para estabelecer uma boa reputação.

Por exemplo, em Londres, posso colocar minhas duas filhas dentro de um carro conduzido por um perfeito desconhecido e confiar que elas serão levadas em segurança até o destino, porque o desconhecido está dirigindo um táxi. Antes que alguém possa dirigir um táxi londrino, a pessoa é obrigada a passar por um programa intenso de treinamento de quatro anos chamado de Conhecimento, onde é preciso decorar cada rua, construção importante e estabelecimento comercial a até dez quilômetros da estação Charing Cross, uma área que contém 25 mil ruas e 20 mil pontos de referência. Para isso, ela tem que passar a maior parte do tempo livre à noite e nos fins de semana circulando com scooters em rotas de teste antes de comparecer a bancas examinadoras regulares que avaliarão seu conhecimento sobre o trajeto mais rápido ou curto entre dois pontos; o processo é tão intenso que parece aumentar o tamanho do hipocampo dos participantes. De acordo com o folclore dos taxistas, o primeiro a sugerir o modelo do Conhecimento foi o príncipe Albert.[1] Não há dúvida de que o teste é rigoroso ao extremo: mais de 70% dos candidatos desistem ou são reprovados.[2]

Por mais que isso tenha sido útil em certo momento, existe uma forte corrente que considera que o Conhecimento se tornou supérfluo após o advento da navegação por satélite e do Google Maps. O raciocínio econômico convencional, obcecado na "eficiência do mercado", defenderia que o Conhecimento parece uma "barreira" construída para conservar a escassez de taxistas. Eu estava inclinado a concordar — mas foi antes de eu me dar conta de que o Conhecimento tinha muito mais valor como sinalização do que como habilidade de navegação.

Um mercado como a indústria taxista de Londres, onde é difícil interagirmos com a mesma pessoa duas vezes, demanda um alto grau de confiança para poder funcionar, e uma forma de estabelecer essa confiança é exigir provas sérias de comprometimento antes que alguém possa ser admitido no ofício. É do interesse de qualquer taxista honesto que esse padrão de confiança seja preservado; se apenas 0,5% das corridas resultasse em tarifas abusivas ou assaltos, a confiança no sistema inteiro se dissiparia e todo o mercado ruiria.

As guildas medievais existiam por esse motivo. A confiança é uma qualidade difícil de ser conquistada nas cidades, devido à sua anonimidade intrínseca, e as guildas ajudam a atenuar esse problema. Se o acesso a uma delas demanda esforço e tempo, as únicas pessoas que entram são as que são sérias em relação ao ofício. As guildas também são autorreguladoras; o custo inicial da admissão se acrescenta ao medo da expulsão.

Sistemas de comprometimento como esse tiram proveito do fato de que, uma vez que o compromisso tenha sido assumido — seja em termos de tempo, dinheiro ou esforço —, não tem como voltar atrás. Em outras palavras, eu confiaria a segurança das minhas filhas a um taxista se fosse possível obter uma licença depois de assistir a apenas umas três ou quatro aulas noturnas e comprar um GPS usado?

---

[1] Seja verdade ou não essa história, a noção de que cada profissional precisa ser capacitado tem um leve toque alemão.
[2] Quem não é inglês há de lembrar que a malha urbana de Londres não tem um sistema numerado — cada rua tem um nome específico e, para piorar a confusão, pode ser que o mesmo nome apareça em mais de uma parte da cidade.

Sinalização de reciprocidade, reputação e pré-comprometimento são os três grandes mecanismos subjacentes à confiança. Você pode usar várias vezes uma pequena empresa local que precisa da sua lealdade, pode usar uma empresa maior com boa reputação, ou pode confiar em alguém que tenha investido pesado para adquirir uma licença e tem muito a perder se for flagrado dando algum golpe. Se você não acredita, vá para Atenas, onde passageiros estrangeiros são levados por trajetos em média 10% mais longos do que os passageiros atenienses. Experimente Sevilha, onde fui ameaçado com um "*suplemento aeropuerto*" imaginário de vinte euros. Ou Roma, onde um colega meu foi assaltado pelo taxista.[3]

A Uber é uma empresa de carros que usa mecanismos diferentes para promover confiança. Há um registro digital de cada corrida, um sistema de avaliações, e verificações mais e mais rigorosas dos antecedentes dos motoristas. Não estou sugerindo que o Conhecimento é a única maneira de resolver o problema, mas o que digo é que a navegação é só parte do valor; uma parte considerável é sua função como sinalização. Também é indicação de que taxistas tendem a ter muita experiência, porque não faria sentido passar por quatro anos de treinamento se a ideia era dirigir táxis só como um bico. Visto assim, o Conhecimento é um gasto inicial que comprova um comprometimento de longo prazo.

---

[3] O sistema londrino não é perfeito: John Worboys, um taxista, foi condenado em 2009 por doze estupros e agressões sexuais, e desconfia-se que ele tenha cometido vários outros — mas esses casos são muito raros. Em 2016, em Londres, 31 motoristas profissionais foram acusados de crimes sexuais, e nenhum deles era taxista.

3.2. Algumas observações sobre a teoria dos jogos

Muitas coisas que não fazem sentido em um contexto lógico de repente fazem todo sentido quando se considera o que elas *significam*, em vez do que elas são. Por exemplo, um anel de noivado é um objeto que não tem nenhuma utilidade prática. Contudo, o objeto — e seu custo — é muito expressivo em termos de significado; uma aliança cara é uma aposta custosa que uma pessoa faz em sua crença — e intenção — de que o casamento dure.

Agora, pode ser que você suponha que um livro como este terá um capítulo sobre o Jogo do Ultimato[1] e outras investigações experimentais de teoria dos jogos sobre a natureza da confiança e da reciprocidade. Este livro não tem nenhum capítulo assim. O motivo para isso é que o Jogo do Ultimato é uma besteira, assim como o Dilema do Prisioneiro: esses jogos existem em um universo teórico desprovido de contexto e sem qualquer paralelo com a vida real. Os dois apresentam a ideia de uma troca unitária, uma transação entre duas pessoas que não conhecem a identidade uma da outra. No mundo real, esse tipo de transação raramente acontece — escolhemos comprar coisas em lojas, não com um desconhecido aleatório na rua.[2]

---

[1] O Jogo do Ultimato e o Dilema do Prisioneiro são exercícios teóricos que investigam como fazer a cooperação funcionar. Pode pesquisar no Google, fique à vontade, mas lembre-se de que os dois são artificiais.
[2] Só aconteceu uma vez de algum conhecido meu participar de uma troca única com uma pessoa de identidade desconhecida e, como era de se esperar, foi um desastre. Um amigo

Quando realizamos transações, temos uma noção geral da identidade da pessoa com quem estamos lidando e podemos reconhecer indícios de seu comprometimento. Por exemplo, se eu entrar em uma loja pela primeira vez, existe uma pequena chance de o lojista pegar meu dinheiro e se recusar a me entregar as mercadorias — quem sabe ele seja um impostor. No entanto, digamos agora que a loja se chama H. Jenkins & Sons e que, em uma placa em cima da porta, esteja escrito "Desde 1958". O lojista claramente investiu nas instalações físicas e no estoque, e é pouco provável que ele tivesse sobrevivido tantas décadas no comércio se seu modelo de negócios fosse baseado em ludibriar a população local.[3] Ele se encontra em uma posição em que a perda da reputação sairia muito mais caro do que qualquer lucro que ele pudesse ter se não respeitasse nosso acordo de troca, o que inspira confiança pelo contexto em que a troca está acontecendo. Investimentos iniciais são provas de comprometimento de longo prazo, o que é uma garantia de honestidade. A reputação é uma forma de arriscar a própria pele: é muito mais demorado adquirir uma reputação do que perdê-la.

Se você quiser fazer com que um Jogo do Ultimato funcione de modo que todos cooperem, permita que eu proponha um mecanismo simples: basta exigir que, para qualquer pessoa interessada em participar, ela decore 25 mil ruas e 20 mil pontos de referência em Londres. Isso vai consumir quatro anos da vida dela. A essa altura, é preciso somente um mecanismo para garantir que os trapaceiros sejam expulsos do jogo. Nessas circunstâncias, ninguém vai querer trapacear, porque correria o risco de expulsão do jogo antes que fosse possível recuperar o investimento necessário para entrar.[4]

---

tinha se mudado da Inglaterra para a Austrália e queria comprar um carro usado. O homem que estava vendendo pediu para eles se encontrarem no estacionamento de um supermercado. Como meu amigo explicou, "Aquilo pareceu esquisito, mas eu era recém-chegado na Austrália e achei que era um costume de lá". Ele fez a besteira de seguir adiante com a transação, e acabou que o carro era roubado.

[3] Se a loja atende principalmente turistas, aí não tem jeito — pelo menos até o advento do TripAdvisor, dava para enganar turistas impunemente.

[4] Talvez seja por isso que empresas queiram tanto contratar pessoas com formação superior. Alguém que tenha investido tempo e dinheiro na busca por um bom emprego dificilmente jogará todo esse investimento fora roubando laptops da empresa.

Resta um problema, que é a possibilidade de as pessoas trapacearem imediatamente antes de saírem do jogo.[5] Em tese, não há nada que impeça um taxista londrino de fazer um trajeto absurdamente convoluto na última viagem de sua vida profissional. Se ele perder a licença por isso, não estará sacrificando nenhuma renda futura, já que não haverá renda futura para perder. Seja ou não intencional, os taxistas de Londres têm uma solução para isso. Alguns anos atrás, peguei um táxi no centro de Londres para uma corrida de quinze libras e, no final, ofereci uma nota de vinte ao jovem motorista.

— Não posso aceitar, cara, você é meu primeiro passageiro — disse ele.
— Quê? Sério? Por que não?
— É tradição: a gente não cobra pela primeira corrida.

Achei isso incrível na época, mas agora me ocorre que essa tradição é incrivelmente elegante — se, durante minha vida em Londres, eu também acabar pegando um taxista fazendo a última corrida da carreira e ele me passar um pouco a perna, na prática eu e os taxistas londrinos estaremos quites.

---

[5] Acho que um bocado de gente *realmente* surrupia coisas no último dia de trabalho — embora elas geralmente tratem esses objetos como "suvenires". Surrupiar coisas no primeiro dia de trabalho é muito mais arriscado.

3.3. Sinalização de probabilidade de continuidade: Outro nome para confiança

Já comentei que a perspectiva de retorno do cliente é algo que faz com que as empresas sejam honestas, mas podemos chegar a outra conclusão também — que é possível sinalizar a honestidade do seu empreendimento mostrando que seu modelo de negócios depende do retorno do cliente.

O que os tópicos a seguir têm em comum?

1. O fato de que peixes carnívoros grandes evitam comer peixes úteis como os bodiões, que limpam parasitas do corpo deles.
2. As sacolas chiques com alça de corda que você ganha quando gasta um valor considerável em roupas ou cosméticos.
3. O punhado extra de batatas fritas que você ganha na sua hamburgueria favorita.
4. A fortuna que se gasta em casamentos.
5. A conta modesta do frigobar abonado pelo hotel.
6. A decoração ostentosa de mármore e carvalho em agências bancárias de luxo.
7. O curso de treinamento renomado que sua empresa mandou fazer.
8. Uma campanha publicitária extravagante.
9. Uma taça cortesia de licor oferecida por um restaurante após a refeição.
10. Investimento em uma marca.

Vistos pela perspectiva da racionalidade econômica simples de curto prazo, nenhum desses comportamentos faz sentido. Aquelas sacolas com alça de corda são caras, mas não são nem resistentes à água. Licor não é barato, e muita gente não gosta. O curso de treinamento valia mesmo 5 mil libras?

Tudo isso só faz sentido se partirmos do princípio de que se trata de alguma sinalização — eles são exemplos de comportamento que é custoso a curto prazo e que só vai dar retorno, se tanto, no longo prazo. Assim, eles são — no mínimo — sinais confiáveis de que a pessoa, o animal ou o empreendimento apresentando um comportamento do tipo estão levando em conta mais seus interesses no longo prazo do que a utilidade no curto prazo.

Essa distinção é muito importante. Ao contrário da utilidade no curto prazo, o interesse no longo prazo, como foi demonstrado pelo biólogo evolutivo Robert Trivers, costuma levar a comportamentos indissociáveis da cooperação mutuamente benéfica. O peixe grande evita comer seus peixes-limpadores não por altruísmo, mas porque, *no longo prazo*, os peixes-limpadores têm mais valor para ele vivos do que mortos. Os peixes-limpadores, por sua vez, poderiam trapacear ignorando os ectoparasitas e comendo pedaços das guelras do peixe maior, mas o futuro no longo prazo será mais vantajoso se o peixe grande se tornar um freguês recorrente.[1] A única coisa que mantém esse relacionamento honesto e mutuamente benéfico é a perspectiva de repetição.

Na teoria dos jogos, essa perspectiva de repetição é conhecida como "probabilidade de continuidade", e o cientista político americano Robert Axelrod a descreveu com o poético termo "Sombra do Futuro". É consenso tanto entre teóricos dos jogos quanto biólogos evolutivos que as chances de cooperação são muito maiores em situações de alta expectativa de repetição do que em transações unitárias. Clay Shirky chegou até a descrever o capital social como "a sombra do futuro em uma escala social". Nós o adquirimos como forma de sinalizar nosso comprometimento com atitudes de longo prazo mutuamente benéficas, embora algumas empresas quase descartem isso — as compras, ao formarem períodos de contrato cada vez mais curtos, talvez estejam reduzindo a cooperação sem querer.

---

[1] E eles são. Aparentemente, os peixes exibem uma lealdade surpreendente a peixes-limpadores individuais.

Contudo, se pararmos para pensar, existem duas formas contrastantes de lidar com os negócios. Tem o método do "restaurante de turistas", em que se tenta obter o máximo possível de dinheiro das pessoas em uma única visita. E tem o método do "bar local", em que consegue menos dinheiro das pessoas a cada visita, mas o lucro será maior ao longo do tempo se elas forem levadas a retornar. O segundo tipo de empreendimento tem muito mais chance de gerar confiança do que o primeiro.

Como podemos distinguir o segundo tipo de empreendimento do primeiro? Bom, a porção extra de batatas fritas que você ganha na sua hamburgueria favorita é um exemplo de gesto — um custo imediato (ainda que modesto) com retorno adiado, e uma atitude confiável de que a empresa está investindo em uma relação continuada, abrindo mão do proveito de uma transação individual. Da mesma forma, quando sua empresa paga seu salário a cada mês, ela diz que você vale essa quantia no presente; quando ela manda você ir a um curso de treinamento caro, está sinalizando o comprometimento em relação a você por pelo menos alguns anos.[2]

Se os peixes (e até algumas plantas simbióticas) evoluíram para entenderem esse tipo de distinção, faz sentido que os seres humanos sejam capazes de fazer o mesmo, por instinto, e prefiram interagir com marcas com quem estabelecem um relacionamento a longo prazo. Essa teoria, se for verdade, também explica algumas conclusões inusitadas a respeito do comportamento dos clientes: uma análise surpreendente é a constatação que, se o cliente tem algum problema e a marca apresenta uma solução satisfatória, o cliente se torna mais leal do que se a falha nunca tivesse ocorrido. É estranho, até percebermos que a empresa que resolve um problema de um cliente por conta própria está sinalizando seu compromisso com um relacionamento futuro. A teoria da "probabilidade de continuação" também indicaria que, se uma empresa se concentra apenas em maximização do lucro no curto prazo, ela parece menos confiável para os clientes, algo que faz muito sentido.

Lembre-se que, acima de toda interação humana, paira uma pergunta implícita: "Sei o que eu quero dessa transação. Mas qual é o seu interesse na troca? E posso confiar que você vai cumprir seu lado da barganha?". Não precisamos

---

[2] É de conhecimento geral na indústria de treinamentos que o maior retorno para uma empresa que investe em treinamento é a lealdade da equipe.

saber que a outra parte é honesta; só precisamos saber que ela terá atitudes honestas durante a transação. Em uma comunidade mais fechada, talvez seja possível estabelecer uma reputação de honestidade geral e pronto. Nenhum gerente de banco correria o risco de enganar um único cliente nos anos 1950, porque, se algum cliente descobrisse que passaram a perna nele, a reputação do gerente cairia por terra na cidade toda.

Existem muitos tipos de gasto — de dinheiro e de esforço — que fazem sentido no contexto de um relacionamento, mas não no de uma transação individual. Para os clientes, pequenos atos de generosidade criteriosa, como dispensar uma cobrança quando um passageiro comprou o bilhete errado no trem ou ganhar um bombom de brinde no final de uma refeição, são indicadores de confiabilidade; por outro lado, encaramos a ausência desses sinais como motivo de preocupação.

O atendimento ao cliente é um indicador muito expressivo da nossa opinião sobre uma empresa, e isso se deve ao fato, entre outras razões, de que sabemos que custa tempo e dinheiro. Uma empresa disposta a dedicar tempo mesmo após você já ter comprado um produto, só para garantir que você não tenha arrependimentos, tem mais chance de ser confiável e decente do que uma empresa que perde todo interesse assim que recebe seu pagamento. O mesmo se aplica a relações interpessoais; a grosseria não é tão diferente da educação, mas demanda menos esforço. A educação exige que realizemos centenas de pequenos rituais, desde segurar portas até se levantar quando alguém entra na sala, e tudo isso requer mais esforço do que a alternativa. É com essas atitudes oblíquas que passamos adiante que nos importamos com a opinião dos outros — e com a nossa reputação.

3.4. Por que a sinalização tem que ser custosa

Vinte anos atrás, eu e um colega estávamos trabalhando em um briefing publicitário pequeno, mas importante. Nossa tarefa era mandar uma carta para alguns milhares de profissionais experientes de TI e pedir que eles testassem o software de servidor Microsoft Windows NT de 32 bits antes do lançamento para o público. Podíamos ter apenas enviado uma simples carta pelo correio para explicar o que era o produto e o que estávamos oferecendo — isso teria passado a informação, mas sem nenhum significado. Mas ao invés disso desenvolvemos uma caixa caprichada com várias bugigangas, incluindo um mousepad[1] e uma caneta, dentro de uma embalagem desnecessariamente cara.

O que isso transmitia era não só que o produto existia, mas que era um lançamento muito importante, no qual a Microsoft estava investindo muito dinheiro. Também precisávamos informar o fato de que muito poucas pessoas tinham o privilégio de testar o programa de graça. Podíamos ter dito isso na carta, mas teriam sido palavras vazias. A famosa "conversa fiada", algo que qualquer um que estiver tentando nos vender algo pode afirmar — nada mais do que uma alegação, não sendo uma prova. E de fato, mandar um mero "convite exclusivo" por correio (ou pior, por mala direta) teria sido contraditório — "Estamos enviando este convite exclusivo para um monte de gente". (É por isso que nenhum clube exclusivo de verdade poderia fazer anúncios na mídia de massa.)

[1] *Eram* os anos 1990.

Então o pacote que preparamos era caprichado, de um jeito que teria sido inviável produzir em massa — e ainda chegou a ganhar um prêmio. Mas o que mais lembro dessa tarefa foi termos trabalhado nela com um diretor de contas do Meio-Oeste chamado Steve Barton, que disse algo revelador ao nos passar o briefing do projeto. "Olhem só", disse ele, "quero que vocês produzam uma obra criativa que se destaque. Mas, se não conseguirem, o que eu quero é que vocês escrevam uma carta bem simpática de uma página — e vamos mandar por FedEx." Steve estava descrevendo na prática o que os biólogos chamam "teoria dos sinais custosos", o fato de que o sentido e a importância associados a algo são diretamente proporcionais ao gasto com que eles são comunicados.

Imagine que o destinatário é você — você jogaria fora um envelope da FedEx sem abrir? Acho que dá para supor que não. O que procurávamos dos destinatários era não somente que eles absorvessem as informações: queríamos a atenção, a convicção e um senso de importância, algo que um selo barato e economicamente racional jamais seria capaz de fornecer, mas um envelope de dez dólares da FedEx, sim. Quase todo mundo abriu o embrulho e leu o conteúdo — e mais de 10% experimentaram o produto, o que exigia um esforço considerável. Em 2018, um racionalista digital viria a sugerir que seria possível alcançar centenas de profissionais de TI por Facebook ou e-mail — duas opções que, por sorte, não existiam para nós em meados dos anos 1990. Ele estaria racionalmente correto, mas emocionalmente bastante equivocado.[2]

Os bits contêm informação, mas o custo transmite significado. Não convidamos as pessoas para nosso casamento através de um e-mail. Colocamos as informações (que poderiam caber em um e-mail, ou até em uma mensagem de texto) em um papel com relevo e filigranas de ouro, que custa uma grana.

---

[2] Em uma ocasião, um publicitário usou o princípio da sinalização custosa para veicular um comercial de televisão para um público-alvo de apenas duzentas ou trezentas pessoas. Esses indivíduos eram os principais executivos das filiais britânicas de grandes multinacionais americanas. Na época, quase todos eram americanos, então no final dos anos 1980 a empresa veiculou um comercial para se promover durante a transmissão do Super Bowl no Canal 4 do Reino Unido, em uma época em que o futebol americano era quase desconhecido na Inglaterra, de modo que a faixa da programação foi extraordinariamente barata. Para esses americanos, claro, seria o único programa da televisão britânica que era certeza que assistiriam ao longo do ano. Para os americanos, era um "comercial do Super Bowl". Para nós, ingleses, era só um intervalo bem-vindo no meio de um esporte obscuro e incompreensível.

Imagine se você recebe dois convites de casamento no mesmo dia, sendo que um vem em um envelope caro com bordas douradas e relevo e o outro (contendo exatamente as mesmas informações) chega no seu e-mail. Fale a verdade: você provavelmente vai no primeiro casamento, não é?[3]

---

[3] Sinto muito, mas você vai. Com o segundo convite, vem a desconfiança inquieta de que talvez não tenha open bar — quer dizer, se os noivos não podem pagar um selo, provavelmente não vão torrar dinheiro com boas opções de bebidas de qualidade, não é?

3.5. Eficiência, lógica e significado: escolha dois

"*Credo quia absurdum est*", teria dito Santo Agostinho: "Eu acredito porque é ridículo". Ele estava falando do cristianismo, mas também se encaixa em muitos outros aspectos da vida: atribuímos significados às coisas justamente porque elas fogem do que parece sensato. Não é de surpreender que tenhamos evoluído para dar mais importância a estímulos e sinais atípicos, inusitados ou inesperados a "ruídos" do dia a dia. O resultado, como em qualquer espécie social, é que precisamos demonstrar um comportamento aparentemente "nonsense" se quisermos comunicar algum sentido a outros membros da nossa espécie.

O psicofísico Mark Changizi tem uma explicação evolutiva simples para o motivo de a água "não ter gosto de nada": ele acha que o mecanismo de paladar do ser humano foi calibrado para não sentir o gosto da água, de modo que ele estivesse perfeitamente ajustado para sentir o gosto de qualquer elemento poluente. Se a água tivesse gosto de refrigerante, seria mais fácil de disfarçar o toque de "ovelha morta", o que nos alertaria para o fato de que uma carcaça estava se decompondo na margem uns quinhentos metros rio acima. A água "não tem gosto", então podemos notar cada pequeno detalhe que difere disso. Você pode tentar um experimento parecido com crianças pequenas. Ofereça a comida preferida delas, mas acrescente um tempero sutil. Elas vão achar horrível, porque o mais leve desvio do que elas esperavam as faz temer que a comida, por algum motivo, não é segura.[1]

---

[1] Crianças pequenas desenvolvem um paladar conservador mais ou menos na mesma época em que aprendem a engatinhar, o que as impede de fazer experimentos nutricionais arriscados.

Meu argumento é que nossa percepção é calibrada de modo mais amplo dessa forma. Percebemos e damos importância e significado a tudo que diverge do senso comum econômico limitado, justamente *por causa* dessa divergência. O resultado é que a busca do racionalismo econômico limitado vai gerar um mundo rico em bens, mas pobre de significado. Na arquitetura, isso levou ao surgimento do modernismo, um estilo com a distinta ausência de decorações ou detalhes "espúrios", acarretando em uma perda correspondente de "significado".[2] Minha maior esperança é que, quando for possível fazer impressão 3-D de edifícios, talvez as construções do século XXI recuperem um toque de Gaudí.[3]

---

[2] Nicholas Gruen, um economista amigo meu, visitou Barcelona há pouco tempo e, ao ver a Sagrada Família de Gaudí, comentou: "Nossa, se não tivesse sido pelo modernismo, todo o século XX podia ter ficado assim!".

[3] O modernismo não é particularmente eficiente como estilo arquitetônico, aliás. Arcos são melhores que vigas para sustentar uma estrutura, e telhados planos são péssimos em termos de engenharia. Mas a arquitetura modernista, assim como a economia e a consultoria de gestão, sabe criar a aparência de eficiência.

3.6. Criatividade como sinalização custosa

Se você não tem dinheiro para investir no papel ou na impressão do seu convite de casamento, pode usar outra commodity rara que eu chamo de "criatividade", embora ela englobe vários talentos: design, domínio artístico, destreza manual, beleza, talento fotográfico, humor, musicalidade ou até uma valentia travessa. Um cartão de aniversário feito à mão pode ser mais barato e ao mesmo tempo carregar mais sentimento do que um que vá custar caro em uma loja — mas ele precisa conter um grau de esforço.[1] Um convite de casamento em formato de vídeo em que você canta uma composição original, considerando o nível de talento e uma produção de qualidade razoável, poderia ser enviado por e-mail, mas um convite simples, direto e sem graça por e-mail não teria o mesmo efeito — não tem nenhuma criatividade e é apenas uma recitação de fatos.

O significado dessas coisas é resultado do consumo de algum recurso caro — que, se não for dinheiro, pode ser talento, esforço, tempo, habilidade, humor ou, no caso de um humor ousado, coragem.[2] Mas é preciso haver algo custoso, caso contrário é uma mensagem vazia.

Uma comunicação *eficaz* sempre vai exigir algum nível de irracionalidade durante a criação, porque se for tudo racional vai ficar, assim como a água,

---

[1] Quem tem mais de quatro anos de idade precisa fazer mais do que apenas rabiscar uma folha de papel.
[2] *Fonte* (1917), de Marcel Duchamp, talvez seja arte graças à coragem.

> PEDIMOS CORDIALMENTE RESPOSTA
> ATÉ O DIA CINCO DE MAIO
>
> _____ ACEITO COM PRAZER
> _____ LAMENTO RECUSAR
> _____ LAMENTO ACEITAR
> _____ RECUSO COM PRAZER

Coragem e bom humor podem ser uma forma de sinalização custosa.

totalmente insípida. Isso explica as frustrações em trabalhar com uma agência de publicidade: é difícil produzir boa publicidade, mas a boa publicidade só é assim *porque* é difícil de produzir. A força e a importância da comunicação são diretamente proporcionais ao custo da criação — à quantidade de dedicação, esforço, talento (ou, na falta disso, celebridades com cachê alto ou horários caros na programação da TV) consumida pela criação e distribuição. Pode nem ser eficiente — mas é assim que funciona.

Para resumir, todas as mensagens poderosas precisam conter algum elemento de absurdo, ilógica, custo, desproporção, ineficiência, escassez, dificuldade ou extravagância — porque o comportamento e a conversa racional, por mais contundentes que sejam, não transmitem significado. Quando a Nike decidiu usar Colin Kaepernick — o jogador da NFL precursor da prática de se ajoelhar em vez de ficar em pé na hora do hino nacional antes dos jogos de futebol americano como forma de protesto — como garoto-propaganda da campanha de 2018 da marca, foi um exemplo de custo através da valentia. Ele não foi uma opção cara — a carreira dele estava no limbo —, mas foi uma opção corajosa, pela forte associação entre ele e os protestos da NFL contra a brutalidade policial. Como essa campanha demonstrou, o significado é transmitido por ações que não atendem aos nossos interesses para o curto prazo — e sim pelos custos assumidos e riscos enfrentados.

Uma das ideias mais importantes deste livro é que só se divergirmos do interesse limitado de curto prazo seremos capazes de gerar algo além de conversa fiada. Portanto, é impossível gerar confiança, afeto, respeito, reputação, status, lealdade, generosidade ou oportunidade sexual se escolhermos apenas seguir as normas da teoria econômica racional. Se a racionalidade fosse valiosa em termos de evolução, contabilidade daria tesão. Os strippers se vestem de bombeiro, não de contadores; coragem dá tesão, mas racionalidade, não. Será que é possível ir além com essa teoria? Por exemplo, a poesia é mais comovente que a prosa porque é mais difícil de escrever?[3] E a música desperta mais sentimentos do que o discurso normal porque é mais difícil cantar do que falar?[4]

---

[3] Desculpe, a frase devia ter sido: "Prosa é mais fácil que verso para escrever; Seus poderes de persuasão, assim, vão sofrer". Embora se acredite que a poesia está em baixa, fiquei encantado de ler recentemente que Wayne Rooney escreve poemas para a esposa, Coleen. É difícil transmitir devoção por e-mail.

[4] Desculpe, a frase devia ter sido: "Quando se ouve a melodia, um resultado há de ter: pode não fazer sentido, mas vamos nos comover", cantada no ritmo da "Ode à Alegria", de Beethoven.

3.7. A publicidade nem sempre se parece com publicidade: As cadeiras na calçada

Alguns anos atrás, foi inaugurada uma cafeteria em uma via bastante movimentada, a cerca de um quilômetro e meio de onde moro. Havia aproximadamente vinte assentos no interior e alguns bancos na calçada. Não era uma cafeteria ruim, mas, após um tempo, não deu certo. Novos donos assumiram o negócio, mantendo as características do lugar, mas também fracassaram.

Os terceiros donos a tentar pareceram abusar de um excesso de confiança, ao manterem a mesma fórmula; porém, como por milagre, foram bem-sucedidos. A comida e os preços não pareciam muito diferentes dos oferecidos pelos antecessores. De fato, a única coisa que mudaram dava a impressão de ser trivial: compraram cadeiras e mesas mais atraentes, que eram colocadas no lado de fora, assim que abriam, junto de um biombo leve, translúcido, até a altura da cintura, que cercava o conjunto de cadeiras e mesas, formando uma espécie de terraço. Essa inovação era menos eficiente que os antigos bancos fixos, já que esses itens removíveis (e, logo, furtáveis) tinham que ser guardados no interior da loja e recolocados no exterior toda manhã.

Contudo, acredito ter sido exatamente essa mudança a razão do sucesso do novo empreendimento. Mencionei que a cafeteria ficava em uma via movimentada — e de fato, para qualquer pessoa concentrada na direção, a existência do estabelecimento não se destacava de imediato. Mesmo para quem enxergasse o cartaz dizendo "café", ele era bastante discreto. E quando o terraço estava vazio, não dava para saber se a cafeteria estava aberta — dava para passar cinco minutos estacionando o carro nas imediações só para então descobrir que o lugar estava fechado.[1] Os antigos bancos permanentes instalados no lado de fora eram inúteis como indicador de funcionamento do estabelecimento. Em contraste, as novas cadeiras e o biombo, que poderiam ser roubados ou levados pelo vento, se deixados a esmo, eram garantia de que a loja estava aberta — ninguém que tivesse fechado a cafeteria os teria deixado ao léu.

"Ah, por favor", imagino você dizendo. "Isso soa ótimo na teoria, mas ninguém que esteja dirigindo em uma via movimentada avalia conscientemente a probabilidade de que uma cafeteria esteja aberta considerando a portabilidade do mobiliário externo." De certa maneira, você está certo, mas a verdade é que os potenciais clientes não agem assim conscientemente, mas, sim, por instinto. E, ao fazermos essas conjecturas, recorremos a processos mentais, que vão além do alcance da consciência racional. Formulamos inferências inconscientes a partir de pistas fornecidas pelo ambiente, onde quer que estejamos, sem ter a menor consciência de que estamos agindo dessa maneira — é um pensar sem pensar que estamos pensando.

Esses processos mentais são "psico-lógicos", em vez de puramente lógicos, e recorrem a um conjunto de regras diferentes das que adotamos quando usamos o raciocínio consciente, mas elas nem sempre são irracionais, considerando as condições sob as quais o nosso cérebro evoluiu. O cérebro humano não se desenvolveu para tomar decisões perfeitas, com precisão matemática — não havia muita demanda para isso nas savanas africanas. Em lugar disso, desenvolvemos a capacidade de chegar a decisões bastante boas, não catastróficas, com base em informações limitadas, não numéricas, algumas das quais podem ser enganosas. Longe de serem irracionais, as inferências que somos capazes de extrair do simples fato de ver cadeiras do lado fora de uma cafeteria são muito inteligentes, quando é revelado o raciocínio a elas subjacente.

Uma placa de "Aberto" poderia não querer dizer nada, porque alguém simplesmente pode ter esquecido de trocá-la para "Fechado" — e, em todo caso, seria difícil enxergá-la a partir de um carro em movimento. Um painel de néon que anunciasse "Aberto" seria um indicador mais confiável, uma vez que quando o estabelecimento fosse fechado o painel seria desligado para

---

[1] Qualquer pessoa familiarizada com os hábitos das lojas provincianas britânicas de chá e café saberá que elas seguem os mais excêntricos horários de abertura do universo.

economizar eletricidade.² Mas cadeiras leves empilháveis, atrás de um biombo, isso sim seria uma indicação confiável. Em outras palavras, as cadeiras atuam como um anúncio eficaz; o custo da compra, o esforço diário para colocá-las no exterior e o seu empilhamento ao fim do dia é um indício confiável da existência de uma cafeteria em funcionamento, mensagem que compreendemos de forma tácita, em vez de ser processada conscientemente pela razão humana. Tendo trabalhado em publicidade por mais de 25 anos, em geral para grandes empresas, com orçamentos expressivos, ainda fico fascinado com o tamanho do efeito da sinalização inconsciente sobre o destino de um negócio minúsculo. E, mais do que isso, fico assustando em pensar como tantos negócios perfeitamente decentes fracassaram, quando poderiam ter prosperado, se apenas tivessem implementado umas poucas sinalizações triviais.³

Negócios relativamente pequenos, que talvez não sejam capazes de pagar por anúncios convencionais, poderiam mudar sua sorte prestando um pouco de atenção ao funcionamento da psico-lógica. O truque consiste apenas em compreender o sistema comportamental mais abrangente dentro do qual operam. As cafeterias poderiam turbinar as vendas, melhorando o design do menu. Muitas lojas pequenas carecem de iluminação adequada, e as pessoas na rua supõem que estão fechadas — imagine quantos negócios não perdem com isso?⁴ Os pubs britânicos são muitas vezes intimidadores sem necessidade, porque as janelas são feitas de vidro fosco, impedindo que as pessoas vejam o seu interior antes de entrar. As empresas de entrega de pizza em domicílio poderiam se destacar em um mercado abarrotado, se incluíssem delivery de chá, café, leite e papel higiênico, junto com a pizza. Os restaurantes poderiam aumentar as vendas, fazendo a coleta de lixo de suas refeições para viagem — ou instalando uma placa indicando "estacionamento nos fundos".⁵

---

² Embora um painel de néon fosse mais adequado para um restaurante americano do que para uma cafeteria britânica.
³ Conheço uma sucursal da John Lewis que dobrou as vendas, simplesmente colocando uma placa na entrada do estacionamento.
⁴ As últimas palavras de J. Sainsbury, fundador da rede Sainsbury: "Certifique-se de que as lojas sejam mantidas bem iluminadas".
⁵ Minha assiduidade a um restaurante local dobrou quando descobri um estacionamento público escondido atrás dele.

Na hipótese improvável de que as duas cafeterias passando por dificuldades tivessem decidido contratar uma consultoria para tentar melhorar a situação, duvido que alguém houvesse sugerido mudar a mobília; sem dúvida que elas teriam recebido uma longa lista de recomendações, que cobririam todas as facetas do negócio que são enxergadas pelo lado esquerdo do cérebro — preços, controle de estoques, funcionários, e assim por diante. Qualquer coisa que pudesse ser incluída em uma planilha seria analisada, quantificada e otimizada, visando aumentar a eficiência. Mas ninguém faria menção às cadeiras.[6]

Levarei agora minha ideia um passo adiante. Não só teríamos certeza, com base na presença de mesas e cadeiras na calçada, que a cafeteria estava aberta, mas também acredito que iríamos mais fundo — acho que, inconscientemente, deduziríamos que qualquer lugar que se dá ao trabalho de colocar cadeiras no lado de fora vai servir um café que, no mínimo, não será terrível. Isso parece um uso bobo de energia mental — certamente a maneira mais eficaz de verificar se o café é decente seria comprar uma xícara e experimentá-lo, não é?

"Eu sabia que o café seria bom por causa das cadeiras" soa muito ingênuo, mas espera um pouco — talvez, usando a psico-lógica e um pouco de inteligência social, seja possível identificarmos uma conexão. Para começar, alguém que investe em novas cadeiras e faz questão de colocá-las na calçada todos os dias não é preguiçoso, e também investiu no próprio negócio. Além disso, parece esperar que o negócio seja um sucesso — caso contrário, não teriam gastado dinheiro. As cadeiras não são certeza de perfeição, mas representam um indicador confiável de uma qualidade minimamente razoável. O dono do negócio que comprou o biombo e as cadeiras provavelmente também investiu em uma cafeteira Gaggia decente, em leite e em café adequados — e em treinamento dos funcionários. Também dá a entender que o empreendedor, em vez de entrar no jogo arriscado do lucro máximo e imediato, está apostando no longo prazo, construindo uma reputação e uma base de clientes leais — o que implica em um cappuccino palatável, na pior das hipóteses.

Evidentemente, é preciso ser cuidadoso para não exagerar nesse tipo de sinalização. A colocação de poltronas caras no lado de fora poderia levar as

---

[6] Nunca trabalhei para McKinsey, Bain ou Boston Consulting Group; logo, talvez lhes esteja prestando um grande desserviço, mas me sinto seguro ao afirmar que você não ganha muitos pontos nessas organizações tecnocráticas falando sobre móveis.

pessoas — não sem razão — a concluir que o estabelecimento também terá preços elevados. Essa questão é um grande dilema no design de supermercados: o principal fator que influencia a percepção do preço pelo público nas lojas não é, por mais estranho que pareça, os preços em si, mas sim o nível de opulência do ambiente.

Se essa ênfase em publicidade parece excessiva e interesseira, eu entendo — de fato, eu mesmo acho isso. Porém, tudo depende de como você define publicidade; na natureza, muitas vezes é necessário que a pessoa passe uma mensagem convincente, e de maneira que não pareça fraudulenta. A informação é gratuita, mas a sinceridade não é, e não são apenas os humanos que atribuem importância às mensagens na proporção do custo de sua criação e transmissão; as abelhas também fazem.[7]

---

[7] Como disse Cole Porter em "Let's do It".

3.8. As abelhas também fazem

Ao sinalizar entusiasmo por um lugar promissor para a colmeia, as abelhas se alvoroçam em proporção à qualidade da descoberta; o nível de energia que despendem na sinalização de um local atraente para o ninho é condizente com a empolgação pela descoberta. Mas elas também se orientam por "publicidade" dispendiosa, para decidir onde vão concentrar seu tempo e atenção.

Os anúncios que as abelhas acham úteis são as flores — e, pensando bem, uma flor nada mais é do que uma erva daninha com publicidade por trás.

As flores gastam grande parte de seus recursos convencendo os clientes de que vale a pena visitá-las. Seu público-alvo são as abelhas, outros insetos, aves ou animais que podem ajudar em sua polinização — processo que remonta pelo menos à era dos dinossauros.[1] Para que a polinização seja eficaz, as flores precisam convencer os clientes do seu valor. Pegando emprestada a linguagem do Guia Michelin, uma flor pode ser *"vaut l'étape"*, *"vaut le détour"* ou *"vaut le voyage"*; "vale uma parada", "vale desviar do caminho para ir", ou "vale uma

---

[1] A relação entre flores e abelhas é tecnicamente denominada mutualismo. Peço desculpas se falo um pouco demais de abelhas neste livro, mas mutualismo é particularmente esclarecedor sobre os mecanismos pelos quais a cooperação honesta pode ser analisada e sustentada.

viagem". Para tanto, a flor aposta alto, oferecendo uma fonte generosa de néctar que recompensa as abelhas pela visita e as encoraja a ficar na flor pelo tempo suficiente para coletar pólen no corpo e dispersá-lo em outros lugares. Esse néctar, no entanto, se mantém oculto — como consegue a flor, à distância, convencer a abelha da existência de uma recompensa, que ela não pode reconhecer, até a abelha já ter despendido tempo e esforço?[2]

A resposta é que as flores usam "publicidade e marca" — produzem perfumes diferenciados, aromas únicos, e pétalas com cores brilhantes e extravagantes. Essas características são chamativas, mas envolvem riscos, uma vez que podem atrair herbívoros que talvez as comam. O perfume típico e as pétalas vistosas atuam como indícios confiáveis (embora não infalíveis) da presença do néctar, nos quais a abelha pode basear-se para decidir se convém ou não visitar a flor.

Uma planta que tem recursos suficientes para produzir pétalas e exalar perfume é claramente saudável o suficiente para produzir néctar, mas fazer uso de tantos recursos para a exibição de atributos persuasivos só será justificado se as abelhas a visitarem mais de uma vez ou se isso encorajar outras abelhas a se juntarem a elas na visita — não faz muito sentido investir pesado em publicidade para fazer apenas uma venda. Quando você chega aqui, diz o display, estou apostando que você vai voltar, ou todo o meu esforço terá sido em vão.

O sistema de compartilhamento de informação entre as duas espécies também é confiável — há em geral uma correlação entre o tamanho das pétalas e a oferta de néctar. Isso evita muitas visitas inúteis, pois significa que uma abelha tem condições de saber a certa distância se uma planta "vale a viagem". Também requer que a planta use seus recursos para ser diferente, assim como atraente. Se algum tipo de flor se destacar como melhor fonte de néctar, essa generosidade só será recompensada com a "fidelidade do cliente", se as abelhas forem capazes de reconhecê-la e assim optarem por fazer visitas recorrentes. Se todas as flores tiverem o mesmo aspecto e aroma, qualquer incentivo oferecido à abelha — mais néctar, talvez — será inútil, porque a abelha pode não ser capaz de distinguir entre essa espécie de flor e outras plantas menos generosas. Apenas com uma identidade reconhecível é que uma flor

---

[2] Afinal, não vou dirigir oitenta quilômetros até um restaurante se não tiver certeza de que a comida é espetacular.

é capaz de melhorar o valor de troca[3] e aumentar a probabilidade de a abelha escolhê-la novamente.

Fiz uso de um jargão de marketing aqui porque o que as flores precisam incutir nas abelhas é, efetivamente, a força da marca. Por que será que as flores não trapaceiam, com uma publicidade enganosa de pétalas enormes e, então, entregando néctar ordinário? Bem, às vezes elas agem assim — publicidade falsa é comum em orquídeas, que não raro parecem ser as golpistas do reino vegetal. Pelo menos uma espécie de orquídea imita a aparência (e o cheiro) da genitália das fêmeas de insetos; muitas mimetizam fontes de alimentos, e algumas copiam outras plantas. Esses recursos, contudo, só funcionam em pequena escala[4] — tente este truque com muita frequência e os insetos logo aprenderão a evitá-lo.

Em outros termos, se houver a possibilidade de as abelhas se recusarem a voltar a uma planta ou de promoverem um boicote mais amplo entre as outras abelhas, os recursos destinados a publicidade através do aroma e da coloração são custos que não valem a pena. Contudo, as orquídeas são os restaurantes de turistas no mundo das flores — contam com pessoas que os visitam apenas uma vez, o que os deixa mais tranquilos para enganar os visitantes, porque sabem que não receberão uma segunda visita. No entanto, se houver alguma possibilidade de visitas repetidas ou de um ganho em reputação entre a clientela potencial,[5] é melhor não enganar. Esse mecanismo não é perfeito: como ocorre com os humanos, só funciona bem quando há a perspectiva de repetição frequente do intercâmbio ou de compartilhamento da reputação. Em categorias onde as compras são esporádicas[6] e onde não conversamos uns com os outros sobre o quanto ficamos ou não satisfeitos, ele não vai se sustentar.

Os economistas tendem a não gostar da ideia de branding e têm propensão a considerá-la ineficiente, mas, nesse caso, talvez vejam a flor como uma forma

---

[3] Ostensivo aqui não envolve apenas a aparência. O aroma pode ser mais importante — e também parece mais difícil de ser imitado por outras plantas. Porém, ao que parece, "as abelhas não reconhecem as flores apenas pela cor e cheiro; elas também podem captar seus campos elétricos minúsculos", mecanismo que só foi descoberto recentemente.

[4] Por isso é que essas orquídeas são raras e tendem a florescer somente no começo da estação, antes de as abelhas se tornarem sábias.

[5] Da mesma maneira como TripAdvisor e outros mecanismos de avaliação mudaram o cenário aqui.

[6] Ou só ocorrem uma vez, como no caso de um plano de pensão ou de funerais, por exemplo.

ineficaz de erva daninha. A razão de não compreenderem a extravagância da flor em esbanjar seus recursos na produção de aroma e cores é que não são capazes de entender plenamente o que ela está tentando fazer ou o contexto de tomada de decisão e de troca de informação em que o processo é desenvolvido.

Tampouco é mais irracional que os consumidores humanos paguem mais caro por produtos muito badalados do que é para as abelhas visitarem com frequência maior plantas muito "adornadas". Parece improvável que uma empresa gaste recursos escassos fazendo publicidade de um produto que considere ruim — isso apenas aceleraria a impopularidade de um produto fraco. Além do mais, uma empresa com reputação forte de produtos de alta qualidade tem muito mais a perder com clientes decepcionados do que uma empresa sem reputação alguma. Citando um provérbio caribenho, "a confiança cresce com a lerdeza de um coqueiro e despenca com a presteza de um coco". Como no caso das abelhas, esse mecanismo funciona porque somos capazes de punir fraudes: ou um cliente não repete a visita ou um grupo boicota coletivamente a marca, por meio de boca a boca negativo (ou, entre as abelhas, através da dança esvoaçante).[7]

Na publicidade, muita verba não é prova de que o produto é bom, mas é uma boa indicação de que o anunciante tem confiança na popularidade futura do produto, a ponto de gastar parte dos seus recursos para promovê-lo. Uma vez que, no momento em que você decide comprar algo, o anunciante sabe mais sobre o produto do que você, uma demonstração de fé pelo vendedor pode muito bem ser o indicador mais confiável de que o objeto da compra é, no mínimo, merecedor de consideração (lembre-se do Conhecimento com os taxistas de Londres). Também prova, de cara, que o vendedor tem poder financeiro suficiente para fazer publicidade. No entanto, para que isso funcione, é preciso ter identidade própria estável, assim como uma legislação confiável que impeça que os fabricantes finjam que seus produtos venham de outro lugar (isso é denominado "contrafação" ou "falsificação", no comércio; em biologia, é conhecido como "mimetismo batesiano").[8]

---

[7] As abelhas sinalizam lugares de néctar e pólen entre si mediante uma dança complexa, na qual a direção dos movimentos sinaliza o rumo para o lugar que vale ser visitado.

[8] A cobra-real, que é inócua, mimetiza a cobra-coral, que é mortal. A estrofe para lembrar a diferença é "Red touching black, safe for Jack. Red touching yellow, kill a Fellow". (Rubro toca negro, é seguro para Pedro. Rubro toca amarelo, é fatal para Marcelo.)

O mimetismo batesiano em ação.

3.9. Sinalização custosa e seleção sexual

A teoria da sinalização custosa, proposta pelo biólogo evolutivo Amotz Zahavi, é, acredito, uma das mais importantes nas ciências sociais.[1] A ideia de sinalização e seu papel na seleção sexual são necessários para explicar muitos resultados evolucionários, mas nem sempre pareceu ser dessa maneira, inclusive para Charles Darwin. Em uma carta para um amigo, Darwin observou que "a visão de um penacho na cauda de um pavão o deixou extremamente enojado". O motivo dessa singular aversão é que o pavão macho parecia uma refutação viva da teoria da evolução através da seleção natural — a noção de algo tão belo e, mesmo assim, tão absolutamente inútil era mais fácil de ser associada à crença na criação divina do que à tese da seleção natural. Afinal, uma cauda decorativa de modo algum reforça o nível de aptidão ou a capacidade de sobrevivência e, além do mais, torna o pavão visível para predadores, sendo também um estorvo na hora de fugir das ameaças. A habilidade de se esgueirar discretamente pelas sombras é uma vantagem para o caçador e para a caça, mas a alta visibilidade *parece* desvantajosa para ambos.

É importante acrescentar que os animais desenvolvem colorações distintivas e outros atributos inusitados por diversos motivos, além do propósito de atrair a atenção sexual de parceiros potenciais. A "coloração aposemática", por exemplo, atua como aviso aos predadores para não comerem nem atacarem o

---

[1] Em um mundo mais justo, o nome de Zahavi seria muito mais conhecido.

animal. Se você é um besouro venenoso ou com gosto terrível, por exemplo, ajuda ter uma aparência bastante única, de forma que os pássaros vão rapidamente aprender a evitar a ingestão.[2] O peixe-leão (lembra-se dele?) faz uso dessa tática. Inversamente, as frutas (cujo propósito é serem comidas) e as flores (que existem para atrair a atenção dos insetos) são altamente distintas de modo a estimular "visitas recorrentes".

Em uma carta a Alfred Russel Wallace, Darwin escreveu em 23 de fevereiro de 1867: "Na segunda-feira à noite, procurei Bates e expus-lhe uma questão, que ele não soube responder, e, como em algumas ocasiões semelhantes, sua primeira sugestão foi 'é melhor perguntar a Wallace'. Minha questão é: por que as lagartas são, às vezes, tão belas e coloridas como arte?". A teoria da seleção sexual de Darwin, em que a coloração distintiva serve como sinal de atração sexual, não poderia ser aplicada às lagartas, visto que elas não são sexualmente ativas até se metamorfosearem em borboletas ou mariposas. Wallace respondeu, no dia seguinte, sugerindo que, como algumas lagartas "são protegidas por um sabor ou odor desagradável, seria uma vantagem interessante para elas nunca serem confundidas com algumas das lagartas palatáveis [sic], porque uma leve ferida, como a provocada pelo bico de uma ave, suponho que quase sempre vai matar uma lagarta em formação. Qualquer cor chamativa e vistosa, portanto, que as distinguiria nitidamente das lagartas marrons e verdes comestíveis, possibilitaria que as aves as reconhecessem com facilidade como espécie inadequada para alimentação, livrando-as de serem vistas como presas, o que é tão ruim para elas quanto serem devoradas".[3]

---

[2] As joaninhas, por exemplo, segregam uma substância química malcheirosa quando comidas, e os pontos com cores brilhantes em suas costas advertem que não são comestíveis.

[3] Antes de descartar alguém que usa ortografia e gramática ruins, lembre-se desse parágrafo. Wallace, uma das mentes mais brilhantes da biologia, deixou a escola aos catorze anos. Em seu famoso trabalho de 1858 para a Linnean Society, ele afirmou sobre a evolução que "A ação desse princípio é exatamente como o regulador centrífugo do motor a vapor, que monitora e corrige quaisquer irregularidades, quase antes de se tornarem evidentes; e, de maneira semelhante, nenhuma deficiência de equilíbrio no reino animal jamais pode atingir qualquer magnitude notória, porque assim se faria sentir desde o primeiro momento, por tornar a existência difícil e a extinção quase por certo iminente". O ciberneticista Gregory Bateson observou, nos anos 1970, que, embora a tivesse considerado uma analogia, Wallace "provavelmente havia proferido a afirmação mais poderosa que fora feita no século XIX". Em um complexo pensamento sistêmico, ele compreendeu o princípio dos sistemas de autorregulação e retroalimentação.

Como Darwin estava empolgado com a ideia, Wallace pediu à Sociedade Entomológica de Londres para testar a hipótese. O entomologista John Jenner Weir conduziu experimentos com lagartas e aves em seu aviário, e, em 1869, forneceu a primeira evidência experimental de coloração de alerta em animais. A evolução do aposematismo, literalmente um "sinal para ficar longe" ou um "aviso para manter distância", surpreendeu os naturalistas do século XIX, porque a extravagância da advertência sugeria uma maior chance de predação. Contudo, também é possível argumentar que a coloração aposemática pode ser vista como forma de sinalização custosa: "Não estou fazendo questão de me esconder; portanto, deve haver um bom motivo para não me comer".[4]

Talvez seja uma boa regra prática para animais evitar comer animais com cores chamativas, já que um ser que não precisa de camuflagem claramente sobrevive graças a outra estratégia que não a ocultação, e, portanto, é de bom tom evitá-lo. Também aqui temos um exemplo em que agir de maneira que pareça tão irracional transmite mais significado que qualquer ação que faça sentido. Sua relevância decorre exatamente de sua dificuldade. Não é impossível enganar, mas é arriscado — ser muito visível, mas não ser peçonhento, é estratégia de mimetismo adotada por certas cobras não venenosas, por exemplo. O que a torna arriscada é que, se um predador aprender a distingui-lo das espécies perigosas que você esteja imitando, ele estará em condições de ir direto no alvo — às suas custas.

Para os homens, usar joias de ouro vistosas em South Central Los Angeles é um sinal duplamente custoso: exige que você tenha dinheiro para comprar as joias, mas também mostra que você não tem medo de ostentá-las em público, sem receio de ser assaltado. Eu poderia adquirir alguns adornos pessoais chamativos, mas, mesmo nas ruas tranquilas de Londres ou Sevenoaks, acredito que, em minha condição de homem de meia-idade, corpulento e fora de forma, eu não teria a confiança necessária para usá-las.

---

[4] Podemos até aplicar o mesmo raciocínio ao casaco de cor vermelha dos *red coats* britânicos do século XVIII. "Sou tão bom que não preciso me esconder nas moitas, como um Yankee."

3.10. Desperdício necessário

Foi para explicar sua teoria da seleção sexual e para defender seu conceito de origem das espécies por meio de processos naturais, em vez de projetos inteligentes, que Darwin escreveu seu segundo livro mais importante: *A origem do homem e a seleção sexual*.[1] Ele propôs uma teoria da seleção sexual para explicar, entre outras anomalias, como a seleção pela aptidão poderia produzir atributos aparentemente redutores da aptidão, como plumagem elaborada.

A ideia é simples, mas não é óbvia. Para que um gene persista, o corpo que o carrega precisa não só sobreviver, mas também se reproduzir — do contrário, o gene morrerá. Do mesmo modo, uma vez que certos atributos, como acuidade visual e auditiva ou capacidade de movimentos ágeis aumentam a aptidão para a sobrevivência, alguns outros atributos podem conferir vantagem na reprodução bem-sucedida — essas são as características que lhe permitem misturar os seus genes com o de um número maior de parceiros ou de melhor qualidade genética. Nos humanos e em muitas outras espécies, a ênfase atribuída à qualidade em comparação com a quantidade pode variar entre os dois sexos. As fêmeas humanas têm uma limitação natural na quantidade de filhos que podem ter, e, assim, não conquistam muitas vantagens com o acasalamento

---

[1] Charles Darwin, *The Descent of Man, and Selection in Relation to Sex*. Londres: John Murray, 1871. [Ed. bras.: *A origem do homem e a seleção sexual*. Trad. de Eugênio Amado. Belo Horizonte: Itatiaia, 2019.]

indiscriminado; elas precisam levar em conta outros fatores, como a qualidade genética e os recursos que o homem pode proporcionar à prole.

Mas como a fêmea deve escolher? Não sendo dotada de um sequenciador de genes, ela depende de uma mistura de pistas sensoriais para localizar parceiros de acasalamento com maior probabilidade de produzir uma prole viável e próspera; idade, tamanho e resistência a parasitas e doenças podem todos ser indicadores úteis. Uma criatura que sobrevive tempo suficiente para alcançar tamanho e longevidade obviamente usufrui do necessário para sobreviver. O sapo-boi anuncia seu porte e vigor coaxando, a intensidade do coaxo indicando o seu tamanho, assim como a duração do coaxo é um sinal de robustez. As fêmeas que, aleatoriamente, desenvolvem preferência por sapos com coaxar mais profundo e mais persistente tendem a gerar uma prole mais bem-adaptada, considerando que esse traço se correlaciona bem com a qualidade. Ambos os atributos, profundidade do coaxo nos machos e a preferência por esse diferencial nas fêmeas, crescerão em sincronia, já que os genes de ambos se associarão com frequência cada vez maior.

Há um problema, entretanto: o que no início é um indicador confiável de aptidão pode tornar-se uma corrida contra o tempo. Se você for um sapo-boi apto, durante quanto tempo deverá continuar com a chamada para acasalamento? A única resposta segura para essa pergunta é "Um pouco mais de tempo do que qualquer outro sapo-boi nas redondezas". Assim, uma qualidade que a princípio era valorizada como indício útil de aptidão assume proporções absurdas, processo às vezes conhecido como seleção sexual de Fisher. Em animais, esse processo pode acarretar em um desperdício extraordinário. Parece que uma competição pelo tamanho do chifre — os levando a atingir dimensões enormes — pode ter acarretado a extinção do alce irlandês.

A mesma competição pode ser igualmente danosa para humanos, quando ela é manifestada competitivamente, com comportamentos extremos. Alguns acadêmicos sugerem que a população humana da Ilha da Páscoa pode ter sido destruída pela competição entre tribos sobre quem conseguia construir as maiores e mais numerosas cabeças de pedra. Os humanos modernos podem não competir na construção de cabeças de pedra gigantescas,[2] mas não teria sido esse tipo de confronto substituído por salões de automóvel, por barbearias

---

[2] Pelo menos na minha região.

vistosas, por lojas de roupas femininas e por shopping centers, ou pela preferência por férias extravagantes, nada mais que manifestações consumistas do mesmo impulso competitivo desregrado? Claro que esse consumismo competitivo não é novidade. Em 1759, no livro *Teoria dos sentimentos morais*, Adam Smith fez a seguinte observação:

> Da mesma maneira, um relógio que atrase mais de dois minutos por dia é desprezado por um aficionado a relógios. Ele o vende talvez por alguns tostões e compra outro por cinquenta, que não atrasará mais de um minuto por quinzena. A única utilidade dos relógios, porém, é dizer as horas, e impedir que nos atrasemos para compromissos ou passemos por outras situações embaraçosas, por causa de nossa ignorância dessa informação específica. Porém, a pessoa com tanto cuidado em relação a essa máquina nem sempre será mais pontual do que as outras, nem muito mais ansiosa... em saber exatamente a hora do dia. O que lhe interessa de tal maneira não é tanto o conhecimento dessa informação quanto a perfeição da máquina que presta esse serviço.[3]

Os ambientalistas modernos também sugerem que a competição na sinalização de status entre os humanos está acabando com o planeta. Eles consideram que a Terra tem recursos suficientes para sustentar confortavelmente a população atual, desde que estejamos todos dispostos a viver com moderação, mas que a rivalidade natural pode levar a expectativas sempre crescentes — e, assim, aumentar o consumo. De muitas maneiras, essa competição não é saudável, e tampouco muito contribui para a felicidade humana. Sob certos aspectos, obriga as pessoas a gastar mais dinheiro do que o necessário, apenas para manter o status em comparação com os outros.

Existe um debate interessante entre empresários e ambientalistas. Minha opinião é que, uma vez que for compreendida a motivação inconsciente, a convicção generalizada de que os seres humanos poderiam se contentar em viver sem a competição por status, em condições de igualdade, é cativante em teoria, mas psicologicamente implausível.

Porém, os indicadores de status pelos quais disputamos não precisam ser danoso ao meio ambiente; as pessoas podem extrair tanto status da filantropia

---

[3] Adam Smith, *The Theory of Moral Sentiments*. Londres: [s.n.], 1759. [Ed. bras.: *Teoria dos sentimentos morais*. Trad. de Lya Luft. São Paulo: Martins Fontes, 2015].

quanto do consumo egoísta. Por exemplo, como observa Geoffrey Miller, uma tribo onde os machos alardeiam suas proezas como caçadores, dividindo com todos a carne oriunda de suas caçadas, iria prosperar, como resultado de um comportamento economicamente irracional. Por outro lado, outra tribo, de resto idêntica à anterior, cujos machos demonstrassem força lutando uns com os outros, sofreria consequências negativas: mesmo os vencedores desses embates poderiam acabar gravemente lesionados e com baixa expectativa de vida remanescente. A primeira tribo tem uma prática positiva, enquanto a segunda é tudo menos vantajosa.[4] Um pessimista extremado poderia sugerir que, embora a competição por indicadores de riqueza seja esbanjadora e nociva para o planeta, ela é muito menos danosa que muitas outras formas de competição intergrupal ou interpessoal.[5]

Diferentes formas de busca de status afetam mais pessoas, variando de altamente benéfica para categoricamente desastrosa. Sempre me incomodou que os governos não tributem diferentes formas de consumo, com taxas muito diversas, dependendo de suas externalidades positivas ou negativas (como ocorre com tabaco, álcool e gasolina). Eu sou, como seria de esperar considerando a minha profissão, bastante tolerante em relação à maioria das formas de consumismo, mas existem algumas atividades, como mineração de diamantes para joias, que parecem inteiramente sem méritos. Posso ser o único a pensar assim, mas não acho que a evolução pela seleção natural foi a ideia mais interessante de Darwin. Pensadores precursores, desde Lucrécio a Patrick Matthew, também haviam reconhecido os princípios básicos da seleção natural, e muitas pessoas práticas, sejam adestradores de pombos ou criadores de cachorro, também já entendiam os princípios básicos. Se Darwin e Wallace não tivessem existido, parece inevitável que alguma outra pessoa teria chegado a uma teoria semelhante.

Entretanto, a teoria da seleção sexual foi uma ideia não convencional realmente extraordinária, e ainda é; depois de compreendê-la, diversos comportamentos até então desconcertantes ou aparentemente irracionais de repente

---

[4] A oligarquia russa parece manifestar certos atributos dessa rivalidade da segunda espécie de tribo.
[5] Por exemplo, é em tese melhor para machos sociopatas moderados almejar ter um iate maior do que tentarem ser os líderes de uma polícia secreta.

passaram a fazer todo o sentido. As ideias suscitadas por essa teoria explicam não só anomalias da natureza, como a cauda do pavão, mas também a popularidade de muitos comportamentos e gostos humanos aparentemente malucos, desde a existência de bens de Veblen,[6] como o caviar, até absurdos mais mundanos, como a máquina de escrever.

Durante quase um século em que poucas pessoas sabiam datilografar, a máquina de escrever por certo deve ter prejudicado a produtividade de muitas empresas a um nível espantoso, pois significava que cada um dos documentos de empresas ou governos tinha de ser produzido duas vezes: primeiro à mão pelo criador e depois pelo datilógrafo ou equipe de datilógrafos. Uma série de correções e alterações simples podia atrasar uma carta ou memorando em uma semana, mas ter e usar uma máquina de escrever era um indicador de uma empresa séria — qualquer solicitador provinciano que insistisse em escrever cartas à mão se tornava nada mais do que um pavão sem cauda.

Observe que cometi o mesmo erro em que todos caem quando escrevem sobre seleção sexual: limitei meus exemplos às ocasiões em que o processo fica descontrolado e acarreta ineficiências custosas, como máquinas de escrever, Ferraris e pavões sem cauda.[7] Isso é injusto.

Nos estágios iniciais de qualquer inovação significativa, pode haver um momento em que o novo produto não é melhor do que aquele que irá substituir. Por exemplo, os primeiros automóveis eram, em muitos aspectos, piores do que cavalos. Os primeiros aviões eram incrivelmente perigosos. As primeiras lavadoras de louça eram pouquíssimo confiáveis. O apelo desses produtos residia mais no status que na utilidade em si.

A tensão entre seleção sexual e seleção natural — e a interação entre ambas — pode ser realmente a grande novidade aqui. Muitas inovações não teriam decolado sem a propensão humana para a sinalização de status,[8] portanto,

---

[6] Bens cuja demanda aumenta quando o preço sobe.
[7] Você deve ter percebido que existem poucos belgas famosos — isso porque quando um belga se destaca (como Magritte, Simenon ou Brel), todos supõem que ele seja francês. Da mesma maneira, são raros os casos de seleção sexual bem-sucedida: quando isso ocorre, as pessoas naturalmente atribuem o sucesso à seleção natural.
[8] Durante mais ou menos que uma década, os carros eram inferiores aos cavalos como meio de transporte — foi a neofilia humana e a busca de status, não a busca de "utilidade", que deram origem à Ford Motor Company — Henry gostava de uma corrida quando era jovem.

seriam elas da mesma natureza? Em outras palavras, segundo Geoffrey Miller, poderia a seleção sexual fornecer o "impulso inicial" para os melhores experimentos da natureza? Por exemplo, será que a sinalização sexual de exibir um volume crescente de plumagem nas laterais das aves[9] evoluiu para a formação de asas, tornando-as aptas a voar? A capacidade do cérebro humano de manejar um vasto vocabulário pode ter surgido mais do desejo de sedução do que de qualquer outra coisa — mas também possibilitou a leitura deste livro. A maioria das pessoas evitará dar crédito à seleção sexual, onde talvez fosse possível, porque, quando é eficaz, a seleção sexual é chamada de seleção natural.

Qual o motivo dessa relutância em aceitar que a vida é mais do que uma busca obstinada de maior eficiência e que também há espaço para opulência e ostentação? Sim, a sinalização custosa pode acarretar ineficiência econômica, mas, ao mesmo tempo, essa ineficiência proporciona atributos sociais valiosos, como confiabilidade e comprometimento — educação e boas maneiras representam uma sinalização custosa em interações pessoais. Por que as pessoas gostam da ideia de que a natureza tem uma função contábil, mas se incomodam com a noção de que ela também tem uma função de marketing? Será que deveríamos desprezar as flores porque elas são menos eficientes que a grama? Até Wallace, grande contemporâneo e colaborador de Darwin, detestava a ideia de seleção sexual; por algum motivo, esse conceito se situa na categoria de ideias em que a maioria das pessoas — em especial os intelectuais — simplesmente se recusam a acreditar.

---

[9] Em vez de, como o pavão, investir demais, insensatamente, no "spoiler" traseiro.

3.11. Sobre a importância da identidade

Lembre-se de que, sem distinção, o mutualismo do tipo encontrado em abelhas e flores não tem como funcionar, porque a melhoria na qualidade do produto de uma flor não resultaria em aumento correspondente na lealdade das abelhas. Sem identidade e sem uma diferenciação resultante, uma cepa de flor secretaria mais néctar sem ganho, visto que, na próxima vez, as abelhas simplesmente visitariam a flor menos generosa, mas com aparência idêntica, que se encontrasse perto da primeira flor. Com o passar do tempo, as flores acabariam em uma "corrida para o fundo", produzindo tão pouco néctar custoso quanto possível e confiando em sua aparência semelhante à de outras flores mais generosas, de modo a preservar o suprimento de néctar das abelhas e a manter o incentivo para que as abelhas continuem a voejar de planta em planta.

Precisamos considerar se o mesmo processo ocorre no mundo dos negócios, assim como na natureza. Serão as marcas essenciais para que o capitalismo funcione?

3.12. Hoverboards e chocolate: Por que a distinção importa

Muitos dos leitores deste livro talvez sejam jovens demais para se lembrar de quando brigavam por bonecas Pimpolho ou bonecos Buzz Lightyear, mas vamos fazer uma pausa para recordar o que não chegou a ser moda no Natal de 2015, porque fornece uma lição valiosa sobre a importância econômica mais abrangente das marcas.

Com isso, refiro-me ao Hover Board. Ou ao Hoverboard, ao Swagway, ao Soarboard, ao PhunkeeDuck ou ao Airboard. Nunca se chegou a um consenso sobre o nome dessas coisas, porque elas eram compradas de vários fabricantes em Shenzhen e eram nomeadas pelos distribuidores locais, e não pelos produtores. A ideia não havia sido promovida por uma grande empresa, mas parece ter surgido da experimentação: essas origens incomuns nos fornecem um teste raro e inusitado do que acontece com a inovação na ausência de marcas.

É um produto interessante, e estou certo de que muitos de vocês, instintivamente, pensaram em experimentar ou em comprar um, mas terminaram não comprando, não é mesmo? Para começo de conversa, não dava para saber qual comprar — alguns tinham luzes ou alto-falantes Bluetooth,[1] outros tinham rodas maiores, e os preços eram mais altos ou mais baixos. Na falta de marcas famosas, não tinha como entender as categorias — como observado pelos neurocientistas, usamos as marcas mais para ajudar em uma escolha do que

---

[1] Por quê?

O que esse produto precisa é de uma marca. Sem uma identidade, não existe incentivo para melhorar o produto — e os clientes não têm como fazer a escolha mais adequada nem como recompensar o melhor fabricante.

pela marca em si. E quando ficamos indecisos, optamos pela alternativa-padrão segura — não fazer nada.

Segundo, não sentimos segurança de comprar alguma coisa que custa caro sem a garantia de um nome conhecido. O publicitário britânico Robin Wight chama esse instinto de "Reflexo reputação" — embora instintivo e em grande parte inconsciente, ele é perfeitamente racional, porque intuitivamente compreendemos que alguém com uma identidade de marca respeitável tem mais a perder ao vender um produto ruim do que outro que não está com a reputação em jogo.[2] Por fim, enquanto ainda estávamos em dúvida sobre comprar ou não, surgiram notícias de que várias pranchas tinham pegado fogo ao carregar a bateria, chegando a provocar um incêndio em um dos casos. O problema se limitou a uns poucos fabricantes, mas sem saber que marca específica evitar, a situação comprometeu toda a categoria.

Sem o mecanismo do feedback da marca, não havia incentivo para que qualquer fabricante produzisse uma versão melhor e mais segura da prancha, pois eles não estavam em posição para lucrar com isso. Em consequência, o mercado se tornou uma corrida comoditizada para o fundo, em que tanto a inovação quanto o controle de qualidade falharam. Por que fabricar um produto melhor, se ninguém vai saber que foi você que o produziu? Assim,

---

[2] Se tivesse um Hoverboard Samsung, LG ou Dyson em oferta, é muito provável que você comprasse um.

nenhum fabricante se preocupou de verdade em fazer uma prancha melhor, e o resultado foi que toda a categoria mais ou menos evaporou. O mercado pode se corrigir se surgirem pranchas melhores ou se uma empresa perspicaz, como a Samsung, tiver a sagacidade de associar o nome ao melhor produto.

De muitas maneiras, publicidade e marcas dispendiosas surgem como solução para um problema identificado por George Akerlof, em seu trabalho de 1970, "The Market for Lemons" ["O mercado de carros usados"], publicado no *Quaterly Journal of Economics*. O problema é conhecido como "assimetria de informação", onde o vendedor sabe mais do que o comprador sobre o produto, no caso um carro, que está sendo negociado. A lição foi aprendida a duras penas nos países do Bloco Oriental, sob o comunismo; as marcas eram consideradas não marxistas; assim, o pão era rotulado simplesmente "pão". Os clientes não tinham ideia de quem os tinha feito ou a quem culpar se o produto estivesse cheio de larvas, e não tinham como evitar que o problema voltasse a ocorrer no futuro, porque todas as embalagens de pão possuíam a mesma aparência. Os clientes insatisfeitos não tinham a quem ameaçar com sanções; os clientes contentes não tinham a quem recompensar com compras recorrentes. Dessa forma, o pão não valia nada.

A produção de rebites sob o comunismo seguiu um padrão semelhante. Tipicamente, as fábricas eram incumbidas de produzir uma cota mensal — os rebites sem marca eram enviados para um depósito central, onde se misturavam com os rebites de todas as outras fábricas. De lá, todos os rebites, cuja procedência a essa altura era totalmente desconhecida, eram transportados para os pontos de destino. Os soviéticos logo descobriram que, sem o nome do fabricante afixado no produto, ninguém se importava em fabricar um produto de qualidade, o que aumentava a quantidade e diminuía a qualidade. A maneira mais fácil de produzir 1 milhão de rebites por mês era produzir 1 milhão de rebites ruins, o que logo acarretou navios caindo aos pedaços. Ainda por cima, ninguém sabia qual fábrica era culpada, porque os rebites tinham sido comoditizados, o que é o mesmo que dizer que se tornaram anônimos. Por fim, o regime engoliu o orgulho ideológico e exigiu que as fábricas imprimissem seu nome nos rebites — e assim se restaurou o mecanismo de feedback e a qualidade retornou a níveis aceitáveis.

Conheci há pouco tempo uma mulher que vivia na Romênia, sob regime comunista. Naquela época, uma barra de chocolate popular era produzida em três fábricas distintas, mas a qualidade do produto, embora sob a mesma marca, era tão desigual, que era como se fabricassem três produtos diferentes. Desdobrando o verso da embalagem do chocolate, era possível ver um código alfanumérico que indicava, supõe-se que por motivos de segurança, qual das três fábricas produzira aquele item específico. Minha amiga, uma menina, na época, seguia instruções rigorosas da mãe para comprar somente as barras de chocolate que contivessem a letra "B" na dobra da embalagem. Se aparecesse qualquer uma de duas outras letras, ela não devia comprar o produto.

Sem o loop de feedback que se torna possível pela presença de pétalas ou marcas distintivas e distinguíveis, não tem como nada melhorar. O loop existe porque insetos ou pessoas aprendem a diferenciar entre as plantas ou marcas mais e menos gratificantes, e, então, saber como agir. Sem esse mecanismo, não há incentivo para melhorar o produto, pois os benefícios serão distribuídos igualmente entre todos; além disso, existe um constante incentivo para relaxar na qualidade, já que dessa maneira você colherá os ganhos imediatos, enquanto a baixa na reputação afetará igualmente a todos os outros. Isso explica por que os mercados precisam aguentar a ineficiência aparente de suportar produtos diferentes e concorrentes, com identidades diferenciadas dispendiosas, para recompensar o controle de qualidade e a inovação.

Vários anos atrás, a Grã-Bretanha enfrentou uma crise nacional decorrente da falta de confiança no abastecimento de carne, depois que se descobriu carne de cavalo misturada clandestinamente em lotes de carne de boi certificada.[3]

Embora ninguém tenha morrido — na verdade, ninguém nem ficou doente —, de qualquer maneira isso abalou significativamente a confiança do público na indústria alimentícia, e com razão. Não foi a carne com marca que foi afetada — McDonald's saiu incólume do escândalo —, a carne que estava contaminada tinha em geral o rótulo "carne de boi certificada de várias fontes". Ninguém que fornecesse carne de boi, sabendo que estava misturada com a de outros fornecedores, receava qualquer impacto adverso sobre sua reputação, e, por conseguinte, nada impedia que qualquer um dos fornecedores dessa carne comoditizada incluísse um pouco de carne de cavalo na mistura.

---

[3] Na verdade, se fôssemos franceses, isso não acarretaria uma crise, mas, para os britânicos, a ideia de comer carne de cavalo é uma abominação.

Isso importa porque as conversas sobre o marketing de marcas tendem a focar em distinções meticulosas entre produtos já bastante bons. Muitas vezes esquecemos que, sem essa garantia de qualidade, não teria como confiar o suficiente no próprio funcionamento dos mercados, o que significa que ideias perfeitamente boas podem fracassar.

Marca não é somente algo a acrescentar a ótimos produtos — é requisito essencial para a existência deles.

A evolução resolveu o problema de informações assimétricas e de confiança recíproca entre flores e abelhas, quando nossos ancestrais ainda viviam em árvores. As abelhas estão aí há pelo menos 20 milhões de anos, e as flores por muito mais. Minha analogia entre sinalização no mundo biológico e publicidade no mundo comercial pode explicar algo que venho observando há anos: ao conversar com economistas, é nítido que eles tendem a detestar publicidade, e que mal a compreendem; ao passo que, ao conversar com biólogos, logo se torna evidente que eles a compreendem perfeitamente. Há décadas, o ouvinte mais receptivo que encontrei no *The Economist*, em Londres, não foi o editor de marketing (que parecia genuinamente odiar marketing), mas o correspondente de ciência, cuja formação era de biólogo evolutivo.

Parte 4

Hacking subconsciente: Sinalização para nós mesmos

4.1. Efeito placebo

Já descrevi como frequentemente é necessário adotar abordagens tortuosas para mudar o comportamento dos outros. Agora, gostaria de sugerir que talvez também seja preciso usar artifícios semelhantes para mudar o nosso *próprio* comportamento.

Vejamos o exemplo do poder do placebo. Meu avô foi médico de 1922 a meados da década de 1950. Dizia ele que só depois do advento da penicilina é que se tornou um verdadeiro médico: antes dos antibióticos, ele era quase um curandeiro com diploma — o apoio que oferecia aos pacientes com o valor psicológico da visita de um médico era tão importante quanto o valor farmacêutico de qualquer remédio que ele prescrevesse.

Seriam os placebos, ou os tratamentos com placebo, como a homeopatia, científicos? Bem, sim e não. E será que ajudam? Bem, às vezes. Os placebos não têm eficácia médica direta, mas seus efeitos psicológicos em determinados casos podem ser tão importantes quanto os efeitos farmacológicos, sobretudo se a condição — dor crônica, digamos, ou depressão — for mais psicológica do que fisiológica.[1]

Saliento aqui um argumento simples: o fato de alguma coisa não funcionar

---

[1] Da mesma maneira, as soluções psicológicas que eu proponho neste livro concernem a questões sociais ou comerciais que são mais psicológicas do que fisiológicas. A fome não será curada por intervenções psicológicas — mas a obesidade, talvez.

por meio de um mecanismo conhecido e lógico não deve ser motivo para que a evitemos. Usamos aspirina para reduzir a dor durante um século, sem ter a mínima ideia de por que ela era eficaz. Se acreditássemos que a aspirina era feita de lágrimas de unicórnio, seria uma crença tola, mas essa ingenuidade não teria tornado o produto menos eficaz.

4.2. Por que uma aspirina cara seria um alívio

Alguns anos atrás, os racionalistas desmancha-prazeres da Comissão Australiana de Concorrência e do Consumidor processou a fabricante global de bens de consumo Reckitt Benckiser em relação a quatro produtos: Nurofen Enxaqueca, Nurofen Cefaleia Tensional, Nurofen Dor Menstrual e Nurofen Dor nas Costas. A queixa era que "cada produto alegava combater uma dor específica, quando, na verdade, todos continham dosagem idêntica do mesmo ingrediente ativo, ibuprofeno lisina" — o problema era que essas variantes geralmente eram vendidas a preços mais altos do que a marca básica, apesar de terem a mesma composição.

Embora eu não tivesse dúvida de que as análises químicas constatadas pela CCCA estivessem corretas, o aspecto psicológico me parece equivocado, porque, para mim, o Nurofen não tinha ido longe o suficiente. Gostaria de encontrar variantes ainda mais específicas de analgésicos: "Nurofen Não Consigo Achar a Chave do Carro" ou "Nurofen Pessoas com Vizinhos Fãs de Reggae". E essas variantes não precisam conter ingredientes adicionais: os únicos diferenciais seriam a embalagem e o prometido. Não estou sendo de todo leviano: as pesquisas sobre o efeito placebo mostram que os analgésicos com marca são mais eficazes. Além do mais, promover um medicamento como cura para uma condição mais específica, como fez o Nurofen, também aumenta o poder do placebo, assim como subir o preço ou mudar a cor da embalagem: tudo o que a empresa estava fazendo aumentava a eficácia do produto.

É impossível comprar aspirina cara no Reino Unido; porém, é um desperdício desse fármaco maravilhoso vendê-lo por uma ninharia, em cápsulas ordinárias, quando poderíamos torná-la muito mais atrativa, com uma embalagem extravagante, colorindo as pílulas de vermelho[1] e aumentando o preço. Às vezes, tenho uma dor de cabeça de 3,29 libras, em vez de um mal-estar de 79 pennies. Tento estocar as marcas mais caras que compro nos Estados Unidos, porque acho que elas são mais eficazes.

Sim, sei que isso é besteira, mas, como já vimos, os placebos funcionam, mesmo quando todos sabem que são placebos. Ou, em outros termos, uma erva pode aliviar o ardor de irritações causadas por urtiga até na perna do próprio Richard Dawkins, não importa quantas evidências ele tinha da sua inutilidade.

O psicólogo Nicholas Humphrey argumenta que os placebos funcionam ao induzir o corpo a investir mais recursos em sua recuperação.[2] Ele acredita que a evolução calibrou nosso sistema imunológico para adequá-lo a um ambiente mais agressivo que o atual; por isso, precisamos convencer nosso inconsciente de que as condições para recuperação são particularmente favoráveis, para que o nosso sistema imunológico explore todo o seu potencial. A assistência de médicos (seja de curandeiros ou do Serviço Nacional de Saúde), poções exóticas (seja homeopatia ou antibióticos) ou a presença acolhedora de parentes e amigos, podem criar essa ilusão; entretanto, os governantes e políticos detestam a ideia de qualquer solução que envolva processos inconscientes — muito pouco se investiu em pesquisa sobre o efeito placebo, em proporção com a sua importância.[3]

Entender o efeito placebo é uma maneira útil de começar a compreender outras formas de influência inconsciente; explica por que muitas vezes nos comportamos de maneira aparentemente irracional de modo a influenciar processos inconscientes — tanto de nós próprios quanto alheios. Além disso, nossa relutância em explorar o efeito placebo pode oferecer algumas pistas sobre nossa resistência mais ampla a adotar soluções psicológicas para os problemas,

---

[1] Os analgésicos são mais eficazes quando as pílulas são vermelhas.
[2] Seus escritos sobre o assunto incluem "The Placebo Effect" (In: R. L. Gregory [Org.], *Oxford Companion to the Mind*. Oxford: Oxford University Press, 2004).
[3] Se você sugerir que o Serviço Nacional de Saúde invista em embalagens mais sofisticadas para medicamentos, eles terão palpitações.

em especial quando eles são um pouco contraintuitivos ou ilógicos, do ponto de vista convencional. Vou explicar.

O efeito placebo, como muitas outras formas de alquimia, é uma tentativa de influenciar os processos automáticos da mente ou do corpo. Nosso inconsciente, especificamente nosso "inconsciente adaptativo", como o denomina o psicólogo Timothy Wilson, em *Strangers to Ourselves*,[4] não percebe nem processa informações da mesma maneira como o fazemos conscientemente, assim como não fala a mesma língua do nosso consciente, mas ele toma a frente quando se trata de grande parte de nosso comportamento. Isso significa que frequentemente não podemos alterar processos subconscientes através de uma atitude direta e lógica de força de vontade — em vez disso, temos de experimentar com as coisas que podemos controlar para influenciar o que não podemos controlar, ou manipular nosso ambiente para criar condições que conduzam a um estado emocional que não podemos acionar pela vontade.

Pense nisso. Algumas afirmações simplesmente não fazem sentido em inglês ou português:[5]

1. "Escolhi não ficar com raiva."
2. "Ele planeja se apaixonar às 16h30 de amanhã."
3. "Ela decidiu que não mais se sentiria ansiosa na presença dele."
4. "Daquele momento em diante, ela resolveu não mais ter medo de altura."[6]
5. "Ele decidiu gostar de aranhas e cobras."

Coisas desse tipo estão além do nosso controle direto, sendo produto de nossas emoções instintivas e automáticas. Há um bom motivo evolucionário para sermos imbuídos desses fortes sentimentos involuntários: os sentimentos

---

[4] Timothy Wilson, *Strangers to Ourselves*. Cambridge: Harvard University Press, 2002.
[5] Ou em qualquer outro idioma, na verdade.
[6] Tenho uma amiga que não só tem pavor de altura como também tem horror a tomates. Eu, inclusive, assim como o falecido Steve Jobs, sofro de pavor de botões. O meu caso é brando: hoje, adulto, sinto-me confortável ao usar botões que estão bem presos à roupa, mas fico ansioso quando os encontro soltos. A fobia de Steve era mais grave — ele nunca usava qualquer tipo de roupa com botões visíveis. Há quem teorize que isso influenciou a sua filosofia de design, levando-o a se recusar a produzir um telefone até que fosse possível desenvolver um sem um teclado com botões.

podem ser herdados, enquanto as razões têm de ser ensinadas, o que significa que a evolução pode selecionar emoções com muito mais segurança do que razões. Para garantir nossa sobrevivência, é muito mais confiável para a evolução que tenhamos um medo instintivo e inato de cobras, do que confiar que cada geração ensinará à prole a evitá-las. Coisas desse tipo não estão em nosso software — estão em nosso hardware.

Da mesma maneira, todos aceitamos o fato de que há uma vasta área de nossas funções corporais que não podemos controlar diretamente: não consigo fazer minhas pupilas se contraírem ou se dilatarem à vontade; tampouco posso aumentar ou diminuir meus batimentos cardíacos, dizendo ao meu coração para acelerar ou desacelerar; isso para não falar de outras funções corporais, como digestão, excitação sexual, secreções do pâncreas, ações do sistema endócrino ou atuação do sistema imunológico. Por motivos evolucionários perfeitamente sensatos, a regulação dessas funções não envolve o consciente.[7] Talvez você goste de pensar nesses processos como o equivalente a um sistema de configuração "automática" — semelhante ao das câmeras modernas — em que não se perde tempo ajustando abertura, foco e velocidade do obturador toda vez que você quer tirar uma foto meio decente.

---

[7] Seria um pouco estranho se envolvesse: "Será que você poderia esperar só um instante, amor? Só estou mexendo na configuração da minha testosterona e aumentando meu nível de excitação para oito".

4.3. Como podemos "hackear" o que não controlamos

Assim como as câmeras automáticas, os sistemas autônomos do corpo não são controláveis diretamente, mas você pode "hackeá-los" sinuosamente, manipulando de propósito as condições que vão gerar as respostas automáticas desejadas. Seguindo com a analogia da fotografia, imagine que você tenha uma câmera automática e quer aumentar propositadamente a exposição de uma foto. Não tem como ajustar a câmera para reduzir a velocidade ou aumentar a abertura do obturador, mas é possível alcançar o mesmo efeito, apontando-a para algum ponto mais escuro, disparando, assim, o mecanismo de autoexposição, e voltando a focar o tema mais iluminado de sua fotografia.

Sempre fui — atipicamente para um europeu — adepto da transmissão automática em carros,[1] e, como sabe qualquer pessoa que tenha dirigido o mesmo modelo de carro automático durante algum tempo, você logo aprende a apressar ou a retardar a mudança de marcha, usando apenas o pedal do acelerador. É possível fazer isso sintonizando-se cada vez mais com o comportamento da caixa de câmbio automática e desenvolvendo uma capacidade inconsciente de induzi-la a fazer o que você quer. Ao se aproximar do início

---

[1] Amigos automobilistas inveterados (especialmente alemães) sempre me ridicularizaram por isso, alegando que: "Ah, não dá para ter a mesma sensação de controle". Hoje isso é bobagem — mas, em defesa de meus amigos germânicos, os carros automáticos europeus, trinta anos atrás, eram por regra muito ruins.

de um pequeno aclive, por exemplo, você, por instinto, tira o pé do acelerador, para evitar que o câmbio automático reduza desnecessariamente a marcha para transpor a pequena subida. Os adeptos de carros com câmbio mecânico não desenvolvem essa habilidade, por se tratar de algo que só se aprende a fazer dirigindo repetidas vezes o mesmo carro automático. A verdade é que *é possível* controlar a caixa de marcha de um carro automático, mas é preciso fazê-lo de maneira indireta, com sensibilidade. O mesmo princípio se aplica ao livre-arbítrio humano: podemos controlar nossas ações e emoções até certo ponto, mas não há como fazê-lo diretamente; portanto, temos de aprender a agir com sensibilidade — com o pé, não com as mãos.

Esse processo indireto de influência se aplica a todos os sistemas complexos, dos quais o câmbio automático e a psicologia humana são apenas dois exemplos.[2] As dificuldades que enfrentamos surgem porque os problemas de política são colocados nas mãos do equivalente intelectual dos motoristas de carros de câmbio mecânico, que acreditam que a única maneira aceitável de mudar a marcha é usar a embreagem e a alavanca, em vez de indiretamente, com o acelerador. Mas o truque é aceitar que dirigir um carro automático é muito mais criativo do que dirigir um carro manual, no qual você apenas diz à caixa de marcha o que fazer, ao passo que para dirigir um carro automático é preciso usar a sedução.[3]

Imagine que você queira dilatar suas pupilas, aumentar sua frequência cardíaca, reduzir sua frequência cardíaca ou reforçar seu sistema imunológico. Mais uma vez, você não consegue fazer isso por meio de força de vontade direto, mas *pode* usar mecanismos conscientes para produzir efeitos inconscientes. Por exemplo, é possível contrair as pupilas olhando para uma lâmpada ou dilatá-las ao entrar em um quarto escuro.[4] Você pode aumentar a frequência cardíaca fazendo jogging ou diminuí-la com a prática de ioga ou meditação. E, sim, se Nicholas Humphrey estiver certo, você será capaz de reforçar seu sistema imunológico da mesma maneira — basta criar as condições que levam seu sistema imunológico a acreditar que agora é um momento particularmente bom para concentrar seus recursos na cura de lesões ou no combate

---

[2] O regulador de vapor (lembre-se de Alfred Russel Wallace, do capítulo 3.9) é, claro, outro.
[3] Leitores britânicos, sei que corro o risco de parecer um pouco "Swiss Tony" aqui.
[4] Ou vendo pornografia — aparentemente.

a infecções. As ações necessárias para criar essas condições podem envolver certos elementos que parecem bobagem — mas só é bobagem quando você não conhece seu funcionamento.

É esse hackeamento sinuoso de mecanismos emocionais e fisiológicos inconscientes que geralmente acarreta suspeitas sobre o efeito placebo e sobre formas conexas de alquimia. Basicamente, gostamos de imaginar que nosso livre-arbítrio é maior do que é na realidade, e, em consequência, preferimos intervenções diretas que preservem nossa ilusão interior de autonomia pessoal a intervenções indiretas que pareçam menos lógicas.

4.4. "A mente consciente pensa que é o salão oval, quando na realidade é a sala de imprensa"

Nossa mente consciente tenta com afinco preservar a ilusão de que escolhe conscientemente todas as ações a serem praticadas; na realidade, em muitas dessas decisões, ela não passa de mera espectadora, na melhor das hipóteses, e não raro nem mesmo percebe qual é a decisão em curso. Mesmo assim, ela vai construir uma narrativa de que foi participante crucial. Por exemplo: "Percebi o ônibus se aproximando e dei um pulo para a calçada", enquanto, na verdade, é muito possível que você tenha dado o pulo mesmo antes de ter tomado consciência do ônibus.

Nas palavras de Jonathan Haidt: "A mente consciente acha que está no salão oval, quando na realidade, é a sala de imprensa".[1] Com isso, ele está dizendo que supomos estar baixando decretos, enquanto na maioria das vezes estamos apenas empenhados na construção apressada de pós-racionalizações, para explicar decisões tomadas em outros lugares, por motivos que não compreendemos. O fato, porém, de mobilizarmos a razão para explicar nossas ações *post hoc* não significa que é a razão, antes de tudo, que determina a ação, ou até mesmo que a razão ajuda a formulá-la.

Imagine uma espécie alienígena capaz de adormecer à vontade, a qualquer

---

[1] Jonathan Haidt, *The Righteous Mind: Why Good People Are Divided by Politics and Religion*. Londres: Penguin, 2013. [Ed. bras.: *A mente moralista*. Trad. de Wendy Campos. Rio de Janeiro: Alta Books, 2021.]

momento — esses espécimes considerariam o comportamento humano antes de dormir bastante ridículo. "Em vez de simplesmente adormecer, os humanos seguem um estranho ritual religioso", observaria um antropólogo alien. "Eles apagam as luzes, reduzem o barulho ao mínimo e, então, removem as sete almofadas decorativas que, sem razão aparente, ficam no colchão.[2] Deitam, por fim, em silêncio e no escuro, na esperança de que o sono apareça. E, em vez de apenas acordar quando quiserem, programam uma máquina estranha que soa uma campainha ruidosa em hora predeterminada para trazê-los de volta à consciência. Isso parece ridículo". Do mesmo modo, imagine outra espécie alienígena que pudesse decidir quão feliz quer ser. Ela consideraria toda a indústria de entretenimento humano um desperdício econômico insano.

Não fingimos que podemos dormir na hora que quisermos ou que controlamos nossos níveis de contentamento, mas simulamos que a atuação humana consciente é a única força que induz nosso comportamento, e, portanto, desprezamos outros comportamentos menos óbvios que adotamos para hackear nossos processos inconscientes, como se eles fossem irracionais, esbanjadores ou absurdos. Isso leva a uma frustração semelhante à sentida por um motorista de carro manual, ao conduzir pela primeira vez um carro automático. Alguém que ainda não domine a técnica de influência indireta só admite intervenções diretas para alcançar o efeito almejado, como segue:

1. Para mudar de marcha, é preciso movimentar o câmbio.
2. Para que as pessoas trabalhem mais, é preciso pagar-lhes mais.
3. Para que as pessoas parem de fumar, é preciso dizer-lhes que o fumo mata.
4. Para que as pessoas saquem as pensões, é preciso dar-lhes um incentivo fiscal.
5. Para que as pessoas paguem mais pelo produto, é preciso melhorá-lo.
6. Para melhorar uma viagem de trem, é preciso aumentar a velocidade do trem.
7. Para melhorar o seu bem-estar, é preciso consumir mais recursos.
8. Para melhorar a saúde, é preciso tomar medicamentos ativos.

---

[2] Nisso, concordo com os alienígenas. Mas alguém precisa lidar com isso? Essa mania me deixa louco.

Devo minha explicação da teoria do placebo a seu autor, Nicholas Humphrey. Para mim, a teoria dele está entre as mais importantes no campo da psicologia. Com efeito, dado seu valor potencial para a saúde humana, é inexplicável para mim que ela não seja mais usada ou, no mínimo, que ela não seja estudada de maneira mais abrangente. Ela tem a capacidade de mudar toda a prática da medicina, mas receio que a razão do desinteresse em analisar as implicações das ideias de Humphrey seja o fato de conter toques de alquimia.

Um artigo na *New Scientist*, em 2012, analisando a natureza do efeito placebo, descreveu novas evidências de um modelo que ofereceu uma possível explicação evolucionista.[3] Ele sugeriu que o sistema imunológico tem "um botão liga-desliga controlado pela mente", ideia proposta primeiro pelo psicólogo Nicholas Humphrey, mais ou menos uma década antes.

Peter Trimmer, biólogo da Universidade de Bristol, observou que a capacidade dos hamsters siberianos de combater infecções variava de acordo com a iluminação em suas gaiolas — mais horas de luz (imitando dias de verão) disparavam resposta imunológica mais forte. A explicação de Trimmer era que o funcionamento do sistema imunológico é custoso então, desde que a infecção não seja letal, ele esperará um sinal de que combatê-la não vai colocar o animal em perigo de outras maneiras. Parece que o hamster siberiano, inconscientemente, combate a infecção com mais força no verão, por ser a época em que a oferta de alimentos é farta o suficiente para sustentar a resposta imunológica. O modelo de Trimmer demonstrou que, em ambientes inóspitos, os animais se saíam melhor moderando infecções e conservando recursos.

Humphrey argumenta que as pessoas inconscientemente respondem a tratamentos enganosos que se digam capazes de atenuar a infecção sem sobrecarregar os recursos do corpo. Em populações em que a alimentação é abundante podemos, em tese, mobilizar uma resposta imunológica plena a qualquer hora, mas Humphrey acredita que o botão inconsciente ainda não se adaptou a essa situação — daí a necessidade de um placebo para convencer a mente de que é a hora certa para a resposta imunológica.

---

[3] Colin Barras, "Evolution Could Explain the Placebo Effect". *New Scientist*, 6 set. 2012.

4.5. Como os placebos facilitam o nosso ajuste a condições mais benignas

É interessante a sugestão de Humphrey de que o nosso sistema imunológico tenha sido calibrado para condições muito mais hostis que aquelas em que vivemos hoje.[1] A geração de meus pais viveu sob escassez de alimentos, durante a Segunda Guerra Mundial e o longo período subsequente de racionamento. Já idosa, minha tia se recusava a jogar fora alimentos que não foram consumidos, mesmo quando o conteúdo da geladeira já se deteriorara a ponto de atrair vida selvagem — a reação dela ao desperdício fora calibrada durante uma época de profunda escassez.

Da mesma maneira, o sistema imunológico humano, com o passar do tempo, foi regulado para promover a sobrevivência em condições muito mais desgastantes que as de hoje. Antigamente, você não podia correr o risco de acabar muito rapidamente com os recursos disponíveis, pois sempre havia o risco de morrer de fome, de ficar congelado ou de ser paralisado pela resposta imune do corpo.[2] Para reajustar nossa resposta imune às condições mais amenas da vida moderna, talvez seja necessário recorrer a alguma bobagem indulgente.[3]

---

[1] Recorre-se às vezes a hipótese semelhante para explicar a obesidade humana — durante grande parte da evolução humana, um instinto confiável era "se você encontrar alguma coisa saborosa, coma o máximo que for possível".
[2] Muitos dos sintomas desagradáveis de uma doença — febre, por exemplo — decorrem não da moléstia em si, mas das tentativas do corpo de combatê-la.
[3] Se isso significa homeopatia, que seja.

Isso é o que o meu avô fazia na época anterior aos antibióticos, quando ele confortava os pacientes com besteiras e os encorajava a se aquecerem com cobertas, descansar, alimentar-se bem e beber uísque medicinal — talvez prescrevendo por precaução pílulas inócuas, que, no entanto, criavam certa ilusão de otimismo, suficiente para o corpo do paciente entrar em "modo de cura".

Quando conheci Nicholas Humphrey, em um restaurante indiano, em Londres,[4] ele já havia expandido a sua teoria, que agora envolvia mais que a saúde e o sistema imunológico: ele acreditava que os humanos, além de hackear o sistema imunológico, adotavam métodos indiretos para gerar estados fisiológicos e psicológicos que, assim como nossa resposta imunológica, não são suscetíveis de ativação consciente — mas são sugestionáveis via inconsciente. Em particular, ele mencionou placebos de bravura, mecanismos que suscitam níveis de coragem mais altos que os atingíveis apenas pela vontade consciente.

Pense nisso por um momento. A coragem não é, para a maioria das pessoas, um estado determinado conscientemente — é automático, não manual.[5] Ainda que sua mãe o tenha incentivado a não ter medo na hora de ir para a escola de ensino fundamental, existe na verdade pouco que podemos fazer para promover essa condição em nós mesmos, não mais do que podemos ao "decidir pegar no sono". Portanto, como explicou Humphrey, grande parte dos aparatos e dos exercícios militares — bandeiras, cornetas, tambores, uniformes, desfiles, condecorações, mascotes — podem ser placebos eficientes de bravura, pistas contextuais destinadas a fomentar a coragem e a solidariedade.

Assim como em conciliar o sono, o truque para induzir bravura consiste em criar conscientemente as condições condizentes com o estado emocional. No caso do sono, os catalisadores são travesseiros macios, penumbra e silêncio;[6] no caso da coragem, pode envolver cornetas, tubas, tambores, pratos, estandartes, fardas, camaradagem, e assim por diante. Os soldados vivem juntos, tratam-se como "irmãos", marcham em passo fechado, usam roupas idênticas,

---

[4] Para quem estiver interessado em aprender mais sobre essa teoria, há um vídeo muito interessante no YouTube, na série "Inimigos da razão", em que Nicholas Humphrey desenvolve seu argumento contra Richard Dawkins, o sumo sacerdote da racionalidade reducionista.
[5] O pessoal das Forças Especiais pode ser uma exceção aqui — eles talvez sejam escolhidos pela capacidade de abrir mão do medo, e alguns exibem fortes sinais de psicopatia. Entretanto, para o resto de nós, soldados comuns, ficar ou não assustado não é uma questão de escolha.
[6] E/ou um quarto de garrafa de uísque.

e são distribuídos em pelotões, regimentos e divisões — tudo isso alimenta a ilusão de que você faria qualquer sacrifício pelos companheiros de grupo.

Essa teoria explica muitos dos comportamentos que, a princípio, parecem absurdos — é uma ideia que, depois de contemplada, fica na sua cabeça durante anos e o predispõe a ver as ações das pessoas de maneira inteiramente nova. O aspecto mais estranho disso tudo é que todos despendemos muito tempo e esforço basicamente *sinalizando* para nós mesmos: muito do que fazemos tem como função alardear qualquer coisa a nosso respeito para os outros — estamos, de fato, nos exibindo para nós mesmos.[7] O psicólogo evolutivo Jonathan Haidt se refere a essas atividades como "autoplacebo". Depois de compreendermos o conceito, entenderemos muito mais alguns tipos de consumismo bizarro.

---

[7] Quando compramos produtos L'Oréal, talvez estejamos anunciando para nós mesmos "que eu mereço".

4.6. Os propósitos ocultos por trás do comportamento: Por que compramos roupas, flores ou iates

Existe uma lição importante na hora de avaliar o comportamento humano: nunca tache um comportamento de irracional até ter considerado os propósitos a que *realmente* servem. É obviamente irracional comprar uma Ferrari de 250 mil euros como meio de transporte diário, quando um carro perfeitamente adequado pode ser adquirido por uma quantia muito menor. Por outro lado, como afrodisíaco, ou como meio de humilhar um rival de negócios, a Ferrari sem dúvida supera um Honda Civic. Não sou adepto de Ferraris,[1] mas compreendo que elas conferem certa confiança ao condutor.

Como interessante experimento mental, frequentemente imagino slogans de publicidade falsos para vários produtos — em especial, os slogans que os publicitários adotariam se pudessem ser honestos de verdade sobre os motivos que levam as pessoas a comprá-los. Eles são um pouco parecidos com os slogans que surgem durante todo o filme *O primeiro mentiroso*,[2] que é contextualizado em um mundo onde todos, de início, falam a verdade o tempo todo. "Pepsi — para quando não servem Coca".[3]

---

[1] Embora eu talvez comprasse uma se me divorciasse!
[2] Um filme em que, para ser honesto, a premissa é mais interessante que a execução.
[3] Às vezes, surgem slogans que seguem esse conceito. "Pênis pequeno? Temos um carro para você!", disse o anúncio de uma concessionária Porsche canadense (imagino que antes de a franqueadora rescindir o contrato).

Inventei meus slogans brutalmente honestos para ilustrar o argumento de que os produtos, na maioria, têm, ao mesmo tempo, uma função ostensiva "oficial" e uma função oculta, subliminar. O valor explícito de uma lavadora de louça, diria eu, *não* é lavar pratos sujos, mas oferecer um santuário oculto para esconder a louça. O objetivo principal de uma piscina no jardim de casa não é ter onde nadar, mas arranjar um pretexto para usar roupa de banho no quintal, sem parecer um bobo. Um amigo que havia sido convidado para passar uma semana em um iate de luxo explicou por que eles são tão populares entre os megalomaníacos: "Você pode convidar os amigos para passar o feriado com você, e aí passar o tempo todo agindo como se fosse o capitão Bligh". Quem tem a mansão mais suntuosa do mundo corre o risco de os amigos e rivais alugarem um carro e saírem por conta própria: em um iate luxuoso, porém, eles estão nas suas mãos.[4]

Um problema de muitas economias comandadas no estilo soviético é que elas só funcionam se as pessoas souberem o que querem e precisam, e puderem definir e expressar seus desejos adequadamente. Mas isso é impossível, não só porque as pessoas não sabem o que querem, mas também porque nem mesmo entendem o motivo de gostar das coisas que compram. A única maneira de descobrir o que as pessoas querem de verdade (suas "preferências reveladas", em economês) é verificar o que realmente pagam, sob várias condições diferentes, em diversos contextos diferentes. Isso exige tentativa e erro — o que demanda mercados competitivos e marketing.

O mais intrigante sobre o Uber visto como inovação é que ninguém chegou a pedir pela sua existência antes de ter sido criado.[5] Seu sucesso reside em um par de manipulações psicológicas: o fato de não se manusear dinheiro durante uma viagem é um dos mais poderosos — faz com que usá-lo pareça um serviço, em vez de uma transação.[6]

---

[4] Se você não for megalomaníaco, não compre um megaiate. Um amigo meu organizou a venda deles durante muitos anos: ele disse que a principal lição que aprendeu sobre iates é que, acima de um mínimo, o prazer que oferecem é inversamente proporcional ao tamanho. Além disso, iates muito grandes só podem atracar em alguns portos, ou seja, você muitas vezes acaba ancorado próximo a um iate ainda maior que o seu.

[5] Na verdade, eu pedi, mas isso foi porque eu tinha passado alguns anos obcecado pelos efeitos da incerteza na espera. Quando eu expunha minha sugestão a outras pessoas, a maioria dava de ombros.

[6] Além disso, também temos a sensação de que as transações com cartão de crédito são 15% mais baratas que transações equivalentes em dinheiro.

Veja os painéis de controle nos elevadores. Um dos botões, o de "fechar a porta", é muito interessante, porque em diversos elevadores, senão na maioria, ele é realmente um placebo — não está conectado a nada, em absoluto. Existe apenas como função de alívio para usuários impacientes, dando-lhes alguma coisa para fazer e gerando a ilusão de controle. É, na verdade, uma alternativa civilizada do saco de boxe. Não sei se isso é ruim — é com certeza uma mentira, mas, talvez, uma mentira útil — cuja função é apenas ajudar alguém a se sentir melhor. Como o único objetivo possível de um botão de "fechar a porta" é relaxar indivíduos impacientes, talvez não faça diferença se esse propósito é alcançado por meios mentais ou mecânicos.[7]

O uso de botões placebo é mais comum do que percebemos. Muitas travessias de pedestres têm botões que também não produzem nenhum efeito — as luzes do semáforo mudam de forma programada.[8] Contudo, aqui, a presença do botão é uma mentira um pouco mais benigna: quantas pessoas a menos esperariam pelo sinal de pedestre ficar verde se não houvesse um botão para apertar? E quantas pessoas a mais esperariam pelo sinal verde se houvesse um mostrador digital dos segundos de espera até a abertura do sinal? Em países como Coreia e China, os acidentes em travessias de pedestres foram reduzidos simplesmente com a exibição dos segundos de espera pela luz verde.[9]

Isso ocorre porque o cérebro dos mamíferos tem uma preferência profundamente arraigada por controle e certeza. O melhor investimento já feito pelo metrô de Londres para aumentar a satisfação dos passageiros não foi o dinheiro gasto em trens mais velozes e mais frequentes — foi a instalação de

---

[7] Não estou sugerindo o uso de botões placebo em cabines de comando de aviões — embora em aviões "fly-by-wire" [sistema de controle por cabo] exista algo semelhante, nos quais o computador de bordo interpreta as intenções do piloto, em vez de seguir suas instruções ao pé da letra.

[8] Aplicativos de entrega de pizza geralmente oferecem um relato passo a passo do processo de preparo, cozimento, controle de qualidade, embalagem e transporte da pizza. De tudo isso, quanto é informação em tempo real e quanto é mera simulação, somente para despertar a sensação tranquilizadora de progresso? Sou bastante cético a esse respeito, mas meio que gosto dessa ilusão de progresso. O significado dessas informações é "Relaxe — não nos esquecemos de você".

[9] Na Coreia, até testaram a ideia oposta — de um mostrador digital na luz verde do semáforo para alertar os motoristas os segundos restantes antes de a luz ficar vermelha. Isso, como você concluirá depois de alguns segundos de reflexão, foi realmente uma ideia péssima.

painéis nas plataformas para informar aos viajantes o tempo de espera pela chegada da próxima composição.

Vamos aplicar essa ideia a algo mais impactante. Se sabemos que as pessoas detestam a incerteza e que os homens têm uma relutância estranha em submeter-se a exames médicos, como combinar os dois insights para propor uma solução? E se a razão de os homens odiarem fazer certos exames médicos for o fato de eles, inconscientemente, terem aversão à incerteza que experimentam enquanto esperam os resultados? Eles não podem admitir isso porque não têm consciência — lembra-se das lentes no binóculo quebrado? Tampouco a lógica nos dirá isso, mas podemos testar vendo o que acontece se prometermos: "Caso você se submeta a esse exame, nós lhe enviaremos os resultados em 24 horas". Até hoje, ninguém achou que esse tipo de promessa poderia fazer diferença: ninguém considerou que a incerteza da espera entre fazer o exame e receber o resultado poderia influenciar a disposição do paciente para submeter-se ao exame.

As empresas de cartão de crédito já conhecem isso, com promessas do tipo "Peça agora e seja aprovado em doze horas" — elas descobriram, através de testes, acidentes ou experimentação, que isso fazia diferença na rapidez da resposta das pessoas. Se você executa uma pesquisa de mercado ou adota pressupostos econômicos neoclássicos, não percebe que o tempo passado sob condições de incerteza pode ser um fator relevante.

Um simples experimento mental poderia ser útil aqui. Se houvesse um dispositivo médico em que desse para apertar um botão e obter um resultado imediato, positivo ou negativo, de câncer de próstata, acho que quase todos os homens ficariam interessados na ideia. Em contraste, nossa disposição para marcar o exame, colher sangue e esperar duas semanas pelo resultado é muito baixa.

4.7. Sobre autoplacebo

Como vimos, uma maneira de compreender a parafernália militar de uniformes, cornetas, tambores e condecorações é considerar sua importância como "placebos de coragem". Mas quais são as outras emoções que poderíamos hackear mediante um uso semelhante do "placebo de Humphrey"? Dois logo surgem à mente: a necessidade de inspirar confiança em nós mesmos e a necessidade de inspirar confiança nos outros.

Tenho filhas gêmeas de dezessete anos, e as amo muito, exceto quando chega a hora de sair de casa. Suas rotinas de beleza passam do limite do ridículo: antes de irem para qualquer festa ou encontro, não é incomum que passem uma hora e meia se aprontando, boa parte desse tempo maquiando o rosto e aparando as sobrancelhas. Já acho exasperante demais precisar me barbear todas as manhãs; como elas aguentam todo esse ritual foge completamente à minha capacidade de compreensão. A psicologia evolutiva poderia explicar o comportamento compulsivo de minhas filhas de várias maneiras: talvez estejam tentando aprimorar sua aparência e sua aptidão reprodutiva, sinalizando para o sexo oposto; quem sabe estejam procurando preservar ou reforçar seu status entre seu próprio sexo; como também é possível que estejam sinalizando para si mesmas.

Qualquer que seja a explicação (e elas não são mutuamente excludentes), é certeza que minha prole não está sozinha nesse comportamento. Certa vez, assisti a uma apresentação sobre a indústria de beleza mundial, que incluía roupas, perfumes e cosméticos. Por um momento, fiquei confuso com um gráfico em uma escala de bilhões de dólares, mas que listava as despesas anuais em milhares, antes de constatar que as cifras que estávamos analisando chegavam a *trilhões* de dólares. Ao que parece se gasta mais com beleza feminina do que com educação.

Depois de compreender o placebo, acho que você concordará que grande parte dos 2 trilhões de dólares gastos com produtos de beleza femininos não se destina a atrair o sexo oposto. Parece provável que muito do que as mulheres fazem quando passam duas horas se adornando é recorrer a um placebo de confiança para instigar emoções que não podem ser instiladas por atos de vontade conscientes.[1]

Os homens, é claro, também têm os seus vícios de placebo: dentre eles, a paixão por carros e engenhocas, como já mencionei, financia e acelera o desenvolvimento de produtos úteis. Todavia, o fetiche por vinhos caros me parece totalmente autoplacebo ou busca de status, tendo pouco a ver com prazer legítimo — afinal, seria um vinho ótimo de fato tão mais prazeroso que um vinho bom?[2]

O documentário da Netflix *Sour Grapes* é um olhar fascinante sobre esse universo. Um enófilo indonésio desonesto, embora brilhante, chamado Rudy Kurniawan, conseguiu replicar excelentes borgonhas, misturando vinhos mais baratos, para em seguida falsificar as rolhas e os rótulos. Ele só foi pego quando tentou falsificar safras que não existiam. Disseram-me que é possível detectar um vinho Kurniawan analisando os rótulos, mas não degustando a bebida.

Detesto dizer isso, mas Rudy era um alquimista. Vários experts com quem conversei, no topo da indústria vinícola, veem seu próprio campo de atividade como um mercado placebo; um deles admitiu que não se interessava pelos produtos que vendia e que saía de fininho das degustações sofisticadas de borgonhas, a um custo de milhares de libras a garrafa, para buscar uma cerveja. Outro se descreveu como "o eunuco no prostíbulo" — alguém que era valioso porque era imune aos encantos do produto que promovia.[3]

---

[1] Os homens, em tese, alcançam o mesmo efeito ao ingerirem dois litros de cerveja forte.
[2] Como a L'Oréal, o slogan para o Romanée-Conti, se eles dessem importância para algo tão vulgar, seria "Porque eu mereço".
[3] Nossa atual obsessão por vinho é provavelmente exagerada. Agora parece compulsório para alguém que se supõe *connoisseur* fingir se importar enormemente com pequenos detalhes de *terroir* e clima, o que nem sempre foi o caso. Uma vez perguntaram a Julia Child: "Qual é o seu vinho favorito?", ao que ela respondeu: "Gim".

4.8. O que torna um placebo eficaz?

Uma das regras de Nicholas Humphrey sobre o que faz um placebo eficaz é a necessidade de envolver certo grau de esforço, escassez e despesa. Os remédios populares podem ser placebos eficazes simplesmente porque as plantas necessárias para produzi-los não são, de modo algum, comuns. Se houver uma área que justifica mais pesquisa científica, essa é uma delas. No momento, gastamos bilhões de dólares por ano tentando melhorar medicamentos, mas quase nada, até onde eu sei, tem o intuito de compreender melhor os placebos — eles se parecem demais com a alquimia. Eu gostaria de descobrir por que a saúde dos pacientes internados em hospitais parece melhorar com mais rapidez quando a localização do leito permite que vejam árvores. E que histórias, me pergunto, poderiam os médicos contar aos pacientes para maximizar o poder de um placebo durante uma consulta?

Escrevi boa parte do capítulo anterior sofrendo de uma gripe terrível.[1] Para atenuar os sintomas durante a noite, tomava um xarope conhecido como Night Nurse [Enfermeira Noturna], fármaco com uma gênese fascinante, exemplo típico de produto que não define os parâmetros de sucesso com muita estreiteza, deixando espaço para criatividade. Os cientistas que o conceberam tinham sido brifados para desenvolverem um medicamento eficaz para resfriado e gripe: conseguiram, mas com um efeito colateral problemático — a formulação

---

[1] Espero que não tenha transparecido.

provocava muita sonolência. Desesperados, eles estavam a ponto de começar do zero, quando um alquimista do departamento de marketing veio com uma ideia. "Se posicionarmos o produto como remédio noturno para resfriado e gripe, o efeito de sono deixará de ser problema — passará a ser um argumento de venda. Ele não só minimizará os sintomas de resfriado e gripe, mas também vai ajudar você a dormir, apesar da doença." E assim nasceu Night Nurse; uma aula de mestre na mágica da ressignificação.

Como a minha esposa estaria ausente durante alguns dias, no mês passado, ela leu ansiosamente as instruções na bula do Night Nurse, sabendo muito bem que eu não o faria.[2] "Aqui está dizendo que você não deve, em hipótese alguma, tomar esse remédio durante mais de quatro noites consecutivas", disse ela, nervosa. Pude sentir na hora o efeito placebo com poder redobrado. O fato de que não deveria ser ingerido em grandes quantidades é prova de sua potência.[3] O que me traz novamente ao Red Bull.

---

[2] O mais provável é que eu tomasse duas vezes a dose recomendada "para garantir".

[3] Outra faceta relevante do efeito placebo, acho, é a importância do sabor um pouco esquisito para qualquer produto de consumo que alegue ter poderes medicinais. Os que são aplicados na pele serão mais eficazes se arderem ou picarem. Um amigo me disse que, na produção do vinho tônico Sanatogen, o último ingrediente a ser adicionado era uma substância cujo único propósito era criar um sabor levemente desagradável. Do mesmo modo, a Coca Zero deve ter um gosto ligeiramente mais amargo que a Coca comum, do contrário as pessoas não acreditam se tratar de uma bebida dietética.

4.9. O placebo Red Bull

Red Bull está incluso entre os placebos comerciais mais bem-sucedidos já produzidos — seu poder de hackear o inconsciente é tão grande que ele é sempre estudado por psicólogos e economistas comportamentais em todo o mundo, inclusive o renomado Pierre Chandon, do Insead, uma das mais importantes escolas de negócios da Europa. Tão potentes são as associações da bebida que a mera presença do logotipo parece levar a uma mudança de comportamento. Contudo, nenhuma economia centralizada jamais teria produzido o Red Bull, tampouco uma grande multinacional burocrática — foi preciso um empreendedor.

A explicação mais plausível para o sucesso incrível do Red Bull é uma espécie de efeito placebo. Afinal, ele tem muitos dos atributos de um ótimo placebo: é caro, tem gosto esquisito e vem em "dose limitada". Em seu primeiro momento, o Red Bull também se beneficiava de rumores insistentes de que seu ingrediente ativo — taurina — estava em vias de ser proibido. Além do preço e do sabor, a latinha é extremamente potente. Seria de se esperar que uma nova bebida não alcoólica seria distribuída em uma embalagem do tamanho da lata da Coca-Cola. É possível que a lata minúscula do Red Bull nos sugira a inferência inconsciente: "Isso deve ser forte de verdade: precisa ser vendido em uma lata pequena porque com os 350 ml da lata comum você provavelmente ficaria louquinho".

Um artigo de 2017, de Veronique Greenwood, na revista *The Atlantic*, sugeriu que o comportamento arriscado que se associa a bebidas contendo cafeína e álcool pode ser provocado menos pela bebida em si e mais pela nossa percepção de perigo.[1] Greenwood explicou que, em 2010, a venda dessas bebidas tinha sido proibida pela FDA, agência reguladora norte-americana, por causa da preocupação de que a cafeína mascarasse os efeitos do álcool. Essa teoria pareceu ser confirmada por um estudo de 2013, segundo o qual a probabilidade de as pessoas que ingeriam essas bebidas sofrerem acidentes de carro ou violências sexuais associadas ao álcool era o dobro das que bebiam álcool sem cafeína.

Um estudo mais recente apresentado pela própria Greenwood sugere que esse efeito pode ser mais psicológico do que químico. Pesquisadores do Insead e da Universidade de Michigan perguntaram a 154 jovens parisienses se eles achavam que as bebidas energéticas intensificavam os efeitos do álcool. Cada um deles tomou o mesmo coquetel de vodca, suco e Red Bull, mas as misturas foram rotuladas como "coquetel de vodca", "coquetel de suco" ou "coquetel de vodca e Red Bull".

Todos os homens foram, então, incumbidos de executar três tarefas. Primeiro, participaram de um jogo de aposta em que recebiam dinheiro sempre que inflassem um pouco mais um balão, com o risco de perderem tudo se o balão estourasse. A tarefa seguinte era olhar fotos de mulheres e dizer se achavam que conseguiriam seus contatos se as abordassem em um bar. Finalmente, preenchiam uma pesquisa descrevendo o quanto sentiam que estavam embriagados e quanto tempo deveriam esperar antes de dirigir. Os resultados mostraram uma tendência nítida: embora todos tivessem ingerido a mesma mistura alcoólica, os que tomaram "coquetel de vodca e Red Bull" disseram sentir-se mais bêbados, assumiram mais riscos que os outros e se mostraram mais confiantes ao abordar mulheres. Além disso, o efeito pareceu mais forte em homens que acreditavam que a mistura de bebidas energéticas e álcool fazia com que corressem mais riscos e tivessem a inibição reduzida, sugerindo que a alteração do comportamento não é provocada pela bebida em si, mas pela *crença* em seus efeitos. Um ponto em que todos se mostraram mais avessos ao risco era dirigir depois de beber — novamente, uma atitude baseada no efeito percebido, não no efeito real da bebida.

De acordo com Pierre Chandon, a marca Red Bull, através de slogans como "Red Bull te dá asas" ou da promoção de competições esportivas radicais, pode

---

[1] Veronique Greenwood, "The Vodka-Red-Bull Placebo Effect". *The Atlantic*, 8 jun. 2017.

determinar não apenas se as pessoas compram o produto, mas também como elas respondem à inclusão do nome da marca em um coquetel e a maneira como elas interpretam seus efeitos. Haveria aqui lições a serem aprendidas pelas empresas farmacêuticas? Por exemplo, em vez de apenas embalar os medicamentos em recipientes com tampa à prova de crianças, deveriam elas insistir em que fossem mantidas em contêineres com abertura por PIN? Afinal, mesmo que o conteúdo não seja especialmente tóxico ou potente, nossa voz interna deduz que é — lembre-se de que o córtex pré-frontal nunca participa dessa decisão, e que apenas a voz é que determina a eficácia do placebo.

Às cinco indústrias gigantes que vendem substâncias que alteram o comportamento — álcool, café, chá, fumo e entretenimento — deveríamos acrescentar a indústria do placebo? Afinal, não é apenas a compra de cosméticos que pode ser justificada dessa maneira — eu diria que uma parcela considerável do consumismo almeja o mesmo efeito. De fato, grande parte das despesas com artigos de luxo só pode ser explicada assim — ou as pessoas querem impressionar umas às outras ou procuram impressionar a si próprias.[2] Seria quase tudo substâncias que alteram o humor?

---

[2] Você não precisa acreditar no que digo — sou apenas um publicitário. Mas se você ler livros como *The Mating Mind* (Nova York: Anchor, 2000) ou *Spent* (Nova York: Viking, 2009) de Geoffrey Miller, ou *The Darwin Economy* (Princeton: Princeton University Press, 2011) ou *Luxury Fever* (Princeton: Princeton University Press, 2000) de Robert H. Frank (ambos os autores são renomados psicólogos evolutivos), você verá que os dois chegam mais ou menos às mesmas conclusões. Gad Saad é outro excelente comentarista desse fenômeno, sobretudo em *The Consuming Instinct* (Nova York: Prometheus, 2011).

4.10. Por que muitas vezes o hackeamento envolve coisas que não fazem muito sentido

Assim, sinalizar para nós mesmos ou para os outros — seja para melhorar a saúde (reforçando o sistema imunológico), para aplicar maquiagem (aumentando a confiança) ou para comprar artigos de luxo (melhorando o status social) — sempre parece acarretar comportamentos que não fazem sentido, quando vistos por uma perspectiva lógica. Contudo, esses efeitos colaterais, em vez de serem mera coincidência ou subproduto negativo, podem ser uma necessidade.

Para que alguma coisa seja eficaz, como automedicação, é preciso envolver pitadas de ilogicidade, desperdício, mal-estar, esforço ou oneração. Coisas que envolvem certo grau de sacrifício parecem gerar um efeito ampliado no inconsciente, exatamente porque não fazem sentido lógico. Afinal, ingerir alimentos nutritivos e saborosos dificilmente sinaliza alguma coisa para o sistema imunológico, pois não parece ser nada fora do comum; beber algo asqueroso, por outro lado, envolve mais significado, por se tratar de algo que é feito apenas em circunstâncias inusitadas.

Pense no que você já leu. Nosso corpo é calibrado não para sentir o gosto da água pura, visto que é importante em termos evolutivos que identifiquemos qualquer desvio do sabor normal. As qualidades que percebemos, e as coisas que nos afetam mais, são aquelas que não fazem sentido — em algum nível, talvez seja necessário afastar-se da racionalidade convencional e fazer algo que pareça ser ilógico para atrair a atenção do subconsciente e *criar significado*. Catedrais são uma maneira muito elaborada de ajudar você a sair da chuva. Ópera é uma maneira pouco eficaz de contar uma história. A polidez é na verdade um modo de interação que envolve certa quantidade de esforço desnecessário. E a publicidade é uma forma extremamente dispendiosa de transmitir que você é confiável.

Minha argumentação é que os placebos precisam ser um tanto absurdos para funcionar.[1] Todos os três elementos que parecem transformar o Red Bull em manipulação mental tão poderosa[2] não fazem sentido de um ponto de vista lógico. As pessoas querem bebidas baratas, fartas e saborosas, certo? E, no entanto, o sucesso do Red Bull demonstra que não. Algumas coisas sobre essas três ilogicidades podem muito bem ser essenciais para o seu apelo inconsciente ou para a sua potência como placebo. Para que acreditemos inconscientemente que uma bebida tem poderes medicinais ou psicotrópicos, talvez ela não possa ter um gosto bom, de uma perspectiva convencional. Imagine um médico dizendo: "Tenho umas pílulas aqui para tratar o seu câncer extremamente agressivo — tome quantas você quiser. Agora, você prefere as de sabor morango ou groselha?". De alguma maneira, essa última pergunta não soa bem.

Se você considerar os comportamentos para hackear o inconsciente, todos parecem ter algum aspecto esbanjador, desagradável ou simplesmente tolo. Os cosméticos são absurdamente dispendiosos e trabalhosos. O álcool, quando se para e pensa com imparcialidade, não é *realmente* muito saboroso; em um dia realmente quente, quando você está morrendo de calor, o que você prefere, seja honesto — uma taça de Château d'Yquem ou uma raspadinha de framboesa? Tratamentos de placebo como homeopatia envolvem muitos rituais e nonsense. Gosto de remédio é horrível.

A certa altura, temos de fazer uma pergunta essencial: será que essas várias coisas funcionam apesar de serem ilógicas ou por acaso elas funcionam exatamente *por serem* ilógicas? Se nossos instintos inconscientes tiverem sido programados para responder a comportamentos e para suscitar comportamentos, exatamente porque esses comportamentos se desviam da otimização econômica, qual poderia ser a razão evolutiva disso? Parece algo mais ou menos parecido com o que se ensina a estudantes de jornalismo: "Cão morde

---

[1] Em outros termos, se Richard Dawkins acha que é boa ideia, não é bom placebo.
[2] Alto preço, recipiente pequeno, gosto horrível.

homem" não é notícia, mas "Homem morde cão" é. O significado é em grande parte transmitido por coisas inesperadas ou ilógicas, ao passo que coisas estritamente lógicas não transmitem absolutamente nenhuma informação. E assim se completa o círculo, para a explicação da sinalização custosa.

Parte 5

Satisficiência

5.1. Por que é melhor estar levemente certo do que exatamente errado

O sistema moderno educacional passa a maior parte do tempo nos ensinando a tomar decisões sob condições de certeza absoluta. Entretanto, assim que deixamos a escola ou a universidade, a vasta maioria dos processos decisórios com que nos deparamos não são, de modo algum, dessa espécie. Grande parte das decisões da vida real carecem de alguma coisa — um fato essencial ou uma estatística básica indisponível, ou desconhecida, na hora da tomada de decisão. Os tipos de inteligência valorizados pela educação e pela evolução parecem bastante diferentes entre si. Além do mais, as habilidades que tendemos a valorizar em muitos ambientes acadêmicos são exatamente da espécie mais fácil de automatizar. Lembre-se, o seu GPS, como ferramenta de computação, é muito mais capaz do que você.

Eis uma questão típica de matemática escolar:

Dois ônibus deixam a mesma estação ao meio-dia. Um viaja para o oeste, à velocidade constante de cinquenta quilômetros por hora, enquanto o outro viaja para o norte, à velocidade constante de 65 quilômetros por hora. Em que horário estarão os ônibus a 160 quilômetros um do outro?[1]

---

[1] A resposta para essa questão no mundo da matemática teórica é duas horas. Contudo, na realidade, um dos ônibus se atrasou por causa de um pneu furado e o outro ficou preso no trânsito.

Eis um problema típico da vida real:

Preciso pegar um avião que sai de Gatwick às oito horas. Devo ir para lá de trem, de táxi ou de carro? E a que horas preciso sair de casa?

O engraçado sobre a mente humana é que muita gente acharia difícil a primeira pergunta e fácil a segunda; no entanto, a segunda é muito mais complexa em termos computacionais. Isso diz muito mais sobre a evolução do cérebro humano que a dificuldade do problema. A razão é que a primeira pergunta é feita sob medida para computação, sendo o que seria possível chamar de problema de "contexto estreito". Ela vive dentro de um mundo artificialmente simplificado e regularizado (onde os ônibus viajam de forma miraculosa a velocidade constante), envolve muito poucas variáveis (todas exprimíveis numericamente e sem ambiguidades), e tem uma única resposta correta.

A pergunta de como chegar a Gatwick é o que você poderia chamar de problema de "contexto amplo". Permite vagueza ou imprecisão, aceita várias respostas certas, e não exige adesão absoluta a regras exatas. Como não há fórmula para a solução, admite escopo para todos os tipos possíveis de respostas meio certas ou tendenciosas e pode considerar todas as espécies de informação ao formular a resposta.

Esses são problemas cuja solução nós somos instintivamente mais bem preparados para encontrar do que os computadores. Se eu sondar meu inconsciente e descobrir algumas das variáveis atuando no meu cérebro na próxima vez em que tiver de ir para o aeroporto, elas talvez incluam "Está chovendo?", "Quanta bagagem estou levando?", "Durante quanto tempo ficarei ausente?", "Qual é a duração *média* de percurso dos tipos de trem que posso escolher"?, "Qual é a *variância* da duração do percurso de cada um desses trens?",[2] e "Meu voo sai do terminal Norte ou do terminal Sul?".

Se você pensar em como chegar a Gatwick na condição de um problema estreito, a exemplo do seu GPS — uma questão simples de chegar ao aeroporto o mais rápido possível — alguns desses fatores podem parecer irrelevantes, mas todos são importantes na vida real. As condições do tempo afetam o trânsito. Ficar fora duas semanas, em vez de uma noite, afeta o preço do estacionamento, e, portanto, o custo relativo de ir de trem, de carro ou de táxi, e também a quantidade de bagagem. A variância do tempo de percurso influencia o risco

---

[2] A questão de "segunda ordem" que tende a ser ignorada em modelos de otimização simples.

inerente a cada tipo de trem. E a quantidade de bagagem torna o trem uma opção menos atraente, sobretudo se você estiver partindo do Terminal Norte, que é muito mais distante da estação ferroviária.

É interessante que achemos tão fácil resolver problemas complexos como esse — sugere que nosso cérebro evoluiu para solucionar questões de "contexto amplo", porque a maioria dos problemas que enfrentamos à medida que evoluíamos era desse tipo. Tomadas de decisões nebulosas "bastante boas" simplesmente se mostraram mais úteis do que a lógica precisa. Agora, aceito que a necessidade de resolver problemas de "contexto estreito" é muito maior hoje do que era milhões de anos atrás, e não há como negar a contribuição das abordagens racionais na nossa vida — em campos como engenharia, física e química. Mas eu também argumentaria que nosso ambiente não mudou tanto assim: a maioria dos grandes problemas humanos e uma parcela considerável das decisões de negócios ainda são questões de "contexto amplo".

Os problemas ocorrem quando as pessoas tentam resolver problemas "amplos" usando raciocínio "estreito". Keynes certa vez disse "é melhor estar levemente certo do que exatamente errado", e a evolução parece estar desse lado. O risco do uso crescente de poder de computação barato é o de nos induzir a considerar a parte simples, exprimível em linguagem matemática, de uma questão complexa, solucioná-la com alto grau de exatidão matemática, e acreditar que tudo está resolvido. Assim, meu GPS é excelente para responder uma pergunta estreita como "Quanto tempo vou levar dirigindo até Gatwick?", mas as questões mais amplas do tipo "Como devo ir para lá e quando preciso sair?" ficam no ar. O GPS forneceu uma resposta genial para a questão errada. Da mesma maneira, as empresas podem, por exemplo, otimizar seus gastos com marketing digital, atingindo alto grau de exatidão, mas isso não significa necessariamente que elas responderam a questões de marketing mais amplas, como "Por que as pessoas deveriam confiar em mim o suficiente para comprar o que estou vendendo?".

"Fetichizamos" respostas numéricas exatas porque elas nos fazem parecer científicos — e ansiamos pela ilusão de certeza. A verdadeira genialidade dos humanos, porém, consiste em estar *vagamente* certo — a razão de não seguirmos os pressupostos dos economistas sobre comportamento racional nem sempre é idiotice. Pode ser porque parte de nosso cérebro evoluiu para ignorar o mapa, ou para substituir a questão inicial por outra — não tanto para encontrar a resposta certa quanto para evitar uma resposta desastrosamente errada.

A pergunta inconsciente não é a que devemos formular, nem aquela que pode ser ignorada quando tentamos construir regras racionais para a tomada de decisões. Considere o caso de uma agência de publicidade fazendo uma apresentação para clientes potenciais. É comum que os clientes, durante esse momento, recebam uma "matriz de avaliação" ou um "scorecard", para garantir que o processo seja transparente e objetivo. A intenção é que a apresentação de cada agência se baseie em critérios como qualidade da estratégia, criatividade do trabalho, encaixe cultural, conhecimento da área e competitividade do custo. A ideia é que esses fatores sejam pontuados independentemente para então serem totalizados e a agência vencedora ser determinada; mas, quando questionados, os participantes do processo muitas vezes admitem que primeiro escolheram a agência e só depois preencheram a papelada para justificar a decisão. Pode ser que, em situações como essa, as pessoas simplesmente substituam as questões que receberam por outras totalmente diferentes, que adotam como critério. Essa prática de responder a uma questão substituta mais fácil é o que acarreta muitos comportamentos humanos "irracionais". Pode não ser exatamente racional e pode nem mesmo ser uma atitude consciente, mas isso não quer dizer que não seja inteligente.

Nunca tache um comportamento como irracional até realmente saber o que a pessoa está tentando fazer. Alguns anos depois de sair da universidade, morei em Londres com um grupo de amigos e juntamos dinheiro para comprar, cada um, nosso primeiro carro usado. Todos fizemos exatamente as mesmas coisas sem saber por quê — voltamos à pequena cidade onde havíamos crescido e compramos um carro de um conhecido qualquer de nossos pais, fosse apenas um colega, amigo ou parente. Para um observador de fora, esse comportamento pareceria estranho, sobretudo porque carros usados nas províncias são um pouco mais caros que em Londres. Mas a pergunta que fazíamos inconscientemente não era "Que carro devo comprar, e onde?", mas "Quem eu posso encontrar que seja confiável o bastante para me vender um carro realmente barato?". Não estávamos tentando adquirir o melhor carro do mundo — estávamos querendo evitar o risco de comprar um carro horrível.

A pergunta que estávamos formulando, "Quem eu posso encontrar que não vai me passar a perna?", era sensata: a única coisa que não pode ocorrer quando você está com pouca grana é ser vítima de um trapaceiro; por isso era preciso alguém com a reputação na reta. Essa questão substituta — "Em quem confio para me vender X?" — parece bastante condizente com a compra de bons produtos. Encontre uma pessoa que preza pela própria reputação, peça-lhe conselho e compre dela.[3]

Assim como as abelhas com as flores, somos atraídos por sinais confiáveis de honestidade, e preferimos fazer negócios quando encontramos bons indícios. Isso explica por que geralmente compramos televisores em lojas, não de estranhos na rua — a loja investiu em estoque, não vai mudar de lugar, e é vulnerável a danos na reputação. Agimos assim por instinto; o que estamos dispostos a pagar por alguma coisa é influenciado não só pelo item em si, mas também pela fidedignidade e pela reputação da pessoa que está vendendo.

Tente este experimento mental simples. Imagine que você tenha ido à casa de alguém para ver um carro usado. Você avalia a condição do carro, que está parado na rua, e estima que ele vale 4 mil libras, e então aperta a campainha, disposto a oferecer essa quantia. No cenário A, a porta é aberta por um pároco.[4] No cenário B, a porta é aberta por um homem de cueca. O carro continua o mesmo, mas a procedência dele mudou. O pároco provavelmente é alguém que investiu muito em sua reputação de probidade, enquanto o homem de cueca claramente não tem vergonha de nada. Você poderia dizer, com toda a honestidade, que a quantia que está disposto a pagar não aumentaria no primeiro caso e diminuiria no segundo?

Parece bobagem considerar esse comportamento irracional, quando ele é, na verdade, bastante inteligente. Minha falecida mãe não sabia absolutamente nada sobre carros, mas era uma ótima observadora de pessoas.[5] Teria sido interessante incumbi-la de comprar dez carros, baseada em seus instintos sobre quem os está vendendo, e, ao mesmo tempo, pedir a dez engenheiros automotivos para adquirir dez carros em um leilão. Não tenho dúvidas de que os carros comprados por minha mãe teriam sido tão confiáveis quanto os carros escolhidos pelos engenheiros, e talvez mais.

---

[3] Essa é outra razão por que muitos modelos teóricos de cooperação, como o dilema do prisioneiro, são tão tolos. No mundo real, podemos escolher com quem fazemos negócios. Compraria você, feliz da vida, um carro de um malandro que encontrou num beco? É óbvio que não.
[4] Você não precisa acreditar em Deus; aliás, basta achar que o vigário acredita.
[5] Certamente o talento dela de identificar um estelionatário excedia em muito a capacidade dela de identificar um carro preparado.

5.2. (Não consigo nenhuma) Satisficiência[1]

Na década de 1950, o economista e cientista político Herbert Simon cunhou o termo "satisficiência", combinação das palavras "satisfação" e "suficiência". Ela, em geral, é usada em contraste com "maximização", que é uma abordagem à solução de problemas em que você obtém, ou pretende obter, uma única resposta certa ótima para determinada questão.

Como esclarecido pela Wikipédia,[2]

Simon usou o termo "satisficiência" para explicar o comportamento de tomadores de decisão sob circunstâncias em que não se pode alcançar uma solução ótima. Ele sustentou que muitos problemas naturais se caracterizam por intratabilidade computacional ou por falta de informação, atributos que impedem o uso de procedimentos de otimização matemática. Portanto, como ele observou em seu discurso, ao receber o prêmio Nobel de 1978, "os tomadores de decisão podem obter resultados satisficientes, seja descobrindo soluções ótimas para um mundo simplificado, seja encontrando soluções satisfatórias para um mundo mais realista. Nenhuma das duas abordagens, em geral, domina a outra, e ambas continuam a coexistir no mundo da ciência da gestão".

---

[1] O título faz referência à música "Satisfaction", dos Rolling Stones. (N. T.)
[2] Eu sei que é suicídio profissional falar da Wikipédia, mas me parece estranhamente adequado em um capítulo sobre satisficiência. A Wikipédia não é perfeita, mas é muito, muito boa.

Desde então, posso assegurar, o equilíbrio mudou. A primeira abordagem — criar um modelo simplificado do mundo e adotar uma abordagem lógica — está na iminência de sobrepujar a outra abordagem mais sutil, às vezes com consequências potencialmente perigosas: a crise financeira de 2008 surgiu depois que as pessoas passaram a atribuir fidedignidade inquestionável a modelos matemáticos organizados de uma realidade artificialmente simples.

O big data traz consigo a promessa de certeza, mas, na verdade, geralmente fornece enorme quantidade de informações sobre um campo de conhecimento estreito. Os supermercados podem conhecer todo e qualquer item que os clientes compram deles, mas não sabem o que essas pessoas estão comprando em outros lugares. E, talvez mais importante, não sabem *por que* essas pessoas estão comprando essas coisas deles.

Uma empresa que esteja buscando apenas o lucro, sem considerar o impacto desse anseio pelo lucro sobre a satisfação, a confiança ou a lealdade dos clientes, pode se sair muito bem no curto prazo, mas seu futuro a longo prazo não é nada garantido.[3] Para fazer uso de um exemplo trivial, se todos comprarmos carros considerando apenas a capacidade de aceleração e a economia de combustível como critérios, provavelmente não teremos problemas nos primeiros anos, mas, com o passar do tempo, os fabricantes vão explorar essa preferência, produzindo veículos feios, inseguros, desconfortáveis e pouco confiáveis, mas que apresentam desempenho fabuloso nessas duas dimensões quantificadas.

Há um paralelo no comportamento das abelhas, que não extraem o máximo do sistema que desenvolveram para coletar néctar e pólen. Embora tenham uma maneira eficiente de comunicar-se sobre a localização das fontes de alimento confiáveis, a dança esvoaçante, boa parte da colmeia parece ignorá-la por completo e voeja ao acaso. No curto prazo, a colmeia ficaria em melhor situação se todas as abelhas participassem com toda força da dança esvoaçante, e durante algum tempo esse comportamento aleatório deixou os cientistas perplexos, especulando o motivo de 20 milhões de anos de evolução das abelhas não ter imposto um nível mais elevado de conformidade comportamental. No entanto, o que eles descobriram foi fascinante; sem essas abelhas rebeldes, a colmeia ficaria presa no que os teóricos da complexidade denominam "máximo

---

[3] A baixa expectativa de vida das companhias abertas modernas, em consequência, é bastante preocupante.

local"; ela seria tão eficiente em coletar alimentos de fontes conhecidas que, quando elas secassem, as abelhas não saberiam aonde ir em seguida, e a colmeia morreria de inanição. Portanto, as abelhas rebeldes exercem, de certo modo, a função de pesquisa e desenvolvimento da colmeia, e a ineficiência delas é muito valiosa no momento em que elas descobrem uma nova fonte de alimentos. Exatamente por não se concentrarem de modo exclusivo na eficiência a curto prazo é que as abelhas sobrevivem há tantos milhões de anos.

Ao otimizar algo em uma direção, é possível que você esteja criando uma deficiência em algum outro lugar. Curiosamente, essa mesma abordagem está sendo agora considerada no tratamento de câncer. Recentemente, conversei com alguém que trabalha no front das terapias de câncer. As células de câncer mudam, e, portanto, evoluem, com muita rapidez. Tentar matá-las com um único veneno tende a criar novas mutações, que as tornam altamente resistentes. A solução que está sendo desenvolvida consiste em atacar as células cancerígenas com um produto químico que as leve a desenvolver imunidade a ele, à custa da imunidade a outras coisas; em seguida, você as atinge com outro produto químico, com o objetivo de atacar o calcanhar de Aquiles que foi desenvolvido, destruindo-os no segundo ataque, em vez de no primeiro. Há uma lição a ser extraída disso.[4]

Em qualquer sistema complexo, o excesso de ênfase na importância de algumas métricas acarretará o desenvolvimento de ineficiências em outras métricas negligenciadas. Prefiro o segundo tipo de satisficiência de Simon; com certeza é melhor encontrar soluções satisfatórias para um mundo realista do que forjar soluções perfeitas para um mundo irrealista. É fácil demais, contudo, retratar a satisficiência como "irracional". Mas só o fato de ser irracional não significa que não esteja certo.

---

[4] Questão de prova: o movimento dos acionistas de valor está acabando com o capitalismo?

5.3. Compramos marcas satisficientes

Joel Raphaelson e a esposa Marikay trabalhavam como redatores para David Ogilvy, na década de 1960. Recentemente, jantamos na Gibson's Steakhouse, do Doubletree Hotel, perto do Aeroporto de O'Hare, em Chicago,[1] e conversamos sobre a teoria cinquentenária de Joel sobre preferência por marcas. A ideia, para resumir, é a seguinte: "As pessoas não escolhem a Marca A em vez da Marca B porque acham que a Marca A é melhor, mas sim porque têm mais certeza de que ela é boa".[2] Esse insight é fundamental, mas igualmente importante é o reconhecimento de que não o fazemos conscientemente. Quando tomamos uma decisão, assumimos que devemos estar ponderando e pontuando vários atributos, mas pensamos assim só porque supomos que esse é o tipo de cálculo que é compreendido pelo cérebro consciente. Embora seja compatível com a hipótese argumentativa para acreditar que alguma coisa é "a melhor", nosso comportamento real mostra relativamente poucos indícios de que operamos dessa maneira.

Alguém que escolha a Marca A em relação à Marca B diria que achou "melhor" a Marca A, mesmo que na verdade estivesse pensando em algo muito

---

[1] É uma heurística útil evitar hotéis de aeroporto, na medida em que eles têm certo mercado cativo. No entanto, toda heurística tem exceções, e o casal, como é típico deles, escolheu o que talvez seja o único restaurante excelente em hotel de aeroporto. Foi magnífico.
[2] Essa discussão era semelhante — e quase contemporânea — ao trabalho de Daniel Ellsberg na formulação do Paradoxo de Ellsberg.

diferente. É possível que, no inconsciente, tivesse concluído que prefere a Marca A porque as chances de ela ser incrivelmente ruim são de apenas 1%, enquanto o risco de a Marca B ser péssima talvez seja de 2,8%. Essa distinção é muito relevante, e é confirmada em diversos campos da ciência da decisão. Estamos dispostos a pagar um adicional extremamente elevado se isso significa eliminar um pequeno grau de incerteza — isso é de muita importância por finalmente explicar o preço mais alto que os consumidores pagam por determinadas marcas. Embora o nome da marca quase nunca seja garantia confiável de que o produto é o melhor que se pode comprar, ele é geralmente indicador fidedigno de que o produto não é horrível. Como já mencionado, alguém que já investiu alto na própria reputação tem muito mais a perder com uma fraude do que alguém desconhecido; portanto, como garantia contra porcarias, a marca é eficaz. Isso é basicamente uma heurística — uma regra prática. Quanto mais alto for o capital de reputação que o vendedor está sujeito a perder, mais confiante fico quanto ao seu controle de qualidade. Quando as pessoas zombam a preferência por uma marca com a frase "Você está pagando só pela grife", faz todo sentido responder "Sim, e qual o problema?".

Imagine que você esteja olhando para dois televisores. Ambos parecem iguais no tamanho, na qualidade da imagem e na funcionalidade. Um é fabricado pela Samsung, enquanto o outro é fabricado por uma marca completamente desconhecida — vamos chamá-la de Wangwei — e custa duzentas libras a menos. O ideal é que você compre o melhor televisor possível, mas não levar um televisor horrível é mais importante. Por causa do segundo atributo, não pelo primeiro, é que a Samsung ganha suas duzentas libras, e nesse caso você está absolutamente certo ao pagar pelo nome.

Em comparação com uma marca conhecida, a Wangwei tem muito pouco a perder se vender um televisor ruim. Eles não podem impor um preço mais alto por força do nome, e, assim, o nome da marca não vale nada. Se um erro de fabricação os levar a produzir 20 mil televisores defeituosos, a melhor estratégia seria descarregá-los em cima de compradores ingênuos. Entretanto, tivesse a Samsung produzido 20 mil aparelhos abaixo do padrão, ela enfrentaria um dilema muito maior: o dano na reputação resultante da venda de televisores problemáticos transbordaria para o mercado e prejudicaria as vendas de todos os produtos que levassem o nome Samsung, o que lhes custaria muito mais do que ganhariam com as vendas. A Samsung ficaria com duas escolhas: destruir os televisores ou vendê-los para outra empresa menos comprometida com a reputação. Poderia até vendê-los para a Wangwei; jamais, porém, com o seu nome associado. Então, o que há de errado em pagar pelo nome?

A razão básica de termos evoluído para ficarmos satisficientes à nossa maneira específica é estarmos decidindo em um mundo de incerteza, e as regras para tomar decisões nessas circunstâncias são totalmente diferentes das que se aplicavam quando tínhamos informações completas e perfeitas. Se você precisa calcular a hipotenusa de um triângulo e você sabe qual é um dos ângulos interiores e o cumprimento dos dois outros lados, você pode ter certeza absoluta quanto ao resultado, e muitos problemas de matemática, engenharia, física e química são capazes de alcançar esse nível de certeza. Essas condições, porém, não são adequadas para a maioria das decisões que precisamos tomar. Questões como com quem se casar, onde morar, onde trabalhar, comprar um Toyota ou um Jaguar, ou que roupa usar em uma conferência não se sujeitam a nenhuma solução matemática. Há muitas incógnitas e variáveis, várias das quais não quantificáveis nem mensuráveis. Outro bom exemplo de decisão subjetiva é escolher entre um carro econômico e um carro de alto desempenho. Em geral, há um trade-off entre esses dois atributos. Você sacrifica economia por desempenho ou desempenho por economia?[3]

Suponha que você esteja vivendo na selva. Você vê algumas cerejas extremamente atraentes no alto de uma árvore, mas sabe que, por mais deliciosas e nutritivas que sejam, há um pequeno risco de que, na tentativa de colhê-las, você sofra uma queda e morra. Digamos que o risco seja de um em mil, ou 0,1%. Um modelo matemático puro sugeriria que esse risco reduz a utilidade das cerejas em apenas um décimo de 1%,[4] mas esse seria um modelo sem nexo para usar na vida real — se nos expuséssemos rotineiramente a riscos desse tipo, estaríamos mortos dentro de um ano. Você só correria esse risco se estivesse com *muita* fome — e também apenas se houvesse um alto risco de morrer de fome se *não* comesse as cerejas, e aí nesse caso subir na árvore poderia fazer

---

[3] Sua decisão também dependerá muito de já ter um carro. Suponho ser justo afirmar que poucas pessoas têm um Bugatti Veyron para o dia a dia. Cerca de 80% dos proprietários de Rolls-Royce também têm um Mercedes. Você se lembra da história sobre recrutar pessoas em grupos? Quanto mais carros você possuir, maior será a variedade da escolha. Quem tem três Corvettes realmente deveria comprar um pequeno carro elétrico.

[4] O valor líquido das cerejas, menos a baixa probabilidade de você não estar vivo para comê-las.

algum sentido. No entanto, se você não estivesse desnutrido e soubesse que havia alimentos bastante nutritivos, mesmo que menos saborosos, em outro lugar acessível, envolvendo menos riscos fatais, você se afastaria e procuraria uma fonte de nutrição mais segura.[5] Lembre-se, decidir sob condições de incerteza é como ir até o Aeroporto de Gatwick: é preciso considerar duas coisas — não só o desfecho provável, mas também o pior cenário. Não é bom julgar as situações com base na hipótese mais provável, sem considerar o nível de variância possível.

Evidências de que mecanismos mentais semelhantes também se aplicam às decisões de compra podem ser encontradas nos dados sobre o eBay. Em um mundo lógico simplista, um vendedor com taxa de aprovação de 95%[6] seria capaz de vender produtos com grande sucesso se eles fossem 10% mais baratos que os oferecidos por outro vendedor com taxa de aprovação de 100%. Contudo, uma análise rápida sobre os dados indica que não é bem assim. Vendedores com taxas de aprovação abaixo de 97% mal conseguem vender produtos equivalentes pela *metade* do preço de vendedores com histórico de 100% de satisfação.

Logicamente, você poderia achar que devemos aceitar um risco de 5% de não receber um produto em troca de uma redução de 15% no custo, mas a realidade comprovada por essas estatísticas é que não aceitamos uma situação dessas: quando a probabilidade vai além de certo patamar, parece que nos recusamos a aceitar o risco a qualquer preço. Se a Amazon tentasse operar em um país onde 10% de todos os produtos despachados fossem roubados ou se extraviassem, praticamente nenhum desconto seria alto o suficiente para que eles vendessem qualquer coisa que fosse.

Esse exemplo mostra que, quando tomamos decisões, consideramos não só o resultado mais provável — também procuramos minimizar a variância

---

[5] O enredo de quase todas as obras literárias de sucesso e de todos os filmes interessantes — seja uma comédia romântica, seja um filme de ação — envolve momentos excepcionais, com alta dose de adrenalina, quando os personagens são forçados a assumirem grandes riscos. Para criar esses momentos na era da tecnologia, Hollywood é forçada a recorrer a soluções um tanto banais — por exemplo, um dos atores levanta um celular e exclama "Droga, sem sinal". Isso é para evitar que o público perca a paciência, resmungando "Ah, por favor! Por que você não liga para a polícia?".

[6] Muito baixo, pelos padrões do eBay.

possível, o que faz sentido em um contexto incerto. De certa maneira, isso explica por que o McDonald's é ainda o restaurante mais popular do mundo. A qualidade pode ser baixa, em comparação com a de restaurantes com estrelas Michelin, mas o nível de variância também é baixo — sabemos exatamente o que vamos receber, e sempre o recebemos. Ninguém diria que o lanche do McDonald's faz parte das melhores experiências gastronômicas da vida, mas você nunca fica decepcionado, você nunca é explorado e você nunca passa mal. Um restaurante com três estrelas Michelin pode proporcionar uma experiência que você lembrará pelo resto da vida, mas o risco de desapontamento, e até de doença, é também muito mais alto.[7]

Em um mundo de informação perfeita e poder de computação infinito, seria levemente subótimo usar essas heurísticas, ou regras práticas, para tomar decisões, mas no mundo real, onde a confiabilidade dos dados, a disponibilidade de tempo e o poder de computação tendem a ser limitados, a abordagem heurística é melhor que qualquer alternativa.

Por exemplo, um jogador de críquete, ao pegar uma bola alta, não calcula sua trajetória aplicando equações quadráticas, mas sim usando uma regra prática, conhecida como heurística "ângulo do olhar", mirando a bola lá em cima e acompanhando-a visualmente de maneira que o ângulo ascendente do olhar se mantenha constante. Dessa maneira, embora ele possa pagar o preço de mover-se para os lados, em vez de em linha reta, ele se posiciona no ponto do chão onde a bola tende a cair. Existem vários motivos para usar heurísticas desse tipo. Obviamente, um jogador de defesa não tem tempo de executar cálculos matemáticos, mesmo que estivesse com uma calculadora, e, além disso, ainda que contasse com tempo e poder de computação suficientes, ele simplesmente continuaria carecendo de dados, se ignorasse a velocidade da bola ou o ângulo de lançamento para calcular a sua trajetória com algum nível de exatidão. E grandes chances do batedor que lança a bola também não saber.[8]

---

[7] Em 2011, um dos melhores restaurantes da Grã-Bretanha, com três estrelas Michelin, sofreu o pior surto de norovírus já experimentado por um único estabelecimento. O mais estranho é que isso não ameaçou sua classificação. Presumivelmente, desde que os molhos e as iguarias sejam todas impecáveis, os inspetores Michelin não consideram que três dias de evacuação das entranhas chegue a comprometer a degustação.

[8] E, mesmo que soubesse, não lhe diria.

5.4. Ele não é burro, ele está sendo satisficiente

Em 15 de janeiro de 2009, em um incidente agora conhecido como o "Milagre do Hudson", o comandante Chesley Sullenberger demonstrou o valor da heurística quando, depois de o seu avião sofrer pane nos dois motores, reagiu com rapidez e pousou com segurança no rio Hudson. É possível ouvir as conversas de Sullenberger com o controle de tráfego no YouTube: entre tentativas de reiniciar os motores, ele entra em contato com o aeroporto de partida. Tendo rejeitado imediatamente a possibilidade de voltar ao LaGuardia, com razão, como se veio a constatar, lhe é sugerida a possibilidade de descer no Aeroporto de Teterboro, em Nova Jersey, a estibordo. Em pouco mais de vinte segundos, ele decide que essa opção também é impossível — novamente, uma decisão baseada em heurística, em vez de em cálculos. Ele não usa uma calculadora científica na qual entra com a velocidade do voo, a altitude e o ângulo de descida para calcular a distância provável para a pista 1 de Teterboro. Em vez disso, ele fez algo mais rápido, fácil e confiável.

Ex-piloto de caça da Força Aérea dos Estados Unidos, Sullenberger era piloto de planadores nas horas vagas, e todos os pilotos de planador aprendem uma regra instintiva simples, que os capacita a dizer se um local de aterrisagem possível no solo está dentro de seu campo de alcance. Eles simplesmente posicionam o planador em ângulo de descida o mais raso possível e olham pelo para-brisa: qualquer lugar que pareça estar se movimentando para baixo no campo de visão oferece possibilidade de pouso seguro, enquanto qualquer lugar que pareça estar se movimentando para cima é longe demais. Foi aplicando essa regra que ele decidiu em segundos que o rio Hudson era o único local de pouso viável.

Sua decisão não poderia ter sido melhor. Ninguém morreu e apenas alguns poucos tiveram feridas leves. É verdade que, caso tivesse aterrissado com sucesso em Teterboro, ele teria preservado a aeronave, mas, caso tivesse tentado e não conseguido, é improvável que houvesse sobreviventes.

Não se sabe ao certo quais regras heurísticas são aprendidas e quais são inatas, mas a vida cotidiana seria impossível sem elas. Um motorista de caminhão dando marcha a ré em um veículo de reboque em uma via estreita realiza o que parece uma proeza de julgamento espetacular, através do uso de heurística, não por cálculos. Dirigimos carros heuristicamente, compramos imóveis heuristicamente — e é provável que também escolhemos nossos parceiros heuristicamente.[1] Mesmo quando é *possível* calcular uma solução, a heurística é fácil, rápida e bem alinhada com nosso equipamento perceptivo, e na maioria das ocasiões em que a solução certa é incalculável, ela é tudo o que temos.

A heurística parece secundária para pessoas que acham que todas as decisões devem ser ótimas. Em um mundo onde a satisficiência é necessária, a heurística é muitas vezes não só a opção mais fácil, mas também a melhor.

---

[1] O cheiro quase certamente desempenha papel muito maior na atração do que imaginamos. Um experimento sugere que somos atraídos pelo cheiro de pessoas que têm um sistema imunológico complementar ao nosso.

5.5. Satisficiência: Lições do esporte

Sempre fico intrigado com os sistemas de pontuação em diferentes esportes e com o grau em que eles contribuem para que se possa aproveitar qualquer jogo. Como um amigo uma vez observou, caso o tênis tivesse o mesmo sistema de pontuação do basquete, ele seria um esporte tedioso para os jogadores e ainda pior para os espectadores: se você ligasse a TV e visse Djokovic vencendo Murray "por 57 pontos a 31", é provável que desse de ombros e mudasse de canal para assistir a algo mais empolgante.[1]

O placar do tênis não é muito socialista — um jogador pode destruir o outro — mas, nesses casos desiguais, a disputa termina com brevidade impiedosa. Há, contudo, uma espécie de sistema de previdência social nos placares esportivos, ou seja, durante qualquer partida, o jogador que estiver perdendo ainda está competindo e tem chances de virar o jogo.

A divisão do tênis em games e sets fechados significa que não há diferença entre vencer um game por 40 a 0 ou depois de sucessivas vantagens em 40 a 40. Um resultado de 6 a 0 conta tanto como um set quanto um 7 a 5. Isso significa que o jogador que estiver perdendo nunca precisa sair de situações desesperadoras. O sistema de pontuação também acarreta variação no quanto está em risco durante o game; quando o placar é de 30 a 0 para o sacador, o momento é de pouca tensão, enquanto um ponto de vantagem em 40 a

---

[1] Uma versão sem legendas de *O ano passado em Marienbad*, por exemplo.

40 deixa toda a plateia roendo as unhas. Tudo isso contribui para o grau de vibração, e, portanto, torna a partida mais divertida para os jogadores e para os espectadores.[2]

Outro aspecto do sistema de pontuação de muitos jogos empolgantes é quando o esforço para conquistar o placar mais elevado coincide com alto grau de risco. O bilhar de bar funciona dessa maneira: a caçapa com pontuação maior fica atrás de um cogumelo preto instável (tecnicamente um "skittle"), que limpa todos os seus pontos se for derrubado. Esse risco pode explicar por que dardos é um esporte divertido para os espectadores, enquanto arco e flecha não é. Em arco e flecha, o placar é concêntrico. Você simplesmente mira na mosca, que vale 10 pontos, e se errar por pouco ainda ganha 9 pontos. Se perder o 9, fica com 8, e assim sucessivamente. A única estratégia do jogo é mirar em 10 e torcer — é um sistema de pontuação perfeitamente lógico, mas sem muitas emoções para a televisão. O alvo para dardos, em contraste, não tem nada de lógico, mas é de alguma maneira genial. O setor de 20 pontos fica entre os placares deprimentes de 5 e 1.

A maioria dos jogadores de dardos mira no triplo 20, porque é o que fazem os profissionais. No entanto, à exceção dos melhores jogadores, isso é um erro: se você não for muito bom,[3] tem mais chances não tentando o triplo 20, de modo algum, mas sim mirando no quadrante sudoeste do alvo, na direção do triplo 19 e 16. Você, assim, não chegará a 180, mas tampouco vai fazer apenas 3 pontos. É um erro comum em dardos presumir que você deve simplesmente tentar o escore mais alto possível — também é preciso considerar as consequências de não acertar.

Muitas decisões de vida têm regras de pontuação mais semelhantes às de dardos do que às de arco e flecha. Por exemplo, ao decidir com quem se casar, buscar o melhor pode ser menos importante do que evitar o pior — em vez de tentar maximizar o resultado, você pode procurar uma solução em geral apenas bastante boa, mas com poucas chances de desastre. Um jogador de dardos que sempre mire no quadrante sudoeste do alvo pareceria louco para muitos espectadores, que poderiam sugerir "Você deveria mirar no triplo 20 — é a

---

[2] Observe que, se você *não* compreender o sistema de pontuação, o tênis pode ser um pouco entediante de assistir.
[3] Ou se você estiver bêbado.

mais alta pontuação do alvo", mas a abordagem que tenta minimizar a variância e as perdas em geral envolve um comportamento que parece nonsense para quem não compreende o que a pessoa está tentando fazer.

Pela mesma razão, para alguém que considere que todas as férias precisam ser uma busca eterna por novas experiências, voltar todos os anos ao mesmo resort pode parecer ridículo; mas é, por outro lado, uma abordagem extremamente boa se você quiser evitar o risco de ter férias ruins. Hábitos que não raro podem parecer irracionais são absolutamente sensatos, se o seu propósito for evitar surpresas desagradáveis.

A mimética social — comprar produtos ou adotar comportamentos e modas populares — é outra abordagem comportamental segura. Afinal, o carro mais vendido na Grã-Bretanha dificilmente será horrível. Outra estratégia de redução de riscos confiável, ao decidir em condições de incerteza, consiste apenas em substituir por outra questão diferente a pergunta que a lógica convencional sugere que seja feita. Assim, você não perguntaria "Que carro devo comprar?", mas sim "Em quem posso confiar para me vender um carro?"; não "Qual é o melhor televisor", mas sim "Quem tem mais a perder me vendendo um mau televisor?"; não "O que devo usar para parecer bem?", mas "O que todas as outras pessoas vão usar?".

Uma abordagem comum ao recrutar pessoas é pedir por recomendações aos atuais empregados — de fato, assim é que se preenche a maioria dos cargos em nível de entrada em boa parte das empresas de porte médio. Essa prática pode parecer limitar os candidatos, e limita, mas uma recomendação pessoal de um membro da equipe é uma ótima maneira de evitar alguém péssimo. Evidentemente, as pessoas estão ansiosas por prestar favores aos amigos, mas ninguém vai prejudicar sua reputação no trabalho recomendando um alcoólatra, um cleptomaníaco ou um incendiário. Recomendações de terceiros não são perfeitas nem remotamente científicas, mas quase nunca são catastróficas.

Muitos paradoxos aparentes de comportamento dos consumidores são mais bem explicados por mecanismos mentais semelhantes. Alguns anos atrás, eu descobri que os homens relutavam em pedir um coquetel em um bar — em parte porque não sabiam em qual tipo de copo seria servido. Se achassem que havia a mínima chance de que chegasse em abacaxi oco, ou casca de abacaxi, eles pediam uma cerveja. Uma solução foi incluir ilustrações ou imagens das bebidas no cardápio; alguns locais mais descolados resolveram a questão servindo todos os coquetéis em potes de conserva. O mesmo tipo de cálculo mental explica por que é tão difícil conseguir que as pessoas transfiram sua conta-corrente de um banco para outro, pagando juros mais altos, ou que troquem seu provedor de banda larga. O risco de 1% de experiência desastrosa liquida uma chance de 99% de um ganho de 5%.

5.6. JFK versus EWR: Por que o melhor nem sempre é o menos pior

Uma vez, perguntei no Twitter se havia alguma vantagem clara em voar para o Aeroporto JFK, em Nova York, em comparação com o aeroporto de Newark, em Nova Jersey.[1] Com exceção de algumas respostas de nova-iorquinos com um eterno desdém por qualquer coisa de Nova Jersey,[2] pareceu haver poucos argumentos em favor do JFK: Newark é mais perto de Manhattan, e envolve menos riscos de obras na estrada ou de atrasos no trajeto. Richard Thaler, um dos mais renomados especialistas em tomada de decisão do mundo, me tuitou, com forte apoio a Newark.[3] Se fossem apenas consumidores esclarecidos fazendo a escolha, Newark com certeza seria o aeroporto vitorioso; no entanto, JFK é a escolha mais comum. Ironicamente, ele talvez seja mais popular simplesmente por ser mais popular — se isso parece nonsense, escute o que vou falar.

Sendo mais popular, JFK é visto como escolha menos excêntrica. Voar para o JFK equivale ao que era comprar um mainframe IBM em 1978: a escolha padrão fácil. A grande vantagem de fazer essa escolha "default" é o fato de que ela não parece ser uma tomada de decisão, ou seja, o que empresários e funcionários públicos tendem a realmente gostar de fazer — porque sempre

---

[1] Nunca conseguira compreender a popularidade do aeroporto JFK, e imaginei que poderia haver algo que estava me escapando.
[2] Sendo inglês, geralmente não faço distinções minuciosas entre ex-colônias rebeldes.
[3] Porém, como ele nasceu em Nova Jersey, é possível que tenha sido influenciado por uma tendência para o seu estado natal.

que você ostensivamente não toma uma decisão, você está se livrando de um problema. Newark requer uma justificativa racional: "Por que o meu voo está indo para o Newark; por que não para o JFK?". Em contraste, a afirmação "Reservei para você um voo com destino ao JFK" raramente suscita a pergunta "Por que o JFK? O que há de errado com o Newark?".

Assim, imagine que você seja o assistente pessoal de um chefe rabugento baseado em Londres. Ele ou ela lhe pede para reservar um voo para Nova York. Você tem duas escolhas.

1. Reservar para o chefe um voo com destino ao JFK, entregar-lhe os bilhetes e relaxar.
2. Reservar para o chefe um voo com destino ao Newark e torcer para o melhor.

É grande a chance de que se ficar com a opção 2 — a melhor decisão — você se saia muito bem. Se o seu chefe rabugento notar como é mais tranquila a viagem de Newark e a simpatia do pessoal da imigração, é possível que ele se lembre de agradecer-lhe no retorno; é até possível que você ouça "Boa escolha — lembre-me de usar o Newark na próxima vez". No entanto, é improvável que o seu chefe lhe ofereça uma caixa de champagne vintage e imediatamente lhe conceda um bônus de quatro dígitos — um obrigado é o máximo que você deve esperar.

Mas os voos sofrem atrasos ou são cancelados — e você precisaria ficar com os dedos cruzados depois de escolher a opção 2, porque, quando as coisas dão errado, como às vezes acontece, a diferença entre escolher a opção 1 e a opção 2 é ainda maior. Se o voo do JFK atrasar três horas, seu chefe culpará a companhia aérea, mas se o atraso ocorrer no voo de Newark, seu chefe provavelmente vai culpar você, porque com a opção 2 você tomou uma decisão visível — você saiu do padrão. Ele poderia dizer "Isso não teria acontecido se você tivesse reservado um voo do JFK — os voos não tiveram problemas lá. O que passou pela sua cabeça para reservar um voo desse aeroporto bizarro?".

A repreensão, ao contrário do elogio, sempre encontra um porto, e ninguém jamais foi demitido por reservar o JFK. Ao seguir o padrão, você pode estar tomando a pior decisão, mas também se garantindo contra consequências pessoais desastrosas. Em seu livro *Preparados para o risco*,[4] o psicólogo alemão Gerd Gigerenzer se refere a esse processo mental como "Tomada de decisão defensiva" — tomar uma decisão que se destina, inconscientemente, não a maximizar o bem-estar geral, mas a minimizar os danos para o tomador de decisão, no caso de um resultado negativo. Muitos dos comportamentos humanos que são ridicularizados como "irracionais" são na verdade evidências de um instinto satisficiente inteligente — repetir um comportamento passado ou copiar o que os outros estão fazendo pode não ser ótimo, mas dificilmente será desastroso. Todos descendemos de pessoas que conseguiram reproduzir antes de cometer um erro fatal; portanto, não é nem um pouco surpreendente que nosso cérebro esteja configurado dessa maneira.

Em contextos institucionais, precisamos ficar alertas para a ampla divergência entre o que é bom para a organização e o que é bom para o indivíduo. Ironicamente, o tipo de incentivos que adotamos para estimular as pessoas a terem uma boa performance pode levá-las a decidirem não assumir quaisquer riscos com potencial para acarretar desvantagens pessoais — mesmo quando essa seria a abordagem ideal para toda a organização. Por exemplo, preferir um aumento definitivo de 5% nas vendas à chance de 50% de um aumento de 20%. Por que você acha que os consultores de gestão ganham tanto dinheiro?

---

[4] Gerd Gigerenzer, *Risk Savvy: How to Make Good Decisions*. Nova York: Penguin, 2014. [Ed. bras.: *Preparados para o risco: Como tomar boas decisões*. Trad. de Cássio de Arantes Leite. São Paulo: Portfolio-Penguin, 2019.]

Parte 6
Psicofísica

6.1. Estará a objetividade superestimada?

Talvez você nunca tenha usado o termo "psicofísica", que é essencialmente o estudo de como a neurobiologia da percepção varia entre diferentes espécies, e como o que vemos, ouvimos, provamos e sentimos difere da realidade "objetiva". Por exemplo, diferentes espécies, como explicarei daqui a pouco, percebem as cores de maneira muito variada, porque os receptores nos olhos são sensibilizados para diferentes partes do espectro de luz. Mais importante, nossos diferentes sentidos — embora não percebamos isso — atuam em consonância; o que vemos afeta o que ouvimos, e o que sentimos afeta o que saboreamos.[1]

Alguns anos atrás, a fábrica de chocolate inglesa Cadbury's recebeu muitas queixas de clientes, alegando que o sabor da marca Dairy Milk tinha mudado. De início, eles ficaram perplexos, porque a fórmula era a mesma havia anos. O que eles tinham feito, porém, foi alterar o formato da barra, deixando os cantos arredondados. E formas mais suaves têm sabor mais adocicado. É verdade.

Nada sobre percepção é absolutamente objetivo, mas agimos como se fosse. Quando nos queixamos de que um cômodo está quente, podemos não concordar sobre o significado real de "quente"; pode ser meramente "poucos graus

---

[1] Uma amiga minha, que mora no exterior, e tristemente está perdendo a audição — embora eu não tenha notado nada quando nos encontramos recentemente —, aprendeu a ler lábios surpreendentemente bem. Mas o mais fascinante é o fato de ela não ter percebido que estava ouvindo mal, até uma fase já bem avançada do processo, porque inconscientemente estava aprendendo leitura labial e ouvia sons que, na realidade, ela somente "via".

mais quente do que o cômodo em que eu estava antes, a cuja temperatura me acostumei". "O tempo voa quando você está se divertindo", é um antigo insight psicofísico. Para o seu relógio, uma hora sempre significa exatamente a mesma coisa, não importa que você esteja bebendo champanhe ou sendo torturado. Entretanto, para o cérebro humano, a percepção de tempo é mais elástica.[2]

Em alguns negócios, a psicofísica é uma disciplina mais valiosa que a física, e em muitos setores é preciso dominar ambas. A indústria de aviação civil é um bom exemplo: além da física do voo, é preciso compreender a psicofísica do sabor, porque o sabor dos alimentos varia muito dependendo da altitude, ou seja, refeições prazerosas no solo podem ser péssimas no ar.[3] As inúmeras queixas sobre a comida em aeronaves, que já foram lugar-comum em comédias stand-up, podem ter sido injustas: não que a comida fosse ruim, mas sim que fosse a escolha errada para algo a ser comido a 9 mil metros de altitude.

O novo Boeing 787 Dreamliner é, sob muitos aspectos, um triunfo da psicofísica. Iluminação, pressurização e umidade, tudo mitiga os efeitos do jet lag. Além disso, ilusões visuais — em especial, uma entrada espaçosa — passam uma impressão de amplitude; a aeronave é na verdade quarenta centímetros mais estreita do que um Boeing 777, mas, para muitos passageiros, parece bem mais larga. O acréscimo de um pouco mais de espaço quando os passageiros entram na aeronave suscita uma sensação de leveza que é estendida por toda a cabine principal, embora ela não seja menos lotada do que o normal. Blake Emery, psicólogo responsável pela diferenciação de produtos na Boeing, explica que a equipe dele estava "procurando aspectos que as pessoas não eram capazes de expressar", e que poderiam melhorar a experiência. Ninguém realmente sabe o nível de umidade e de pressão atmosférica dentro da aeronave, mas esses fatores exercem forte impacto sobre a sensação de conforto dos passageiros. Historicamente, as aeronaves foram projetadas sob a perspectiva do contador da companhia aérea, e não do passageiro — era apenas considerado o custo e a capacidade. Assim, as tentativas da Boeing de melhorar a experiência do passageiro foram uma iniciativa ousada.[4]

---

[2] Certa vez, passei 24 horas em uma prisão catariana; pareceu um mês.
[3] Aviso às companhias aéreas: "Mais curry, por favor". A comida indiana é extremamente saborosa nas alturas.
[4] Minha própria experiência subjetiva, depois de voar várias vezes em um 787, é que vale a pena. Minha última viagem, para Los Angeles, foi a primeira em que cruzei o Atlântico e não experimentei nenhum efeito de jet lag.

Os engenheiros e os contadores tendem a ignorar o lado humano de suas obras, o que nem sempre é errado — se você estiver projetando uma nave espacial não tripulada ou um viaduto, é possível definir sucesso com base em critérios objetivos. No entanto, se o projeto tiver qualquer coisa onde a percepção humana seja importante, é preciso observar outro conjunto de regras. Por exemplo, um viaduto que suporte um volume de tráfego predeterminado e aguente todas as condições climáticas previsíveis pode ser considerado uma boa obra. Claro que ele seria *melhor* se fosse visualmente atraente ao invés de feio, mas essa é uma consideração secundária — ao projetar um viaduto, há pouco espaço para alquimia.

Em outros projetos, como conceber um serviço de trens ou um sistema tributário ou como pintar faixas em rotatórias, é impossível definir sucesso, *a não ser* em termos de comportamento humano. Nesses casos, há, em geral, algum espaço para alquimia, pois a percepção, em vez da realidade, é o que vai determinar o sucesso. Até mudar o nome de um imposto pode impactar com enorme intensidade a disposição das pessoas para pagá-lo.[5]

---

[5] Por isso é que algumas pessoas propõem que o imposto sobre herança ou sobre transmissão causa mortis seja renomeado para "imposto sobre ganhos extraordinários" e pago pelo beneficiário, não pelo espólio.

6.2. Como comprar um televisor para o seu macaco de estimação

Você provavelmente não sabe disso, mas o seu televisor o está enganando. O mesmo também se aplica à tela do computador[1] e às imagens em cores nas revistas. Nem tudo em uma tela LCD é enganoso: ao mostrar as cores puras azul, verde ou vermelho, a tela está mais ou menos mostrando a verdade — as cores azuis produzem fótons puros azuis, as cores verdes produzem fótons verdes e as cores vermelhas produzem fótons vermelhos. Cada pixel na tela contém três luzes LCD — uma em cada uma dessas três cores. Se apenas as luzes vermelhas forem exibidas, a tela ficará vermelha.

Mas o amarelo na televisão é uma grande mentira. Pode parecer amarelo, mas não é — é uma mistura de luz vermelha e verde, que hackeia nosso aparato óptico para nos fazer pensar que estamos olhando para algo que seja genuinamente amarelo. A cor é criada em nosso cérebro, não na tela. A mistura de cores é um fenômeno biológico, não um fenômeno físico — você não pode misturar fótons verdes e fótons vermelhos para produzir fótons amarelos, mas, quando se envia uma imagem de uma mistura de fótons vermelhos e verdes para o cérebro, na proporção certa, o estímulo resultante é indistintamente o de fótons amarelos, e, em consequência, é isso que você enxerga. Ainda assim, o amarelo é menos ilusório do que o roxo[2] — o amarelo, pelo menos, existe no

---
[1] No qual espero que você não esteja lendo este livro!
[2] Tecnicamente, magenta.

espectro luminoso.³ O roxo não existe, em absoluto: índigo e violeta estão no arco-íris, magenta não — essa cor existe apenas na nossa cabeça.

As razões para tudo isso é que os humanos — e, na verdade, todos os macacos — têm visão tricromática. Temos três conjuntos de cones (ou sensores de cores) na retina, cada um deles sensível a uma parte diferente do espectro de cor; o cérebro então constrói o resto do espectro, extrapolando da força relativa desses três conjuntos. No caso do roxo, que ocorre quando os sensores de vermelho e de azul, mas não os de verde, são estimulados, o cérebro desenvolve uma cor para preencher a lacuna.⁴ Três cores são, portanto, suficientes para recriar um espectro de cores amplo (embora não de todo completo) — não na tela, mas em nossa cabeça; inclusive algumas cores que nem mesmo estão lá.

Como a mistura de cores é um fenômeno biológico, seu funcionamento depende da espécie (e, às vezes, do indivíduo) que a executa. Se lêmures comprassem televisores, seria aconselhável que se produzissem televisores dicromáticos para eles — esses primatas constroem seu espectro de cores com base apenas em verde e azul; portanto, seria possível omitir o componente de cada pixel que gera luz vermelha.

Muitas fêmeas de sagui veem em três cores, mas os machos só enxergam em duas.

Ainda bem que os saguis não são consumidores de televisores, pois isso poderia causar uma discórdia conjugal. As fêmeas e os machos da espécie têm percepções de cores completamente diferentes — muitas fêmeas veem em três

---

³ É o "York" em "Richard of York Gave Battle in Vain" (ou o "y" em "Roy G. Biv").
⁴ Se o cérebro fosse mais objetivo, em vez de apenas mostrar o roxo, ele incluiria uma faixa cinza tremeluzente, com a mensagem "erro de sistema".

cores, enquanto os machos, em apenas duas. Uma fêmea poderia chegar em casa depois de gastar oitocentas libras para substituir o televisor OLED de 65 polegadas para outro do modelo mais recente tricromático hiper-realista, mas o macho se queixaria de que "o novo é exatamente como o anterior".[5] É mais seguro manter como animal de estimação um macaco-da-noite, porque ele ficaria perfeitamente satisfeito com uma TV em preto e branco: assim como muitos outros mamíferos noturnos, eles não enxergam nenhuma cor.

Ninguém anuncia televisores "para primatas superiores", mas seria uma definição bastante adequada. Disso se conclui que é possível que algo seja objetivamente errado, mas subjetivamente certo. Os televisores são projetados em torno do que *vemos*, não do que *mostram*. A produção de um televisor envolve muita engenharia inteligente,[6] mas sua verdadeira genialidade está na alquimia psicológica, não na tecnologia — sem a compreensão de como os humanos percebem as cores, fazer um televisor seria quase impossível.

Como visto, é preciso aplicar psico-lógica e psicofísica não só ao design de televisores, mas também aos programas de bem-estar social, aos impostos, aos meios de transporte, à assistência médica, à pesquisa de mercado, à precificação de produtos e à democracia. Não faz sentido lutar para promover mudanças na realidade objetiva se a percepção humana não for capaz de captá-las; portanto, todas essas iniciativas precisam ser otimizadas para a percepção humana. Além do mais, como ocorre com o roxo, devemos lembrar que, quando se projeta alguma coisa, as pessoas, de certa maneira, podem estar percebendo algo que não existe na realidade.[7]

O que realmente *existe* e o que *percebemos* podem ser muito diferentes.

É aqui que as leis físicas divergem das psicológicas. E é essa mesma divergência que torna possível a Alquimia.

---

[5] Esse seria um caso raro de macho primata criticando a fêmea por passar tempo demais diante da TV.
[6] Os três homens que inventaram o LED azul (Isamu Akasaki, Hiroshi Amano e Shuji Nakamura) receberam o prêmio Nobel de Física em 2014.
[7] Um publicitário amigo meu mudou-se para Maiorca. "É um lugar maravilhoso, por causa do *ferry* que me leva para a França ou para Barcelona em uma hora." E acrescentou: "Bem, na verdade, são nove horas, mas durmo durante oito".

6.3. Perdas e ganhos em tradução: Realidade e percepção como dois idiomas diferentes

Existe toda uma disciplina acadêmica que se dedica à ideia de que o comportamento humano pode ser modelado como se fosse um fenômeno físico: ela é denominada economia. Contudo, a verdade é que, sob todas as facetas do comportamento humano, realidade e percepção são como dois idiomas diferentes, cada um trazendo conceitos mais ou menos intraduzíveis para a outra.[1]

As emoções são ainda mais estranhas e, como o magenta, são produzidas na mente. Se uma árvore cai na floresta e ninguém ouve o barulho, ela chegou a produzir algum som? Sim, porque sensores mecânicos ainda poderiam captar o ruído. Se um carro, porém, ficar parado muito tempo diante da luz verde de um semáforo, e não houver ninguém esperando atrás para ficar impaciente, seria ainda assim um aborrecimento? Não, porque aborrecimento é um conceito perceptivo limitado a seres vivos. Obviamente, percepção e realidade às vezes se manifestam em paralelo, mas, em outras ocasiões, há uma desconexão completa entre as duas, semelhante a uma lacuna linguística. Ao considerar dois idiomas aleatórios, você talvez ache que, às vezes, ambos são extremamente diferentes, contendo conceitos únicos dentro de si.[2] Outros

---

[1] Da mesma maneira como não é possível traduzir roxo perceptivo em fótons roxos. E você não pode traduzir fótons ultravioletas em visão humana.
[2] As línguas dos nativos americanos eram assim.

idiomas podem ser semelhantes,[3] inclusive a ponto de se confundirem, mas cada situação tem suas próprias questões, e em ambos os casos é possível que você incorra em erros de tradução.

O trabalho de um designer é, portanto, o de um tradutor. Manejar o material original da realidade objetiva para criar o resultado perceptivo e emocional correto.

[3] Espanhol e português, por exemplo.

6.4. Mokusatsu: Bomba A, bomba H e bomba C

Erros de tradução podem custar caro, às vezes muito caro. O seguinte excerto é de "Mokusatsu: One Word, Two Lessons", um artigo do *Technical Journal*,[1] da Agência de Segurança Nacional, um documento que já foi confidencial:

> Em julho de 1945, os líderes Aliados reunidos em Potsdam elaboraram uma concisa declaração de rendição e ficaram esperando ansiosamente pela resposta japonesa. Os termos incluíam um enunciado no sentido de que qualquer resposta negativa acarretaria "imediata e total destruição". Truman, Churchill, Stálin e Chiang Kai-Shek afirmaram esperar que o Japão concordaria em render-se incondicionalmente para evitar a devastação do país, e que pacientemente aguardavam a resposta.
>
> Os repórteres em Tóquio perguntaram ao premier Kantaro Suzuki sobre a reação de seu governo à Declaração de Potsdam. Como, até então, ainda não se chegara a nenhuma decisão formal, Suzuki, respaldando-se na tradicional atitude protelatória dos políticos para com os repórteres, respondeu que não faria comentários. Ele usou a palavra japonesa "Mokusatsu", com etimologia derivada da palavra "silêncio". No entanto, o vocábulo tem outros significados, muito diferentes do pretendido por Suzuki.
>
> Infelizmente, as agências de notícias internacionais consideraram adequado dizer ao mundo que aos olhos do governo japonês o ultimato "não merecia comentários". As autoridades americanas, enfurecidas pelo tom da declaração de

---

[1] "Mokusatsu: One Word, Two Lessons". *Technical Journal*, v. xiii, n. 4, outono 1968.

Suzuki, e, obviamente, interpretando-a como mais um exemplo típico do fanatismo Banzai e Kamikaze, decidiu tomar medidas severas. Em dez dias decidiram lançar a bomba atômica, o artefato foi lançado, e Hiroshima foi arrasada.

Dependendo do contexto, *Mokusatsu* está sujeita a diversas interpretações. Oriunda de vocábulos que significam "silêncio" e "morte", pode significar qualquer coisa entre "Não posso dizer nada no momento", ou "Não tenho nada a dizer porque estou perplexo" ou "Recuso a me dignar a responder sua proposta".

O japonês é um idioma em que o contexto tem grande importância, mas isso é o mesmo para todos os idiomas. Em inglês britânico, quando dito no contexto e no tom certos, "*You stupid fucking idiot*" pode conotar afeição — algo talvez confuso para os americanos, que quase sempre falam a mesma língua que os britânicos, mas tendem a interpretá-la mais literalmente.[2]

Em tradução, é um enorme erro assumir que o tradutor transmite o que o falante queria dizer, e é igualmente perigoso supor que a intenção do falante foi bem compreendida. Talvez o exemplo mais famoso de tradução falha ocorreu em uma visita de um presidente americano à Polônia, em 1977. Durante uma breve cerimônia na pista do aeroporto, pouco depois de o avião presidencial aterrissar em Varsóvia, os anfitriões ouviam o presidente Carter dizer que ele "tinha deixado a América para nunca mais voltar" e que "o carinho dele pelo povo polonês era tão grande que ele queria fazer sexo com eles".[3]

---

[2] Falei inglês britânico durante toda a minha vida, mas ainda não sei ao certo se poderia explicar com confiança a diferença entre "*quite*" no sentido de "muito" e "*quite*" no sentido de "um tanto", "um pouco", "mais ou menos". Essa é uma das coisas que você compreende à medida que cresce — como as muitas vantagens de ter uma monarquia apropriada e de não permitir que absolutamente todo mundo tenha armas. Você compreende ou não compreende. Certa vez, dei uma palestra em Nova York e usei a frase "*feel like a bit of a twat*" [sinto-me um pouco otário]. Em inglês britânico, a palavra "*twat*" tem significado próximo de (embora mais forte que) "*twit*" [ingênuo, tolo], mas, em inglês dos Estados Unidos, usar "*twat*" ou "*twot*" equivale lançar uma "*C-bomb*" [bomba nuclear envolta em cobalto ou o mesmo que "cunt", genitália feminina]. Por causa disso, minha palestra, que tinha sido filmada, precisou ser editada antes de ser enviada. Mais tarde, alguém me disse que minha palestra tinha sido "*quite good*", o que em inglês britânico significa "uma espécie de 'okay', razoável, mas nada especial". Fiquei esperando dicas sobre como melhorá-la, até perceber que eles tinham gostado muito dela: em inglês americano, "*quite*" é um "*intensifier*", como "muito" ou "realmente". Em inglês britânico é, às vezes, um "*intensifier*", mas, quase sempre, é um "*modifier*", para menos.

[3] As palavras de Carter, como lidas pelo intérprete, frequentemente foram traduzidas de volta para o inglês como "*I desire to know the Poles carnally*" [Desejo conhecer os poloneses carnalmente]. Isso foi, de certa maneira, um pouco de eufemismo.

Essa história geralmente é contada para mostrar que o tradutor era um idiota, não qualificado para a função, mas não é verdade — Steven Seymour era um tradutor genial, que já tinha traduzido os poemas de W. H. Auden para o russo e era conhecedor da poesia polonesa. Entretanto, seus estudos da poesia polonesa infelizmente o tinham familiarizado demais com o léxico polonês mais antiquado, do século XIX (ou anterior), que os poloneses não usam mais, ou pelo menos não no mesmo sentido.[4]

Russo era a primeira língua de Seymour, enquanto polonês apenas sua quarta língua. Isso não teria muita importância, não fosse o fato de o polonês parecer com o russo, em grande parte do vocabulário e gramática,[5] mas, não raro, persistentemente diferente no significado. Os tradutores chamam essas palavras enganosamente semelhantes de "falsos cognatos", pois é muito fácil confundir os significados.[6]

Idiomas com palavras parecidas podem estar sujeitos a mal-entendidos piores — em países latino-americanos, por exemplo, vocábulos em espanhol podem ter significados diferentes: "*Your wife is a tremendous whore*" [Sua esposa é uma tremenda prostituta] pode parecer uma maneira estranha de agradecer ao anfitrião depois de um jantar, só que em *alguns* países a palavra formal "*hostess*" [anfitriã] adquiriu esse significado.

Estranhamente, uma das maiores fontes de confusão linguística ocorre entre falantes de inglês britânico e holandeses. Os holandeses são, quase todos, fluentes em inglês:[7] a compreensão do idioma é excelente, a pronúncia é impecável, e eles têm um senso de humor semelhante ao dos britânicos. Após uma noite com um casal de amigos holandeses, você não perceberia nenhuma barreira linguística, e acharia difícil a ocorrência de qualquer mal-entendido. Contudo, esses equívocos são muito comuns, porque a conversa dos holandeses tende a ser espantosamente direta, ao passo que o inglês britânico é sinuoso e não

---

[4] Da mesma maneira como os amish modernos provavelmente não mais escolheriam "*Intercourse*" [relação sexual] como nome de uma cidade na Pensilvânia.

[5] Embora os poloneses provavelmente não gostem de reconhecer isso.

[6] "*Constipado*" em espanhol é um falso cognato para anglófonos ou francófonos: é muito fácil traduzir como "*constipated*" [constipado, que sofre de constipação intestinal ou prisão de ventre], como ocorreu em um caso famoso com um tradutor francês, ao esquecer que para um espanhol significa "nariz entupido".

[7] Talvez ajudados pelo fato de, nos Países Baixos, os filmes em língua inglesa serem legendados em vez de dublados.

raro enigmático, a ponto de gerar confusão. Em um contexto de negócios, um holandês poderia dizer "*We tried that and it was shit, so we won't do it again*" [Tentamos isso e foi uma merda, então não vamos fazer de novo], enquanto um inglês que quisesse transmitir o mesmo sentimento diria "*I think it might be a little while before we try that again*" [Acho que pode levar um tempo antes de tentarmos isso de novo].

Finalmente, os holandeses compilaram uma espécie de guia que traduz o inglês britânico para o inglês holandês.

O QUE O BRITÂNICO FALA	O QUE OS ESTRANGEIROS COMPREENDEM	O QUE O BRITÂNICO QUER DIZER
I hear what you say [Entendo o seu ponto]	*He accepts my point of view* [Ele concorda comigo]	*I disagree and do not want to discuss it further* [Discordo e não quero mais falar sobre isso]
With the greatest respect [Com o maior respeito]	*He is listening to me* [Ele está me ouvindo]	*You are an idiot* [Você é um idiota]
That's not bad [Nada mau]	*That's poor* [Isso é mau]	*That's good* [Isso é bom]
That is a very brave proposal [Essa é uma proposta muito ousada]	*He thinks I have courage* [Ele acha que tenho coragem]	*You are insane* [Você é louco]
Quite good [Interessante]	*Quite good* [Interessante]	*A bit disappointing* [Um pouco decepcionante]
I would suggest [Eu sugeriria]	*Think about his idea, but I should do what I like* [Vou pensar no que ele falou, mas posso fazer o que eu achar melhor]	*Do it or be prepared to justify yourself* [Faça o que eu estou dizendo ou esteja preparado para se justificar]
Oh, incidentally/ by the way [Ah, falando nisso/ a propósito]	*That is not very important* [Isso não é muito importante]	*The primary purpose of our discussion is* [O principal objetivo de nossa conversa é]

O QUE O BRITÂNICO FALA	O QUE OS ESTRANGEIROS COMPREENDEM	O QUE O BRITÂNICO QUER DIZER
I was a bit disappointed that [Fiquei um pouco decepcionado que]	*It doesn't really matter* [Não faz muita diferença]	*I am annoyed that* [Estou irritado pelo fato de]
Very interesting [Muito interessante]	*They are impressed* [Eles estão impressionados]	*This is clearly nonsense* [Isso é pura bobagem]
I'll bear it in mind [Vou levar em consideração]	*They will probably do it* [Eles provavelmente farão isso]	*I've forgotten it already* [Já me esqueci disso]
I'm sure it's my fault [Tenho certeza de que é minha culpa]	*Why do they think it was their fault?* [Por que será que eles acham que isso é culpa deles?]	*It's your fault* [É sua culpa]
You must come for dinner [Vamos marcar um jantar]	*I will get an invitation soon* [Receberei um convite em breve]	*It's not an invitation, I'm just being polite* [Não é um convite, só estou sendo educado]
I almost agree [Quase concordo]	*He's not far from agreement* [Ele está perto de concordar]	*I don't agree at all* [Não concordo de modo algum]
I only have a few minor comments [Só tenho uns poucos pequenos comentários]	*He has found a few typos* [Ele só encontrou alguns erros de digitação]	*Please rewrite completely* [Por favor, reescreva tudo]
Could we consider some other options? [Será que poderíamos considerar algumas outras opções?]	*They have not yet decided* [Eles ainda não se decidiram]	*I don't like your idea* [Não gosto da sua ideia]

A barreira entre o inglês falado pelos holandeses e pelos britânicos é uma boa metáfora da relação entre realidade e percepção — sob alguns aspectos, elas são semelhantes, mas, em outros contextos, elas podem divergir imensamente. Outra vez, essa distinção — a brecha entre a mensagem que desejamos transmitir e o significado atribuído a ela — faz muita diferença. Frequentemente, ficamos perplexos com o comportamento das pessoas. "Disse a ele para fazer isso e ele foi lá e fez outra coisa". Achamos que estão sendo irracionais, mas a realidade é que eles não ouviram o que achamos que dissemos.

Da mesma maneira, você não pode descrever o comportamento de alguém com base no que *você* viu, ou o que *você* acha que eles viram. Essa distinção se aplica a quase tudo: o que determina o comportamento de objetos físicos é a coisa em si, mas o que determina o comportamento de humanos é a percepção deles da coisa em si.

A razão de isso ser tão importante é que os modelos do comportamento humano e os modelos econômicos, na maioria, não conseguem enxergar essa distinção. Você não vai ficar surpreso ao saber que sou cético quanto às promessas do big data, que frequentemente é promovida como se fosse alguma espécie de solução para tudo. Como muitas coisas que emergem do setor de tecnologia, ficamos tão inebriados com os possíveis benefícios prematuros de uma tecnologia que esquecemos de calcular os problemas de segunda ordem.[8] Os pregadores do big data sugerem que "*big*" [grande] equivale a "*good*" [bom]; no entanto, disso não decorre, em absoluto, que mais dados levarão a decisões melhores ou mais éticas e justas.[9]

---

[8] Comemoramos a invenção do e-mail porque ele nos deu o poder de nos comunicar com o mundo de maneira instantânea e gratuita, mas esquecemos de perguntar quais seriam as consequências se todos tivessem a mesma liberdade para se comunicar conosco.

[9] A etnógrafa Tricia Wang sugeriu em sua palestra TEDx Cambridge em 2016 que o viés de quantificação criado pelo big data levou à quase falência da Nokia como fabricante de telefones. Todos os dados da empresa sugeriam que as pessoas só gastariam certa proporção do salário com telefones; assim, o mercado para smartphones no mundo em desenvolvimento seria pequeno. Wang observou que, depois de verem um smartphone, a disposição para gastar com esse dispositivo disparava. As descobertas dela foram ignoradas, porque ela contava com "muito poucos dados factuais". Contudo, na realidade, todas as informações valiosas começam com muito poucos dados — o alarme no *Titanic* teve só um ponto de dados... "Iceberg adiante", mas ele foi mais importante que qualquer estudo aprofundado sobre frequência de icebergs.

Fazendo uso da analogia da agulha no palheiro, mais dados realmente aumentam o número de agulhas, mas também aumentam o volume de palha, assim como a frequência de agulhas falsas — coisas que vamos achar serem significativas, quando na verdade não são. O risco de correlações falsas ou efêmeras, de variáveis confusas, ou de vieses de confirmação pode levar a mais decisões burras que a decisões criativas, com os dados incutindo nelas credibilidade injustificada.

Uma grande empresa de tecnologia desenvolveu recentemente um sistema de IA para recrutar candidatos, mas o algoritmo logo adquiriu vieses extremos de gênero — rebaixando as pessoas que mencionassem no CV, por exemplo, participação em basquete *feminino*. Com a IA, evidentemente, nem sempre é possível compreender o raciocínio: talvez o sistema tenha observado que os empregados de cargos mais altos eram homens, e daí ter considerado a masculinidade como previsor de sucesso.

Outra empresa que adotava uma abordagem de big data descobriu uma variável que era muito mais indicadora de um bom funcionário que qualquer outra: não era o nível de realizações acadêmicas nem qualquer variável de teste de personalidade — nada disso. Os melhores funcionários haviam quase que todos se aplicado on-line usando Google Chrome ou Firefox como navegador, em vez do browser-padrão oferecido pelo computador. Embora eu possa considerar que substituir o browser convencional pode ser indicador de certas qualidades — atenção, competência tecnológica, e disposição para postergar a recompensa, mencionando apenas três — seria porventura aceitável usar essa informação como discriminação de candidatos? A empresa decidiu que não era, em parte porque teria sido injusto para os candidatos menos favorecidos, que talvez tenham usado um computador público para a aplicação.

Outra deficiência dos modelos de dados é que eles podem ter problemas psicofísicos. Eles combinam realidade e comportamento como se ambos orientassem perfeitamente um ao outro. Mas esse pressuposto está errado. Por exemplo, os dados podem afirmar que as pessoas não pagarão 49 libras por um pote de café, o que na maioria das vezes é verdade. Contudo, as pessoas pagarão 29 pennies por uma única cápsula de Nespresso, cujo custo final é semelhante — ignorando a percepção humana, é impossível distinguir entre as duas situações. Será que as pessoas vão pagar cem libras por um par de sapatos? No Walmart, nem pensar, mas na loja de marca Neiman Marcus,

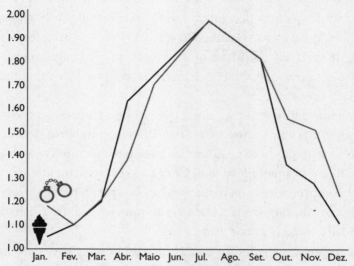

A variável de confusão ou fator de confusão aqui, que falta nos dados, é o tempo, que explica a correlação bizarra. Para um algoritmo burro, talvez pareça pelo gráfico que o consumo de sorvete induziu as pessoas a cometerem crimes. Contudo, a verdadeira razão é simples: as pessoas consomem mais sorvete quando faz sol, assim como também cometem mais crimes em noites de calor.

facilmente. Será que as pessoas vão gastar quinhentas libras em um telefone? Os dados da Nokia diriam que não, mas a Apple descobriu que pagariam. O big data pressupõe que a realidade mapeia perfeitamente o comportamento, mas isso não acontece. O contexto muda tudo.

A percepção pode mapear perfeitamente o comportamento, mas a realidade não mapeia perfeitamente a percepção.

Também não podemos esquecer que todo big data vem da mesma realidade: o passado. Porém, uma única mudança no contexto pode alterar significativamente o comportamento humano. Por exemplo, todos os dados comportamentais, em 1993, teriam sugerido um futuro brilhante para o aparelho de fax.

6.5. Nada de novo sob o sol

Acredita-se que até os gregos antigos conheciam os princípios da psicofísica. Em uma análise do Partenon, é possível constatar que dificilmente existe uma linha reta nele; o chão se encurva para cima, no meio; os lados se inclinam para fora, e as colunas se encorpam no centro.[1] Isso acontece porque o monumento não foi projetado para ser perfeito, mas sim para *parecer* perfeito aos olhos de um observador que esteja a mais ou menos cem metros abaixo. E muito antes do Partenon a natureza aprendeu o mesmo truque.

    A natureza consome muitos recursos com o que poderia ser chamado de "manipulação da realidade" ou, em terminologia de negócios, marketing. Bagas e frutas que desejam ser comidas desenvolvem uma coloração distintiva e um sabor atrativo quando estão maduras. Em contraste, lagartas que não querem ser devoradas secretam um sabor repulsivo para os predadores. E algumas borboletas produzem o que parece olhos nas asas, porque muitos animais ficam mais precavidos na sua presença. Esses são exemplos de como a natureza é capaz de manipular a percepção em vez de mudar a realidade.

---

[1] Um truque pegado emprestado pelo projetista da grade do radiador do Rolls-Royce. "Êntase" é o termo técnico.

6.6. Quando vale ser objetivo — e quando não vale

Se você for um cientista, seu trabalho é ir além dos caprichos da percepção humana e criar leis de aplicação universal que descrevam a realidade objetiva. A ciência desenvolveu sensores e unidades de mensuração que medem distância, tempo, temperatura, cor, gravidade e outras variáveis. Nas ciências físicas, estamos certos em preferir esses critérios a mecanismos perceptivos distorcidos: não importa o quanto uma ponte parece forte — precisamos ter certeza de que ela é forte de verdade.

O problema surge quando algumas das outras ciências — política, economia ou medicina, por exemplo — acreditam que esse universalismo é a marca de qualquer ciência e adota a mesma abordagem; nas ciências humanas, assim como no design de um televisor, o que as pessoas *percebem* é às vezes mais importante do que a realidade objetiva. Na medicina, a obsessão pela objetividade leva à negligência do efeito placebo, o que acarreta na visão dele como uma "mera" manipulação perceptiva. Se, porém, um tratamento como homeopatia, digamos, induz as pessoas a acreditar que vão ficar bem, e essa ilusão feliz as ajuda a se sentir menos mal, então o que há de errado nisso? Não deveríamos então pesquisar esse fenômeno, em vez de depreciá-lo?

E quanto aos vendedores de óleo de cobra,[1] poções milagrosas, os falsários,

---

[1] Não é lá muito justo falar mal de todos os vendedores de óleo de cobra — antes dos antibióticos, o óleo de cobra era muito possivelmente a melhor solução disponível. O óleo de cobra

os fraudadores e os vigaristas? A alquimia, exatamente por não ser uma ciência exata, sempre foi um antro de charlatanice, algo em que devemos sempre ficar de olho aberto. Muitas das soluções propostas nas áreas de publicidade e design são equivocadas e muitas das descobertas dos cientistas comportamentais já se demonstraram ou serão comprovadas como erradas. Algumas partes deste livro também são sem dúvida errôneas — estou consciente de que escrevi esta obra sob uma perspectiva incrivelmente otimista, mas meu argumento não é que a alquimia sempre seja confiável, ética ou benéfica. Longe disso — trata-se simplesmente de que não devemos nos recusar a testar soluções alquimistas só porque elas não são compatíveis com nossas ideias reducionistas sobre o funcionamento do mundo. O propósito deste livro é persuadir o leitor de que a alquimia existe, queiramos ou não, e que é possível usá-la para o bem; além do mais, se as pessoas ficarem mais conscientes de sua existência, elas estarão mais capacitadas para identificar os seus abusos.[2]

Em física e engenharia, modelos objetivos geralmente facilitam a solução de problemas, ao passo que em economia e política a objetividade pode tornar as coisas mais difíceis. Algumas questões econômicas e políticas prementes poderiam ser resolvidas com facilidade e baixo custo se abandonássemos nossos modelos universais pragmáticos; da mesma maneira como os designers de televisores não lutam com o problema de produzir um espectro completo de luz visível. Os formuladores de políticas, os designers e os empresários lucrariam em gastar menos tempo tentando melhorar a realidade objetiva e dedicando mais tempo ao estudo da percepção humana e dos instintos morais.

Todos os dias, empresas ou governos partem de premissas altamente simplistas sobre o que é importante para as pessoas. Dois dos principais varejistas dos Estados Unidos, JCPenney e Macy's, foram vítimas desse erro quando

---

genuíno, feito com a gordura da cobra d'água chinesa, contém 20% de ácido eicosapentaenoico, que tem poderosas propriedades analgésicas e anti-inflamatórias e foi bem usado na medicina chinesa durante séculos. No entanto, a substância mais comumente conhecida como óleo de cobra era uma série de misturas, frequentemente com altas doses de álcool e opiáceos, que se dizia conter óleo de cobra. Em geral, eram compostas de várias ervas, talvez para criar um sabor esquisito, mas plausível.

[2] Muitos são os abusos da alquimia, que devem ser proscritos. O valor baixo demais do "pagamento mínimo" das dívidas no cartão de crédito é um truque de magia ruim, que estimula o endividamento excessivo, por exemplo.

tentaram reduzir a dependência a descontos e liquidações, e simplesmente reduziram seus preços de forma permanente. Em ambos os casos, a estratégia foi um desastre comercial. As pessoas não queriam preços baixos — elas queriam economias visíveis. Uma possível explicação para isso é que psicologicamente tendemos à rivalidade e gostamos da sensação de que estamos fazendo um negócio melhor do que as outras pessoas. Se todo mundo estiver pagando pouco, lá se vai a empolgação de ser melhor do que os outros no dia a dia; uma economia quantificável nos oferece a sensação de esperteza, enquanto pagar os mesmos preços baixos acessíveis a todos nos faz sentir sovinas. Outra possível explicação é que o preço baixo, ao contrário do desconto, não dá espaço para que as pessoas alardeiem uma história emocionante sobre uma compra vantajosa, depois do fato consumado — "economizei 33 libras", em vez de "gastei 45 libras".

Vale lembrar que a sinalização custosa também pode desempenhar um papel nisso: certas coisas precisam ser caras por motivos simbólicos. Um vestido de duzentas libras com o preço reduzido para 75 libras é ótimo, mas talvez as mulheres não fiquem felizes usando um vestido de 75 libras em um casamento. TK Maxx, varejista que adota artifícios psicológicos engenhosos, é um lugar ótimo onde comprar um presente para a sua esposa, desde que você não revele, sob hipótese alguma, de onde surgiu o presente.[3]

A lógica econômica é uma tentativa de criar um modelo de comportamento humano independente da psicologia, baseado em presunções de racionalidade, mas ela pode cometer erros muito onerosos. Não só pode a precificação racional ser muito prejudicial para a maneira como é vista a poupança, mas ela também assume que todos reagem da mesma maneira às formas como poupam. Ela não contextualiza nem enquadra as situações. Um de meus experimentos favoritos sobre a percepção de preço e valor foi realizado por Richard Thaler, pai da "Teoria Nudge", ou arquitetura da escolha, também conhecida como *nudging*.[4] Ele pediu a um grupo de entusiastas de vinho para imaginar que

---

[3] Um vestido de quinhentas libras tem a sensação de um vestido de quinhentas libras na hora de vestir, mesmo que você o tenha comprado por duzentas libras (estou contando que a minha esposa desista da leitura antes de chegar nesta parte).

[4] Richard H. Thaler e Cass R. Sunstein, *Nudge: Improving Decisions about Health, Wealth, and Happiness*. Londres: Penguin, 2008. [Ed. bras.: *Nudge: Como tomar melhores decisões sobre saúde, dinheiro e felicidade*. Rio de Janeiro: Objetiva, 2019.]

compraram uma garrafa de vinho vintage (que agora vale 75 dólares) alguns anos antes por vinte dólares. Pediu-lhes, então, que escolhessem a resposta que melhor refletisse o custo de tomar a garrafa de vinho:

1. US$ 0. Já paguei pela compra: 30%
2. US$ 20. O que paguei pela compra: 18%
3. US$ 20 mais juros: 7%
4. US$ 75. O que eu poderia conseguir se vendesse a garrafa: 20%
5. US$ –55. Tomei uma garrafa que custa 75 dólares, pela qual paguei apenas vinte; portanto, economizei dinheiro tomando essa garrafa: 25%

Esses resultados revelam que *algumas* pessoas realmente pensam como economistas — mas parecem ser uma minoria de 20%.

Observe, também, que elas são as que menos vão aproveitar o vinho. (Existe um motivo para a economia ser conhecida como a "ciência sombria".)

6.7. Como as palavras mudam o sabor dos biscoitos

Lembre-se de que as palavras afetam não só o preço de um alimento — elas também podem mudar seu sabor. Cinco anos atrás, recebemos um telefonema preocupado de um colega belga. Um de seus maiores fabricantes de biscoitos tinha substituído sua marca mais popular por outra nova, com menos gordura, mas logo após o lançamento as vendas haviam despencado. Eles estavam perplexos; tinham realizado diversas pesquisas e testes, e muita gente nem notava qualquer diferença no sabor; no entanto, ninguém estava comprando a nova versão.

Foi um desses problemas que eu consegui resolver sem nem mesmo sair da cadeira. "Sei", respondi. "E vocês incluíram 'Agora com menos gordura' na embalagem?" "Claro que sim!", responderam. "Passamos meses reduzindo o conteúdo de gordura dos biscoitos — para que fazer isso, se você vai esconder?" "Esse é o problema", retruquei. "Não importa qual é o sabor de algo em uma degustação às cegas, se você acrescentar 'Baixo teor de gordura' ou qualquer outro indicador de alimento saudável na embalagem, você fará o gosto parecer horrível." No teste, os biscoitos ainda estavam na embalagem original, e eles tinham esquecido que a embalagem também afeta o sabor.

6.8. O mapa não é o território, mas a embalagem é o produto

O acadêmico polonês-americano Alfred Korzybski talvez seja mais famoso por seu aforismo "O mapa não é o território". Ele criou uma disciplina denominada semântica geral e argumentou que, como o conhecimento do mundo pelo homem é limitado pela biologia, pelo sistema nervoso e pelas linguagens, ninguém é capaz de apreender a realidade em si, considerando que tudo o que sabemos surge filtrado pela interpretação do próprio cérebro. Cara inteligente!

Um dia, Korzybski se ofereceu para dividir um pacote de biscoitos, embrulhados em papel liso, com a primeira fileira de pessoas na sua aula. "Bons esses biscoitos, vocês não concordam?", disse Korzybski, enquanto os alunos comiam os biscoitos, felizes da vida. Até que ele rasgou o invólucro branco externo e mostrou a embalagem original — nela aparecia a imagem da cabeça de um cachorro e as palavras "Biscoitos para Cães". Dois alunos começaram a ter engulhos, enquanto outros puseram as mãos diante da boca ou, em alguns casos, correram para o banheiro. "Viram", disse Korzybski, "acabei de demonstrar que as pessoas não comem apenas comida, comem também palavras, e que o sabor das palavras muitas vezes pode prevalecer sobre o sabor da comida."[1]

Esse efeito não se limita a produtos comestíveis; em produtos de limpeza, incluir na embalagem as palavras "agora melhor para o meio ambiente" pode levar as pessoas a acharem instintivamente que o produto é menos eficaz.

---

[1] Lucas Derks e Jaap Hollander, *Essenties van NLP*. Utrecht: Servire, 1996.

Existe aqui um dilema ético e prático: se você quiser produzir um detergente mais ecológico, será que você deveria mencionar na embalagem do produto que ele é menos agressivo para o meio ambiente, considerando que essa alegação pode levar as pessoas, inconscientemente, a não comprar o produto ou a usar quantidade superior à necessária? Em alguns casos, talvez seja melhor fazer de forma bastante discreta, em especial quando existe o receio de que o número de clientes que se importam com o meio ambiente pode ser inferior ao dos que o ignoram.

Anunciar até os menores ajustes em produtos populares foi um desastre para Vegemite, Milo e Cadbury Creme Egg — mesmo que não fossem notar sozinhas, as pessoas percebem diferenças no sabor simplesmente porque foi anunciado alguma mudança na fórmula. Quando a Kraft quis adotar uma formulação mais saudável para seu Mac & Cheese, eles ficaram apavorados com a hipótese de uma reação semelhante, ainda mais quando a combinação maligna de mídias sociais e jornais, ansiosos por uma história, pode transformar uns poucos tuítes hostis em notícias de impacto nacional. Assim, eles eliminaram o corante amarelo artificial e adicionaram páprica, açafrão e outros substitutos naturais — e não falaram nada sobre a mudança. Praticamente ninguém percebeu qualquer coisa — até que eles se manifestaram retroativamente sobre a alteração, com o título "Mudou. Mas não mudou". Assim, conquistaram novos consumidores, que até então evitavam o produto por causa de sua artificialidade, sem incomodar os clientes fiéis com uma suposta mudança de sabor, que de repente descobriram que vinham comendo uma versão mais saudável do mesmo produto.[2]

---

[2] Parabéns aos alquimistas da agência Crispin Porter + Bogusky pela mágica. Não deve ter sido fácil convencer o cliente — afinal, por que fazer alguma coisa benéfica e não falar nada?

6.9. A ilusão de foco

A atenção afeta nossos pensamentos e ações muito mais do que se supõe. Daniel Kahneman, junto de Amos Tversky, é um dos pais da economia comportamental; "a ilusão de foco", como ele chama, nos leva a superestimar em muito a importância de qualquer coisa que atraia a nossa atenção. Como ele explica:

> Nada é tão importante quanto supomos ser aquilo em que estamos pensando. Os marqueteiros exploram a ilusão de foco. Quando as pessoas são induzidas a acreditar que 'precisam ter' um bem, elas exageram demais na diferença que esse bem poderia trazer para a sua vida. A ilusão de foco é maior para alguns bens do que para outros, dependendo da extensão em que os bens atraem a atenção contínua ao longo do tempo. A ilusão de foco tende a ser mais significativa para assentos de couro em automóveis do que para audiobooks.[1]

Em marketing, podem-se usar tabelas comparativas para iludir o consumidor: se a pessoa que montou a tabela a seguir, sobre serviços de auxílio a automóveis enguiçados, quisesse ser objetiva, ela poderia ter acrescentado uns cinquenta outros benefícios oferecidos por qualquer empresa no ramo. No entanto, ela preferiu, ao contrário, focar a atenção do leitor na pequena proporção dos benefícios totais oferecidos exclusivamente pela marca que está anunciando.

[1] Daniel Kahneman, "Focusing Illusion". *Edge*, 2011.

	ETA	GREEN FLAG	GREEN INSURANCE COMPANY	GEM	AA	RAC
Peças grátis e cobertura de mão de obra?	✓	✗	✗	✗	✗	✗
Segunda recuperação grátis?	✓	✓	✗	✗	✗	✗
Cobertura de erro no abastecimento?	✓	✓	✓	✗	✗	✗
Compromisso de recuperação rápida?	✓	✓	✓	✗	✗	✗
Crédito por veículos cancelados?	✓	✓	✓	✗	✗	✗
Compensações de emissão de carbono?	✓	✓	✓	✗	✗	✗
Máximo de chamadas por ano	Ilimitado	Ilimitado	6	Ilimitado	7	6
Máximo de passageiros recuperados	Capacidade de carga legal	Capacidade de carga legal	9	8	7	6

Enfatize as diferenças, não as semelhanças.

A velha crença publicitária na importância de apresentar uma Proposta de Venda Exclusiva (uma "PVE") também explora a ilusão de foco: é mais fácil vender produtos que ofereçam atributos que os concorrentes não têm. Mesmo que essa oferta não tenha tanto impacto, ao enfatizar um aspecto exclusivo você amplia a possível percepção de perda de um comprador potencial que optar pela concorrência.

Equipamentos de camping estão entre as compras mais perigosas de fazer se estivermos sob a influência da ilusão de foco. Na loja, você se imagina usando os produtos em condições climáticas perfeitas, mas essa situação raramente ocorre.[2] Depois, as facetas de um produto que parecem as mais atraentes no momento da compra podem, na realidade, ser desvantajosas quando passamos

[2] Em meu país, pelo menos.

a usá-las. Por exemplo, todos os sacos de dormir, na embalagem, são dobrados em dimensões insustentáveis. Porém, o efeito a longo prazo desse impacto inicial é que, embora o produto possa parecer atraente quando novo, embalado por profissionais, é quase impossível colocá-lo de volta nas mesmas condições, após o primeiro uso.

Podemos nos proteger dessa ilusão direcionando nossa atenção para métricas que podem parecer menos relevantes do que são na realidade. Por exemplo, podemos nos imaginar tentando guardar uma barraca em um dia chuvoso ou de vento. Ou, ao procurar um Porsche para comprar, talvez seja recomendável nos imaginar no banco do carro, presos no trânsito — situação quase cotidiana — em vez de em uma estrada segura e desimpedida, em meio ao verde, com montanhas ao fundo, em uma tarde de verão — algo que ocorrerá apenas uma ou duas vezes.

O interessante é que Kahneman recorre aos assentos de couro em automóveis como exemplo da ilusão de foco. Sempre me perguntei se esse item era escolhido somente para a sinalização de status: o intuito de ostentação provavelmente se situa mais alto em sua lista de prioridades ao comprar o carro do que ao dirigi-lo, quando confiabilidade, custos operacionais e conforto são mais importantes. Na verdade, a superioridade dos assentos de couro em comparação com os assentos de tecido também depende da ilusão de foco. São vários os critérios para comparar os revestimentos de assentos, incluindo não apenas status e preço, mas também aderência, cheiro, facilidade de limpeza, durabilidade, ética e até o quanto o banco esquenta.[3] Dependendo de suas preferências por esses atributos como diferenciais positivos, o couro pode ser muitíssimo superior ao tecido ou não passar apenas de uma extravagância insensata.[4]

---

[3] Dizem que quem já se viu às voltas com uma criança nauseada em um carro com assentos de pano rapidamente se torna fã dos assentos de couro.

[4] Vale lembrar que o professor Kahneman era um acadêmico, e, portanto, um membro de uma casta estranha em que ter um calhambeque é uma insígnia de honra ("contrassinalização" é o termo técnico). Se você quiser acabar com a sua carreira acadêmica em ciências sociais no primeiro dia, apareça no estacionamento da universidade em um Ford Mustang novo em folha (um modelo clássico poderia ser aceitável, conforme o caso, mas só se você já tiver chegado ao nível de professor titular).

É justo que Kahneman diga que a ilusão de foco é de enorme importância em marketing, mas eu argumentaria que ela não é realmente uma ilusão, mas, antes, uma necessidade evolucionária. Além do mais, em vez de os marqueteiros "explorarem" a ilusão de foco, é a ilusão de foco que torna o marketing necessário. Entretanto, uma maneira de se sentir mais feliz é se conscientizar da possibilidade da ilusão de foco e de controlar os fatores que chamam a sua atenção. Tenho o costume de dar graças antes das refeições, pois prestar atenção às boas coisas que muitas vezes esquecemos de reconhecer parece uma boa maneira de encarar a vida — uma pausa para prestar atenção às refeições ajuda a curtir mais a vida.[5]

---

[5] Talvez o equivalente moderno de dar graças seja fotografar a comida.

6.10. Viés, ilusão e sobrevivência

A ilusão de foco é de fato uma ilusão, mas assim como são todas as nossas percepções, porque um animal objetivo não sobreviveria por muito tempo. Como explica o neurocientista Michael Graziano, "se o vento eriça o gramado e você o confunde com um leão, não tem problema. Mas se você não detectar um leão genuíno, você é excluído do pool de genes".[1] Portanto, é do nosso interesse evolutivo ser um pouco paranoico, mas também é essencial que nossos níveis de atenção variem de acordo com o nosso estado emocional. Ao caminhar sozinho por uma rua escura, o som de passos despertará mais nossa atenção do que em uma rua movimentada, durante o dia.

  É errado considerar essas ilusões como algo a ser corrigido ou evitado — é importante compreendê-las, assim como as maneiras como podem distorcer nossos comportamentos, mas a ideia de que talvez seja melhor não as experimentar é altamente perigosa. Por exemplo, se o seu alarme de fumaça tivesse consciência, seria possível afirmar com segurança que ele sofria de alucinações paranoicas — ele poderia soar furiosamente se você não estivesse fazendo nada mais perigoso do que preparar uma torrada. Há um bom motivo para isso. O detector de fumaça não pode distinguir entre um princípio de incêndio e uma fatia de torrada queimada. Porém, as consequências de errar em uma situação dessas são muito diferentes. O alarme de fumaça disparar quando

---

[1] Michael Graziano, "A New Theory explains How Consciousness Evolved". *Atlantic*, 6 jun. 2016.

você queima a torrada é um falso positivo incômodo, mas um falso negativo pode ser fatal; o último tipo de detector de fumaça a ser escolhido seria o que só dispara quando as chamas estão na iminência de tocar em vocês.

Pareidolia em ação — há quem veja um rosto — e até quem enxergue George Washington.

Temos de ser cuidadosos antes de começar a rotular casualmente vieses e ilusões como falhas mentais inerentes, em vez de como produto da seleção evolutiva. Vale considerar a hipótese de pareidolia, uma ilusão de ótica de que "muitos" de nós padecemos, quando vemos rostos e formas humanas ou animais em objetos inanimados.

Não é preciso estudar muita biologia evolutiva para compreender o motivo de termos uma sensibilidade aguçada para detectar rostos ou animais no ambiente. Muitas ameaças em nossa história evolutiva eram impostas por outros animais, e a capacidade de reconhecê-los e de interpretar suas intenções frequentemente eram a diferença entre vida e morte. Da mesma maneira que os detectores de fumaça, essa habilidade traz à tona a questão de ajuste — sim, o preço que se paga por ser bom em captar figuras humanas ou animais é imaginá-las onde elas não existem, mas é um preço que vale pagar. Talvez implique atribuir emoções à máquina de lavar roupa ou acreditar na existência de um rosto em uma formação rochosa, mas é um custo baixo da capacidade para a sua aptidão evolutiva, em comparação com as vantagens decorrentes do talento ampliado para o reconhecimento facial.

Na foto de uma chave, um algoritmo reconheceu uma face humana no que são apenas dois pontos e uma linha atravessada. Os softwares também sofrem de pareidolia.

Um cérebro que percebesse rostos em *todas* as rochas ou árvores, contudo, não seria muito útil. Podemos assumir que, se possível, a evolução tenderá a melhorar o ajuste e reduzir o número de falsos positivos indesejáveis. Mas os detectores de fumaça e os alarmes de carro são muito menos paranoicos hoje do que na década de 1980, mas ambos são calibrados para errar no sentido da cautela, que é o correto. Sempre vai existir um trade-off, e as ilusões são o preço que pagamos.

Uma "máquina de lavar confusa" — mais um exemplo de pareidolia.

Da mesma maneira, os softwares de reconhecimento facial devem fazer as mesmas escolhas conflitantes para serem eficazes. Se *nunca* errarem no reconhecimento de um rosto, são insensíveis demais — essa insensibilidade significa que não vão reconhecer faces levemente oblíquas, ou que estivessem com um dos olhos fechado, o que os tornaria inúteis. Em consequência, os algoritmos de reconhecimento facial estão sujeitos exatamente às mesmas ilusões pareidólicas dos humanos, o que significa a necessidade de algum tipo de ajuste ao lidar com informações imperfeitas ou ambíguas. Portanto, nenhum ser vivo pode evoluir e sobreviver no mundo real se processar informações de maneira objetiva, comedida e proporcional. É inevitável que se tenha algum grau de viés e ilusão.

6.11. Como conseguir um carro novo por cinquenta libras

Você tem um carro? Se sim, ele é razoavelmente bom? Se for, tenho uma boa notícia para você: o próximo parágrafo lhe renderá muitas vezes o preço deste livro.

Na próxima vez em que estiver pensando em trocar de carro, não o faça. Em vez disso, espere pelo menos um ano, ou talvez dois ou três. Nesse meio-tempo, em vez de vendê-lo, leve-o a uma boa oficina, de tempos em tempos, para que ele seja cuidadosamente lavado, por dentro e por fora. Isso vai custar a você entre cinquenta e cem libras por vez, mas você terá um carro muito melhor. Não somente um carro mais limpo, mas também um carro *melhor* — assim como com aparência mais atraente, que rodará mais macio, acelerará com mais rapidez, e fará curvas muito mais exatas e suaves. Carros lustrosos e cheirosos também são mais prazerosos de dirigir. Por quê? Por causa da psicofísica.

6.12. Psicofísica para salvar o mundo

Como evitar que produtos de limpeza ecológicos sejam percebidos como menos eficazes? Por sorte, você pode abrir mão de certos truques para induzir o inconsciente a achar que os ganhos ambientais não ocorrem necessariamente às custas da eficácia dos produtos. Mais uma vez, esses truques se enquadram na categoria de "bobagem indulgente".

Uma maneira de as empresas reduzirem suas pegadas ambientais é vender os produtos de forma concentrada, o que reduz a embalagem e os custos de distribuição, e também pode diminuir a quantidade de substâncias químicas usadas. Mas existem várias questões:

1. Algumas pessoas continuarão a usar os mesmos volumes de antes, não obstante o aumento na concentração, o que acarreta excesso de consumo. Uma tampa menor pode atenuar esse problema, mas algumas pessoas não aceitam que menos volume não significa menos efeito, e compensam a tampa menor despejando uma tampa adicional com o produto.
2. Outras podem deixar de comprar o produto, porque, embora mais concentrado, a embalagem menor parece mais cara na prateleira.
3. Há ainda quem acredite que o produto é inferior, simplesmente porque o volume é menor, o que o leva a questionar o seu valor.
4. Um produto menor ocupa menos espaço na prateleira, o que pode reduzir sua visibilidade e deixar espaços para os produtos dos concorrentes.

Há algumas maneiras de reagir a essas situações:

1. Honestidade radical,[1] como anunciar que o produto é, digamos, 4% menos poderoso do que antes, mas 97% melhor para o meio ambiente. Ou, como alternativa, seja explícito sobre um ponto fraco do produto.[2]
2. Faça uso do "Efeito Cachinhos Dourados" — a tendência humana natural de, ao dispormos de três opções, termos altas chances de escolher a do meio. A linguagem dos fabricantes de detergentes normaliza o uso mais baixo ou intermediário do produto, estigmatizando implicitamente o uso excessivo. Por exemplo, "Meia tampa do produto para lavagem leve-normal", "Uma tampa para lavagem intensa ou pesada"; "Duas tampas para sujeira extrema". Isso cria a impressão de que deve ser usado mais do que uma tampa quando se cometeu algum crime brutal: em consequência, até os mais exagerados tenderão a usar só uma tampa.[3]
3. Mude o formato: é difícil acreditar que uma quantidade menor de pó ou líquido surtirá o mesmo efeito de antes, mas se a fórmula for alterada para gel ou tabletes, ficamos mais propensos a acreditar. E no caso de tabletes, prefira embalagem larga, fina e alta, de maneira a não reduzir sua visibilidade na prateleira.
4. Aumente a complexidade: a simples adição de salpicos coloridos a um pó branco homogêneo aumentará a confiança na eficácia do produto, mesmo que as pessoas não façam ideia da função desses grãos diferentes. Do mesmo modo, os tabletes que consistem em uma mistura de líquidos, géis e pós reforçam a crença de que menos está fazendo mais. Lembre-se das pastas de dente com faixas coloridas.

---

[1] Nenhuma empresa, que eu saiba, adotou esse método, talvez porque seja difícil vendê-lo dentro de uma companhia.

[2] Reconhecer uma desvantagem torna as alegações mais plausíveis. Os melhores slogans de publicidade exploram esse efeito — os exemplos incluem "Tão caro que tranquiliza" e "Como somos a número dois, oferecemos mais".

[3] O "Efeito Cachinhos Dourados" também pode ser usado pelos fabricantes de máquinas de lavar, que talvez queiram, com propósitos ambientais, encorajar o uso de ciclos de temperatura mais baixos. Se você oferecer duas temperaturas muito baixas, de modo que trinta e quarenta graus se situem no meio do mostrador, com sessenta e noventa graus na extrema direita, as pessoas vão escolher por instinto as temperaturas de lavagem mais baixas.

5. Acrescente esforço. Se um produto concentrado exigir que você primeiro o dilua em água ou misture dois ingredientes separados antes de usá-lo, nossa crença na sua potência será restaurada através dessa pequena dose de trabalho extra.[4]

Todas essas soluções parecem bobagem de um ponto de vista lógico, e todas envolvem um elemento de ilusão. Se fôssemos capazes de ver o mundo objetivamente, consideraríamos tudo isso como enganação, mas, infelizmente, não somos objetivos. Além disso, não é como se, sem essa ilusão, de repente enxergássemos o mundo com nitidez absoluta. Simplesmente veríamos ilusões diferentes.

Assim sendo, você prefere ilusões que ajudem o meio ambiente, ou ilusões que agravem a crise climática?

---

[4] Fiquei intrigado ao descobrir que o produto concentrado mais bem-sucedido de um cliente (um polidor de madeira) era aquele cujo uso exigia mais um estágio de esforço, que era diluí-lo em um pequeno recipiente.

6.13. O efeito Ikea: Por que não vale a pena tornar as coisas fáceis demais

Na década de 1950, a empresa alimentícia General Mills lançou uma linha de misturas para bolos com a marca Betty Crocker, que incluía todos os ingredientes secos, inclusive leite e ovos. Bastava adicionar água, misturar e colocar a massa no forno — o que poderia dar errado? No entanto, apesar dos muitos benefícios desse produto miraculoso, as vendas empacaram, e nem mesmo a marca Betty Crocker conseguiu convencer ninguém a comprá-lo. A General Mills reuniu uma equipe de psicólogos para descobrir por que os consumidores estavam evitando o produto. Uma das explicações encontradas foi culpa: o produto era tão *fácil* de fazer, em comparação com o processo tradicional, que as pessoas tinham a sensação de estar trapaceando. O fato de o bolo ser excelente e de receber muitos elogios não ajudou — simplesmente levava a "confeiteira" a se sentir desconfortável por receber mais crédito do que merecia.

Tendo em vista esse resultado, a General Mills agregou um pouco de alquimia psicológica — ou "bobagem indulgente". Para tanto, revisaram as instruções na embalagem para tornar o processo menos conveniente: além de água, a dona de casa era incumbida de acrescentar um "ovo de verdade" aos ingredientes. Quando relançaram a mistura com o slogan "Só precisa de um ovo", as vendas dispararam. Os psicólogos concluíram que esse pequeno acréscimo de trabalho fez com que as mulheres[1] se sentissem menos culpadas. Embora ainda

---
[1] Lembre-se de que isso foi na década de 1950.

poupassem tempo e energia, empreendiam esforço suficiente para sentirem que contribuíram para a criação do bolo.

Existe um nome para esse esforço extra do consumidor em nome de aumentar a sensação de valor de alguém. Talvez devesse ter sido chamado de efeito Betty Crocker, já que foi quem o identificou pela primeira vez, mas, em vez disso, é conhecido como efeito Ikea, porque o bilionário excêntrico, Ingvar Kamprad, fundador da cadeia sueca de móveis, estava convencido de que o esforço investido na compra e montagem dos móveis da empresa aumentava a percepção de valor. Certa vez, quando trabalhei com a Ikea, recebi o seguinte conselho: "Nunca, em hipótese alguma, sugira maneiras de tornar a experiência com a Ikea mais conveniente. Se você fizer isso, nós o dispensaremos na mesma hora".

Empregamos esse efeito alguns anos mais tarde, quando nos pediram uma ajuda para promover um lava-roupas que tinha sido formulado para o mundo em desenvolvimento — o produto exigia que as roupas fossem enxaguadas uma vez, ao invés de três, durante a lavagem, para economizar água. Nossa ideia era projetar um balde mais complexo para substituir os três baldes até então necessários, o que acrescentaria certo grau de complicação gratuita ao enxágue único. Essa melhoria na eficácia do lava-roupas era pequena: o objetivo real do esforço extra era evitar que o novo processo parecesse bom demais para ser verdade.

Uma consideração final. Ao trabalhar com empresas farmacêuticas, descobri que todas tentavam tornar seus medicamentos tão fáceis de ingerir quanto possível — contudo, o economista comportamental Dan Ariely e eu discordamos desse pressuposto aparentemente lógico. Ambos concordamos que o efeito placebo poderia ser mais bem-visto se o medicamento exigisse algum tipo de preparação, seja diluição ou mistura. Além disso, ao criar uma rotina em torno da preparação de um medicamento antes de sua ingestão, você também desenvolve um ritual, o que torna muito mais difícil esquecer de tomá-lo. É fácil esquecer se você engoliu duas pílulas minúsculas, mas é muito mais difícil não lembrar de ter misturado o líquido A com o líquido B antes de adicionar o pó C.

6.14. Para conseguir que as pessoas façam a coisa certa, às vezes basta oferecer a razão errada

Como já mencionei, o cérebro humano, até certo ponto, assume automaticamente que há *trade-offs* em qualquer decisão. Se um carro é mais econômico, pressupõe-se que seja mais lento; se um sabão em pó é mais ecológico, presume-se que seja menos eficaz. Por isso é que promover um produto como "menos agressivo para o planeta" envolve um risco — por acaso não seria mais fácil salvar o planeta se falássemos menos e fizéssemos mais? Considero que o erro do movimento ambientalista seja supor que não apenas é necessário que as pessoas façam a coisa certa, mas também que façam a coisa certa pelas *razões certas*. Sou mais cínico e também mais prático: se as pessoas adotarem comportamentos que beneficiem o meio ambiente, não devemos realmente nos importar com os motivos.

Exigir que as pessoas façam as coisas certas *e pelas razões certas* é pedir um pouco demais. Quando a Ogilvy foi contratada para aumentar o nível da reciclagem de lixo nas residências britânicas, recomendamos que se arquivassem todas as análises do que os domicílios pensavam sobre o aumento dos aterros sanitários ou sobre a extinção dos ursos-polares; em vez disso, sugerimos que o principal vetor comportamental da reciclagem tivesse a ver com circunstâncias, não com atitudes. Sendo direto, se você tiver duas lixeiras na cozinha, você separará o lixo reciclável e reciclará uma quantidade considerável, mas se você tiver apenas uma lixeira, provavelmente não vai reciclar muita coisa. Com o slogan "Uma lixeira só é lixo", focamos toda a nossa campanha em induzir as pessoas a ter mais de uma lixeira em casa — evitando a questão de como convertê-las em defensores ferrenhos do movimento ecológico.[1]

Não estávamos sendo derrotistas nessa campanha, nem desistindo de tornar as pessoas mais conscientes em relação à crise climática — estávamos apenas resolvendo o problema às avessas. A sabedoria convencional sobre a tomada de decisões pelos humanos sempre sustentou que nossas atitudes impulsionam nosso comportamento. Mas as evidências sugerem enfaticamente que o processo, em grande parte, funciona ao revés: são os nossos comportamentos que moldam as nossas atitudes. Talvez alguém que separe o lixo em descartável e reciclável se torne mais consciente sobre o meio ambiente em consequência de ter adotado esse comportamento, da mesma maneira como os usuários de carros Tesla vão fazer discursos empolgados sobre a pureza ambiental de seus veículos, independente dos seus motivos iniciais para comprar o veículo.[2]

O comportamento vem primeiro; as atitudes mudam para acompanhar.

Temos adotado abordagens igualmente pragmáticas em propostas para reduzir a quantidade de alimentos comprados e não consumidos, que são descartados pelos consumidores após terem perdido a data de validade, ou a data "Melhor consumir antes de". Novamente, não nos concentramos nas razões para não desperdiçar alimentos, mas, ao contrário, em maneiras de facilitar a adoção de comportamentos que não levem ao desperdício. Nossas sugestões incluíram soluções infantis simples, como colocar o dia da semana nas datas "Use até" e "Melhor consumir antes de" impressas nas embalagens. "Use antes de segunda-feira, 11.12.17" é um lembrete muito mais útil do que apenas uma data numérica.[3]

---

[1] Também estamos desenvolvendo um clipe de plástico gratuito que ajuda as pessoas a prender um segundo saco de lixo no lado de fora da atual lixeira.

[2] Gostaria de fazer uma previsão: muito poucas pessoas que compram um Tesla voltarão algum dia a possuir um carro convencional, porque o ato de comprar o Tesla afetará para sempre as suas preferências. Mas essa mudança de comportamento duradoura não terá sido instigada necessariamente pela preocupação com o meio ambiente, como tampouco as pessoas que instalaram lavatórios e banheiros dentro de casa o fizeram para evitar um surto de cólera.

[3] Para usar a terminologia de Daniel Kahneman, "segunda-feira" é muito mais "Sistema 1" do que "11.12.17", exigindo menos esforço cognitivo para transmitir o significado.

Como vimos nesta seção, o que importa é *apenas* o comportamento, e não os motivos para adotá-lo. Apresente uma razão às pessoas, e elas podem não adotar um comportamento; mas induza as pessoas a adotar um comportamento, e elas não terão dificuldade em explicar elas mesmas as razões para adotá-lo.

Parte 7

Como ser um alquimista

7.1. A má notícia e a boa notícia

Depois de aterrissar no Aeroporto de Gatwick, o avião taxiou durante uns cinco minutos antes de parar, o terminal ainda bastante distante. Ouvi os motores desacelerarem, e um pensamento horrível logo me ocorreu: talvez estivéssemos a ponto de sermos transferidos para um ônibus. Sempre fiquei um pouco irritado ao ser levado de ônibus para o terminal, desconfiando que essa era uma tática das companhias aéreas para economizar a taxa de desembarque, estacionando a aeronave longe do terminal e não usando a ponte de embarque.

Então, o piloto fez um anúncio tão astuto, do ponto de vista psicológico, que senti vontade de chamá-lo para trabalhar na Ogilvy. "Tenho uma má notícia e uma boa notícia", disse. "A má notícia é que outro avião está bloqueando nosso portão de desembarque, então vocês terão de usar o ônibus; a boa notícia é que o ônibus vai levar vocês até a alfândega, então não vão precisar andar muito com as malas."

Depois de décadas voando, de repente me dei conta de que aquela informação era verdadeira, não só naquela ocasião, mas *sempre*! O ônibus deixa os passageiros exatamente onde devem ficar, ou seja, você não precisa carregar as malas por corredores sem fim, antes de chegar à saída — isso foi uma descoberta. Logo chegamos à alfândega, e ficamos gratos pelo ônibus. Nada mudara objetivamente, mas agora víamos o ônibus não como uma maldição, mas como uma dádiva. A abordagem alquímica do piloto redirecionara minha atenção para um juízo diferente.[1]

---

[1] Você pode tentar fazer a mesma alquimia no próximo voo em que se encontrar em situação semelhante. Se aparecer um ônibus para levá-lo ao terminal, diga em voz alta para a pessoa no assento ao lado que você está contente, pois o veículo o levará diretamente à alfândega. Assim, você contribuirá para a felicidade de todos os passageiros próximos.

7.2. Lição de alquimia 1: Com material suficiente para trabalhar, as pessoas quase sempre tentam ser otimistas

Uma característica dos humanos é que temos a propensão natural de direcionar a atenção para o lado positivo de qualquer situação, se dispusermos de uma versão alternativa, minimizando o lado negativo. Ao dar às pessoas boas notícias e más notícias ao mesmo tempo, é possível deixá-las muito mais felizes do que se tivessem apenas uma única interpretação: aquele piloto talvez fosse mais inteligente do que ele mesmo sabia.

Um dos relatos mais divertidos e reveladores na história recente da economia comportamental aparece nas memórias de Richard Thaler, *Misbehaving*,[1] quando ele descreve o que aconteceu quando a Faculdade de Economia da Universidade de Chicago se mudou para um novo prédio. Os personagens dessa história são, em tese, os mais racionais do mundo, que deveriam dispor de todas as estratégias possíveis para tomada de decisão coletiva na distribuição das salas, que difeririam um pouco em tamanho e status (uma sala de canto é mais desejável que uma sala com apenas uma janela). Houve quem sugerisse um leilão, mas a ideia logo foi rejeitada — foi vista como inaceitável por ganhadores do prêmio Nobel mais idosos, que não queriam ter salas menores que as de seus colegas mais jovens, só porque estes exerciam atividades de consultoria

---

[1] Richard Thaler, *Misbehaving: The Making of Behavioural Economics*. Nova York: W. W. Norton & Company, 2015. [Ed. bras.: *Misbehaving: A construção da economia comportamental*. Trad. de George Schlesinger. Rio de Janeiro: Intrínseca, 2019.]

mais lucrativas e tinham mais recursos para conquistar as melhores salas. Houve muitas brigas pela disputa do que eram pequenas diferenças em tamanho.[2]

Sugeri ao professor Thaler que talvez houvesse uma maneira mais simples de resolver a situação, usando um pouco de alquimia psicológica: por que não avaliar as salas e as vagas no estacionamento entre 1 e 100, pelo critério de atratividade, antes de distribuí-las por loteria, com as pessoas que recebiam as melhores salas ficando em contrapartida com as piores vagas, e vice-versa? Nessas condições, as pessoas atribuiriam maior importância à parte da loteria em que se saíssem melhor, enquanto os que ficavam no meio enxergariam o resultado como um meio-termo satisfatório.

Eu estava familiarizado com esse sistema porque era assim que eram distribuídos os dormitórios na minha universidade, prática que acredito remontar a séculos. No primeiro ano, todos os alunos recebem um quarto-padrão — nenhum dos quartos realmente bons é oferecido aos calouros. No segundo ano, faz-se uma votação. A pessoa mais votada recebe a primeira escolha; a segunda mais votada, a segunda escolha; e assim por diante; e no terceiro ano, as posições na cédula são invertidas. Nunca soube de ninguém que tenha ficado insatisfeito com esse resultado.

Essa experiência oferece um insight psicológico profundamente valioso sobre a melhor maneira de dividir recursos desiguais entre um conjunto aleatório de pessoas — quando os participantes recebem bom + ruim, ruim + bom ou médio + médio, todos parecem ficar igualmente contentes. De fato, talvez sejamos propensos a aceitar de bom grado *trade-offs* explícitos. Uma afirmação que contenha más e boas notícias, como "Sim, admitimos a desvantagem X mas também não se esqueça da vantagem Y", parece bastante convincente. Robert Cialdini observou que, na hora de fechar uma venda, a admissão de uma desvantagem, por mais estranho que isso pareça, aumenta o poder de persuasão: "Sim, é caro, mas você logo verá que vale o preço" soa inusitadamente convincente — a menção explícita às deficiências de um produto permite que as pessoas as relevem e aceitem o *trade-off*, em vez de preocupar-se sem fim

---

[2] Como Thaler observa, o argumento não era muito aplicável, pois todas as salas eram de tamanho decente; além do mais, as salas no lado menos elegante do prédio desfrutavam, em contrapartida, da vista de Robie House, uma das obras-primas de Frank Lloyd Wright, no estilo pradaria.

com as possíveis desvantagens. Ao lançar um novo produto, talvez convenha se lembrar disso.

Pensando bem, é um tanto estranha a maneira como as companhias aéreas de baixo custo são explícitas sobre o que seus tíquetes *não* incluem: assentos marcados, refeições, bebidas gratuitas, despacho de bagagem gratuito — essas deficiências ajudam a elucidar e a desestigmatizar os preços baixos. "Ah, entendo", você poderia pensar ao ver o anúncio de um voo para Budapeste por 37 libras, "o preço baixo é possível porque não estarei pagando por um monte de frescuras que, de qualquer forma, é possível que eu nem queira". É um *trade-off* explícito e bem definido, que aceitamos com prazer.

Imagine se uma companhia aérea barata, em vez disso, alegasse: "Somos tão bons quanto a British Airways, mas a um terço do preço". Das duas uma: ou ninguém acreditaria neles ou a alegação suscitaria dúvidas imediatas: "Quem sabe eles são barateiros porque não cuidam da manutenção dos motores, não treinam os pilotos, ou têm aviões que mal conseguem ficar no ar".

Portanto, o marketing pode não só justificar preços altos, mas também desintoxicar preços baixos. Ofereça alguma coisa muito barata sem explicação suficiente e a oferta simplesmente não será confiável — afinal, o que parece bom demais para ser verdade geralmente não é.

7.3. Uvas azedas, limões doces e minimização do arrependimento

Minha experiência com o ônibus do aeroporto ilustra uma verdade simples sobre a psicologia humana, que foi descoberta mais de 2 mil anos atrás por um contador de histórias sábio chamado Esopo. Ela aparece em várias de suas fábulas, inclusive na mais famosa, a história da raposa e as uvas. Uma raposa contempla cobiçosamente um maravilhoso cacho de uvas que pendia de um galho alto de uma árvore, a boca salivando. A raposa pula para alcançá-lo, mas nem chega perto. Tenta outra vez e mais uma vez, em vão. Senta-se, por fim, e mira as uvas, desgostosa. "Que tola sou eu", diz, "fazendo todo esse esforço para conseguir algumas uvas azedas[1] que não valem o trabalho."

A moral da fábula é que muita gente finge desprezar e subestimar o que está além de seu alcance. Embora esse comportamento pareça bastante justo, vale perguntar como seria a vida se usássemos esse truque mental em nós mesmos — talvez vivêssemos em constante estado de ressentimento por não ser um bilionário ganhador do Nobel.

O fenômeno oposto a uvas azedas é muitas vezes denominado "limões doces", quando "decidimos" enxergar uma perspectiva positiva em uma experiência negativa. Esses dois truques mentais são tipos de "minimização do arrependimento" — tendo a oportunidade, o cérebro humano faz o máximo possível para

---

[1] Daí é que vem a expressão "uvas azedas" — deve ser uma das mais antigas metáforas ainda em uso.

atenuar quaisquer sentimentos de arrependimento, embora efetivamente precise para tanto de uma narrativa alternativa plausível. Voltando à minha experiência no aeroporto, o motivo pelo qual eu detestava até então ser levado de ônibus do avião para o terminal não era ser necessariamente ruim, mas a falta de algo que me ajudasse a encarar a situação sob um olhar mais positivo. Depois de conhecer o lado bom, tive a opção de ver o ônibus como uma conveniência, não como um aborrecimento. Conforme escreveu Shakespeare, "não há nada em si bom ou ruim, mas pensar o faz assim".

Algumas horas antes de me sentar para escrever este capítulo, recebi uma notificação de multa por estacionamento proibido. Era de apenas 25 libras e havia sido minha culpa, mas, mesmo assim, fiquei extremamente chateado — e ainda me sinto irritado. Talvez essas multas nos deixem de tal forma transtornados por não enxergarmos como reposicioná-las sob uma perspectiva mais positiva.

Será que a autoridade local que emitiu a multa não deveria me dar alguma chance de recorrer ao mesmo truque mental, como fez o piloto da easyJet — uma razão, por mais tênue que fosse, de me sentir um pouco melhor em relação à multa? Por exemplo, até que ponto minha reação seria diferente se me dissessem que o dinheiro da multa seria revertido em melhoras nas rodovias locais ou doado a um abrigo para moradores de rua? A multa exerceria o mesmo efeito dissuasivo, mas meu nível de aborrecimento e ressentimento teria sido muito reduzido. Como isso seria algo ruim?

7.4. Lição de alquimia 2: O que funciona em pequena escala funciona em grande escala

Por que não aproveitamos a ideia que extraímos de nossas experiências com a easyJet e com as multas por estacionamento proibido e a aplicamos em algo maior? Os serviços públicos às vezes são criticados pelos usuários, não porque sejam piores que os serviços privados, mas porque a ligação entre o que você paga e o que você ganha é tão nebulosa que não permite às pessoas criarem uma narrativa positiva sobre os impostos que pagam.[1]

Certa vez examinei uma relação dos gastos públicos que são financiados pelos meus impostos locais: pareceu que pago 25 libras por ano pela coleta de lixo semanal — pensando nesse gasto como 50 pennies por semana, fiquei impressionado em como era bom o custo-benefício. Por menos que o preço de um selo, alguém vai à minha casa para remover e descartar vários sacos de lixo; de repente passei a pensar melhor da câmara municipal.

Um problema dos governos é que eles em geral detestam a "hipotecação", ou tributo de receita vinculada, o sistema em que a arrecadação é segregada e destinada a uma área de atividade específica. Em vez disso, a arrecadação tende a ir toda para o mesmo lugar, antes de ser gasta no que for necessário. Em consequência, nos ressentimos sobre essa forma de tributação com destinação

---

[1] Países como Dinamarca e Suécia podem ser uma exceção a isso: nos dois países, as alíquotas tributárias são extremamente altas, mas o gasto público está sujeito a alto nível de escrutínio democrático e local.

genérica mais do que aquela com destinação específica, cuja arrecadação paga alguma coisa que vemos, sentimos ou até imaginamos.

Em contraste, considere por um segundo o sucesso das organizações privadas em obter doações filantrópicas quando podem oferecer ao doador algo em troca — mesmo que seja algo tão trivial quanto o nome de um prédio. A tributação que o governo nos impõe não nos oferece a oportunidade de criar uma narrativa que nos deixe satisfeitos com o que pagamos. Os impostos, como as multas por estacionamento proibido, são vistos como negativos por essência, mas um pouco de alquimia poderia resolver esse problema sem muito esforço. Na Roma Antiga, os impostos sobre a riqueza eram utilizados para financiar campanhas militares ou obras públicas, e como o nome das pessoas que os pagavam era exibido em um monumento, com o dinheiro dedicado a um fim específico, as pessoas ricas ficavam satisfeitas com a tributação, e até indivíduos a princípio considerados pobres demais para pagar impostos se voluntariavam, afirmando "Na verdade, sou muito mais rico do que você imagina".

Indivíduos que gastam de bom grado trezentas libras na compra de óculos escuros de grife[2] se ressentem quando são obrigados a abrir mão da mesma quantia para financiar a saúde pública, a polícia, os bombeiros e as Forças Armadas; no entanto, muita gente se disporia a pagar mais impostos se fosse possível especificar os serviços que seriam financiados pela arrecadação.[3] Se fosse possível escolher uma opção na declaração do imposto de renda, dispondo-se a pagar 1% a mais para melhorar a saúde pública, muitas pessoas o fariam contentes. E se você além disso oferecesse um adesivo para carro, identificando-as como doadoras voluntárias para a saúde pública, a exemplo dos romanos, mais pessoas se apresentariam como voluntárias. Como uma iniciativa dessas poderia ser malvista? Porém, por alguma razão, o governo e as empresas parecem evitar essas soluções. Talvez as considerem como enganação; quem sabe elas *sejam* enganação, mas é inegável que, se as respostas emocionais exercem tamanha influência em nosso cérebro, não temos escolha senão pelo menos tentar apresentar as situações de maneira que elas causem menos dor emocional.

---

[2] Um item que provavelmente custa pouco mais de quinze libras para ser fabricado.
[3] Não sou o único a pensar assim. Shlomo Benartzi, da Universidade da Califórnia, Los Angeles, recentemente propôs algo semelhante ao governo do Reino Unido.

Lembre-se, ninguém comprará um peixe, por mais saboroso que seja, se tiver o nome peixe-dente-da-patagônia.

E, igualmente, ninguém com 26 anos comprará um produto financeiro, por mais vantajoso que seja, se tiver "pensão" no nome. Atualmente, o governo do Reino Unido gasta mais de 25 bilhões de libras por ano com deduções tributárias referentes a contribuições para previdência privada, um incentivo espantosamente generoso para poupar para a aposentadoria, que ainda assim é espantosamente ineficaz. Participei há pouco tempo de um grupo que foi criado para analisar o que o governo poderia fazer para tornar mais atraentes os planos de previdência privada, sobretudo para pessoas mais jovens, sem a necessidade de subsídio financeiro tão elevado. Ficamos todos impressionados com o trabalho que Richard Thaler e Schlomo Benartzi já desenvolveram nesse campo: juntos, eles conceberam um novo mecanismo de poupança para aposentadoria, que reconhece um dos princípios centrais da psicologia comportamental — aversão a perda, o processo mental que nos leva a experimentar mais dor com a perda de cem libras do que satisfação com o ganho da mesma quantia.[4]

Uma pensão típica funciona assim: você adere a um plano de pensão com a contribuição de 250 libras por mês; daí em diante, você fica todos os meses 250 libras mais pobre, até a sua aposentadoria, quando você pode resgatar a remuneração anual gerada pelo plano de pensão. Em contraste, o plano de pensão "Poupe mais amanhã", de Thaler e Benartzi, funcionava de outra maneira: você se inscrevia em um plano de pensão com determinada taxa (digamos, 20%), mas, em vez de começar a contribuir de imediato, suas contribuições seriam apenas uma proporção dos aumentos salariais futuros. Assim, se você recebesse um aumento salarial de quinhentas libras por mês, 20% disso (se assim você escolheu) iriam para o plano de pensão. E assim ocorreria com todos os aumentos salariais subsequentes: se, aos cinquenta anos, você estivesse recebendo 50 mil a mais por ano do que ao entrar no plano de pensão, você

---

[4] Ver Richard H. Thaler and Shlomo Benartzi, "Save More Tomorrow". *Journal of Political Economy*, v. 112, fev. 2004. Isso vai contra a ideia econômica de utilidade, e frequentemente é considerado um exemplo de irracionalidade humana (um "viés") pelos economistas. Contudo, pode ser que nosso cérebro tenha evoluído para acertar e que as suposições de racionalidade dos economistas estejam erradas. Na vida real, que depende das circunstâncias, uma perda (ou, pior ainda, uma série de perdas) acarretaria maior risco de danos do que os benefícios gerados por um ganho equivalente. Duas ou três perdas consecutivas em rápida sucessão poderiam rapidamente fazer a diferença entre sobrevivência e extinção.

agora estaria contribuindo com 10 mil por ano para o fundo de aposentadoria. O resultado é que quem estivesse contribuindo para um plano de pensão "Poupe mais amanhã" nunca ficaria mais pobre por causa disso — apenas seria "menos rico". Para um economista, os dois estados são idênticos, mas, para o cérebro humano, as situações são muito diferentes.

A ideia funcionou: em comparação com o grupo de controle, o dobro de pessoas demonstrou interesse em participar do esquema e, entre as que se inscreveram, as contribuições médias depois de sete anos estavam mais ou menos duplicadas. Isso pode ser considerado uma alquimia, pois acarretou uma mudança de comportamento sem exigir qualquer incentivo material — apenas ofereceu um esquema que é mais compatível com a maneira como nosso cérebro realmente funciona.

Não menos significativo foi o êxito do governo do Reino Unido na promoção de poupança para aposentadoria padrão, quando lançaram a autoinscrição. Como resultado, mais de 7 milhões de pessoas, que antes não tinham, agora possuem plano de pensão.

Somos uma espécie de rebanho sob muitos aspectos: sentimo-nos bem com outras pessoas e gostamos de fazer compras em grupo. Isso não é irracional — é uma heurística útil que ajuda a evitar desastres. Os antílopes talvez encontrem grama um pouco melhor afastando-se do rebanho e vagueando a esmo sozinhos, mas um antílope solitário precisa ficar mais atento aos predadores do que pastando; mesmo que a grama seja um pouco pior junto ao rebanho, cada antílope consegue passar grande parte do tempo pastando, porque a vigilância contra ameaças é compartilhada por muitos pares de olhos, em vez de atribuído a apenas um animal isolado. Os consumidores têm um instinto semelhante — preferimos tomar uma decisão subótima em companhia de outros do que uma decisão perfeita estando sozinhos. Isso também é sensato, mesmo que não seja convencionalmente "racional" — um problema é muito menos preocupante quando dividido com outras pessoas.[5]

---

[5] Imagine novamente o que você faria se estivesse sentado, feliz da vida, em casa, já à noite, e de repente todas as luzes se apagassem. Se você for um pouco parecido comigo, sua primeira reação seria olhar pela janela e ver se as casas próximas na mesma rua também estão às escuras. Se todas estiverem sem uma luz visível, você suspira aliviado: "Graças a Deus — é só uma queda de energia, e alguma outra pessoa terá de resolver esse problema". A alternativa é muito pior: "Merda, só eu estou sem luz — terei de resolver este problema".

Uma de nossas ideias para tornar os planos de pensão mais atraentes foi explorar essa mentalidade de rebanho: se você vendesse planos de pensão para grupos em que todas as pessoas se conhecessem — os sócios de um clube, por exemplo — os níveis de confiança provavelmente seriam muito mais altos. Eis algumas de nossas outras sugestões:

1. Diga às pessoas o quanto estão recebendo do Estado. Uma dedução tributária é um incentivo incomum, oferecido de maneira que o torna quase invisível: o incremento não é pago a você, mas adicionado às suas contribuições para o plano de pensão, onde logo desaparece. E se você recebesse uma mensagem do governo, todos os meses, dizendo "Contribuímos com mais quatrocentas libras para o seu plano de pensão este mês"?[6]
2. Restrinja quanto as pessoas podem economizar. No Reino Unido, sua contribuição para o plano de pensão pode ser extremamente alta e ainda assim receber o benefício tributário do governo. À primeira vista, isso parece lógico — quanto mais as pessoas poupam, melhor — mas não leva a um sentimento de que as pessoas estão em desvantagem se não alcançarem seu abatimento. Talvez pareça insensato dizer "Se você quer que as pessoas poupem mais, deixe-as poupar menos", mas esse é o tipo de solução contraintuitiva que muitas vezes aparece em alquimias psicológicas.[7]
3. Faça contribuições flexíveis para o plano de pensão. Na economia moderna atual, em que a remuneração pode não ser constante, não seria difícil para os contribuintes receberem uma mensagem de texto todos os meses, perguntando-lhes se querem (a) manter o pagamento normal, (b) aumentá-lo, ou (c) fazer uma pausa nos pagamentos.
4. Reduzir aos poucos, com a idade, o tamanho da dedução tributária, de modo a oferecer um incentivo claro para que as pessoas comecem a poupar mais cedo.
5. Permitir que as pessoas façam saques do fundo de pensão antes da aposentadoria. É ridículo pagar 25% de juros no cartão de crédito, tendo

---

[6] Se eu desse a alguém quatrocentas libras por mês, eu falaria bastante a respeito.
[7] Afinal, se funcionasse e fizesse sentido, alguém já a teria adotado.

100 mil no plano de pensão. E se a pessoa quiser tirar um ano de férias para viajar, por que não poderia sacar recursos do plano de pensão?[8]

Mesmo que discorde de algumas dessas sugestões, acho que você provavelmente reconheceria que algumas poderiam ser incentivos extras para poupar mais do que o sistema atual. O realmente importante aqui é que, se você assumisse que a economia deve ser objetivamente "verdadeira", nenhuma delas[9] nem sequer chegaria a ser considerada.

---

[8] Não vejo nenhuma razão óbvia para que seja imoral alguém na casa dos quarenta tirar um ano de férias, enquanto parar de trabalhar totalmente aos sessenta anos é de todo aceitável. A aposentadoria foi concebida em uma época em que a maioria das pessoas morria aos 65 anos, e quando o trabalho envolvia labuta física exaustiva — devemos questionar se isso ainda é relevante.
[9] À exceção talvez da quarta.

7.5. Lição de alquimia 3: Encontre expressões diferentes para a mesma coisa

Visualize um conjunto de quatro cartas em uma mesa — cada uma delas tem um número de um lado e uma cor no outro. As faces visíveis das cartas são 5, 8, azul e verde. Que carta (ou cartas) deve você virar para testar a proposição de que se uma carta mostra um número par em uma face, a face oposta é azul?[1]

Cartas de Wason — e como o contexto importa. Esse teste deixou perplexa a maioria dos estudantes de Princeton.

Uma quantidade surpreendente de pessoas brilhantes erra a resposta — inclusive, em um dos testes, a maioria dos alunos de Princeton. No todo, menos de uma em dez pessoas acerta na primeira vez, embora ninguém tenha qualquer dificuldade em compreender o problema depois que a resposta é demonstrada.

[1] Essa é a chamada tarefa de seleção de Wason (P. C. Wason, "Reasoning". In: B. M. Foss (Org.), *New Horizons in Psychology*. Harmondsworth: Penguin, 1966).

O erro mais comum é assumir que você deve virar a carta azul; de fato, como a regra não diz nada sobre números ímpares, uma face azul acompanhada de um número ímpar ou par não invalida a regra — portanto, não há necessidade de virar a carta azul. Em vez disso, você deve virar a carta *verde*, pois, se a outra face tiver um número par, a regra *estaria* quebrada.

Como os psicólogos evolutivos Leda Cosmides e John Tooby observaram, se o mesmo problema fosse enquadrado na linguagem das relações sociais, e não na linguagem rarefeita da lógica, a taxa de sucesso seria muito mais alta. Por exemplo, imagine que a regra seja que você precisa ter mais de 21 anos para ingerir bebidas alcoólicas — em um lado das cartas está a idade da pessoa, no outro está o nome da bebida que estão segurando.

Nessa versão do problema, quase todos os participantes acertam: eles apenas verificam a carta da pessoa de dezenove anos e a idade da pessoa que está bebendo a cerveja. A lata de refrigerante não faz diferença, pois a pessoa com mais de 21 anos pode beber o que quiser. Ninguém tem dificuldade com essa lógica, embora se trate do mesmo problema de antes, apenas enquadrado de maneira diferente.[2]

No entanto, reenquadre o mesmo problema de maneira diferente, e qualquer criança o resolverá.

O trabalho do alquimista é descobrir que enquadramento funciona melhor. Convenci meu pai a assinar TV paga aos 82 anos, simplesmente reenquadrando

---

[2] Em "Cognitive Adaptions for Social Exchange" (In: J. Barkow et al., *The Adapted Mind*. Oxford: Oxford University Press, 1992), Toby e Cosmides propõem que o cérebro contém vários módulos evoluídos que são necessários para lidar com diferentes processos — quando o problema das cartas é apresentado como uma questão de quebra de regra, não temos dificuldade de resolvê-lo, já que parte do nosso cérebro foi otimizada para essas questões. Contudo, quando o mesmo enigma é apresentado na linguagem menos acessível da lógica pura, nós o consideramos difícil, pois não temos um módulo correspondente para essas abstrações. Não estou de todo convencido disso, mas é uma ideia interessante — e um experimento fascinante.

o custo. Ele relutava em pagar dezessete libras mensais pelo pacote de televisão por satélite. Para ele, parecia desperdício de dinheiro. No entanto, quando apontei que dezessete libras por mês era o equivalente a cinquenta pennies por dia e que ele já gastava duas libras por dia com jornais, a situação mudou de figura. Em termos de cinquenta pennies por dia em vez de dezessete libras por mês,[3] o mesmo custo pareceu perfeitamente razoável.

---

[3] Admito o uso um pouco inexato da matemática.

7.6. Lição de alquimia 4: Crie escolhas gratuitas

Desde que não causem nenhuma dor mental, tendemos a gostar de escolhas por seus próprios méritos, apenas por serem escolhas. No começo da década de 1990, eu trabalhei com a recém-privatizada British Telecom (BT), uma das maiores contas da minha agência. Eles tinham acabado de modernizar as centrais telefônicas em toda a Grã-Bretanha e estavam em condições de oferecer aos clientes melhorias muito expressivas em seus serviços. Por umas poucas libras a mais, era possível transferir chamadas para outro número ou assinar a "Chamada em Espera", avisando que outro telefonema estava aguardando a sua linha ser desocupada.

Para explicar os novos serviços, enviamos cartas aos clientes e os convidamos a testar a assinatura dos serviços. Eles podiam se inscrever de duas maneiras: telefonando para um número gratuito ou marcando uma opção em um formulário pré-personalizado, a ser devolvido em um envelope pré-pago — até aqui, tudo muito chato. Porém, a BT tinha aversão a deixar que as pessoas pedissem produtos pelo correio: eles argumentavam que, como eram uma empresa de telefonia, deveríamos estimular as pessoas a usar o próprio telefone, em vez de dar dinheiro aos correios — queriam enviar as cartas e simplesmente incluir um número de telefone como único meio de resposta.

Para testar essa alternativa, dividimos os clientes em três grupos aleatórios. O primeiro grupo tinha a opção de responder por telefone e correio, enquanto o segundo só podia responder por telefone e o terceiro só podia responder por correio. Enviamos 50 mil cartas a cada grupo e, quando as respostas começaram a chegar, logo se tornou evidente que algo estranho estava acontecendo. As pessoas que tinham apenas a opção de responder por telefone apresentaram taxa de resposta de 2,9% e aquelas que só tinham cupons postais apresentaram taxa de resposta de cerca de 5%. Mas o grupo que podia optar entre cupom ou telefone teve taxa de resposta de 7,8% — quase que a soma dos outros dois. Em termos econômicos, foi bizarro.

As pessoas parecem gostar de escolhas por seus próprios méritos.

Essa é uma das razões de os serviços públicos e os monopólios, mesmo quando trabalham relativamente bem, não serem bem avaliados — é mais difícil gostar de alguma coisa quando não fomos nós que a escolhemos.

Simplesmente não compreendo por que a maioria dos varejistas on-line não oferece aos clientes a possibilidade de escolha do frete de entrega. As pessoas iriam preferir muito essa alternativa, que ainda geraria para os varejistas o benefício adicional de não serem responsabilizados totalmente em caso de atraso ou falha na entrega.

7.7. Lição de alquimia 5: Seja imprevisível

Torre de controle: "Será que não deveríamos acender as luzes de busca, agora?".
Kramer: "Não... é exatamente isso que eles esperam que façamos".

A maioria das empresas é dirigida de acordo com a lógica convencional. Finanças, operações e logística, tudo funciona de acordo com as melhores práticas estabelecidas — há regras, e é preciso ter um bom motivo para transgredi-las. Outros setores da empresa, porém, não atuam dessa maneira, e marketing é um deles: na verdade, é um lado do negócio onde nunca há melhores práticas, porque, se você seguir uma ortodoxia-padrão, sua marca vai se tornar igual à dos seus concorrentes, acabando com a sua vantagem. A brincadeira acima, do filme *Apertem os cintos... o piloto sumiu!*, ocorre quando a torre de controle tenta seguir o protocolo, acendendo as luzes da pista para o avião em aproximação; Kramer, um veterano de guerra, está com medo de ser previsível demais.[1] E salienta um ponto importante.

A vida do marqueteiro pode ser difícil e solitária. Em geral, grande parte dos gestores de uma empresa terá a mentalidade do controlador de tráfego aéreo, que ama o óbvio, enquanto o marqueteiro precisa ser mais como Kramer, com *medo* do óbvio. As duas mentalidades nem sempre são compatíveis, e afastar-se da lógica convencional pode ser arriscado — lembre-se de que

---

[1] A estratégia militar é, sob alguns aspectos, muito parecida com marketing — o estrategista militar não pode seguir a lógica convencional, pois o inimigo será capaz de prever o que você fará.

é mais fácil ser demitido por ser ilógico do que por ter falta de imaginação. Embora em muitos contextos sociais ou complexos ser totalmente previsível seja disfuncional, tendemos a fetichizar a lógica.

Como observou Bill Bernbach, a lógica convencional é disfuncional em marketing — pois você acaba no mesmo lugar que os seus concorrentes.

7.8. Lição de alquimia 6: Ouse ser trivial

A combinação de 29 palavras e um botão, na imagem abaixo, tem sido chamada "botão de $300m", e é citada muitas vezes em artigos sobre web design e experiência do usuário. Apareceu pela primeira vez em um site de varejo, sem nome, que muitos experts acreditam ser a Best Buy.

Novos clientes

Não tem uma conta? Sem problema. Você pode fazer o check-out como convidado. Você terá a opção de criar uma conta durante o check-out.

> Continuar como convidado

O "botão de $300m". De fato, efeitos monumentais desse tipo são espantosamente comuns em web design. Talvez uma das primeiras regras do design de interface seja "não tente ser lógico".

Jared Spool, criador do botão, descreve o formulário que os clientes do website encontravam antes, quando vinham completar uma compra:

O formulário era simples. Os campos se limitavam a *Endereço de e-mail* e *Senha*. Os botões não passavam de *Login* e *Cadastre-se*. O link se resumia a *"Esqueci a senha"*. Assim era o formulário de login do site. O mesmo formulário-padrão que os usuários encontram em todos os lugares. Que problema poderiam ver nisso? [No entanto,] estávamos errados sobre os compradores de primeira viagem. Eles não gostavam de se registrar ao chegarem na página. É como um deles nos disse: "Eu não estou aqui para começar um relacionamento. Só quero comprar alguma coisa". Alguns compradores de primeira viagem não lembravam se aquela era a primeira vez e ficavam frustrados quando sucessivas combinações de e-mail e senha não davam certo. Ficávamos surpresos ao ver como tinham resistência em se cadastrar. Mesmo sem saber como era o processo de cadastro, todos os usuários que clicavam no botão o faziam movidos pelo desespero. Muitos se queixavam de como o varejista só queria suas informações pessoais para assediá-los com mensagens de marketing indesejadas. Alguns imaginavam outros propósitos nefastos nessa tentativa óbvia de invasão de privacidade"[1]

Seguindo o conselho de Spool, os designers do site resolveram o problema de maneira muito simples — substituíram o botão "Cadastre-se" pelo botão "Continue", com uma instrução simples: "Você não precisa criar uma conta para comprar em nosso site. Basta clicar em 'Continuar' para comprar e depois pagar e sair. Para tornar suas compras futuras ainda mais rápidas, você pode criar uma conta durante o check-out".

O número de clientes que finalizam as compras aumentou em 45% quase imediatamente, o que resultou em 15 milhões de dólares a mais no primeiro mês; no primeiro ano, o site estimou em 300 milhões o aumento de receita atribuível a essa mudança.

Quer dizer que as pessoas detestam se registrar em sites e é possível aumentar as vendas de maneira espetacular, contornando a necessidade de registro inicial? Bem, não é assim tão simples — há um aspecto estranho nessa história, visto que a maioria dos clientes do site (cerca de 90%) que preferiram

---

[1] Jared Spool, "Changing a Button Increased Annual Revenues for a Web Site by $300 Million". (In: L. Wroblewski, *Web Form Design*. Nova York: Rosenfeld Media, 2008). Na realidade, o site não pedia nada durante o cadastro que não fosse necessário para completar a compra: nome do cliente, endereço de entrega, endereço de faturamento e informações para pagamento.

"continuar como convidado" não se importou em se inscrever como clientes depois de terem feito a compra — as mesmas pessoas que relutavam em se inscrever *antes* de finalizar a compra pareciam tranquilas em deixar suas informações e criar uma conta ao fim do processo. Isso mostra que o relevante não era o que lhes pedíamos para fazer, mas a ordem em que gostaríamos que fizessem.

Digitar o seu endereço para confirmar onde entregar a nova máquina de lavar parece um bom uso do tempo; executar a mesma tarefa quando tudo o que você acha que está fazendo é informar os seus dados a um banco de dados de clientes parece perda de tempo.

A mesma coisa em contextos diferentes pode ser positiva ou negativa. Mais uma vez, é o ônibus do aeroporto, no desembarque, que o leva do avião para o terminal.

7.9. Lição de alquimia 7: Em defesa das trivialidades

O grande redator de publicidade Drayton certa vez foi criticado por um amigo, que disse: "Vocês, publicitários, às vezes vão fundo demais na superfície das coisas, não vão?". Entretanto, embora a intenção fosse criticar, acho que essa observação deveria ser interpretada como um elogio.

Como lhe diria qualquer admirador de Sherlock Holmes, prestar atenção a trivialidades nem sempre é perda de tempo, porque as pistas mais importantes muitas vezes podem parecer irrelevantes e muitas coisas na vida são mais bem compreendidas quando observamos detalhes triviais. Ninguém critica Darwin por ter sido tão minucioso na comparação dos bicos dos tentilhões de uma ilha e de outra porque suas deduções foram revolucionárias.

A mentalidade do físico ou do economista assume que grandes efeitos decorrem de grandes causas. Já a mentalidade do alquimista compreende que as mudanças mais triviais no contexto ou no significado podem exercer impactos imensos no comportamento.

Conclusão
Quanto a ser um pouco menos lógico

Ninguém duvida que seja possível conviver com aleatoriedades, ineficiências e irracionalidades demais. Nunca se pergunta, porém, se é possível conviver *menos* com esses elementos. Será a lógica superestimada? Minha intenção neste livro não é atacar o pensamento econômico, por julgá-lo equivocado. Acho que devemos considerar com muita seriedade o que pode ser revelado pelos modelos econômicos. Porém, não tenho dúvida de que precisamos reconhecer que esses modelos podem limitar radicalmente a criatividade. Em outras palavras, o problema com a lógica é que ela acaba com a magia. Ou, como Niels Bohr[1] certa vez teria dito a Einstein: "Você não está pensando; você só está sendo lógico".

Uma abordagem estritamente lógica à resolução de problemas desperta a sensação tranquilizante de que se está encontrando a resposta, mesmo quando o processo é inviável; por isso, só se consideram as soluções que foram alcançadas por meio do raciocínio convencional "validado" — não raro às expensas de soluções melhores (e mais baratas), que envolvem muito mais instinto, imaginação ou sorte.

Lembre-se: se você nunca ousar fazer algo diferente, você reduzirá suas chances de aproveitar incidentes venturosos.

---

[1] Físico e filósofo dinamarquês, ganhador do prêmio Nobel.

Essas abordagens pseudorracionais, movidas pela obsessão de seguir processos consagrados, excluem possíveis soluções contraintuitivas e restringe a busca de respostas a um grupo de pessoas diminuto e homogêneo. Afinal, nem mesmo os contadores e economistas usam a lógica para resolver dilemas domésticos cotidianos; por que, então, instintivamente, buscam eles suas calculadoras e planilhas eletrônicas no segundo em que entram no escritório? A resposta convencional é que aplicamos mais método e estrutura nas tomadas de decisões no trabalho porque muito mais está em jogo. Outra explicação menos otimista, porém, é que as limitações dessas abordagens são o que de fato as torna mais atraentes — a última coisa que as pessoas querem ao se defrontarem com um problema é uma gama de soluções criativas, sem meios para escolher entre elas, além do julgamento subjetivo. Parece mais seguro criar um modelo artificial que possibilite uma solução lógica, e alegar, como justificativa, que a decisão se baseou em "fatos", não em opiniões: lembre-se de que geralmente o mais importante para quem decide nas empresas ou nos governos não é o resultado bem-sucedido em si, mas a capacidade de defender a decisão, independente do resultado.

Solucionar problemas usando a racionalidade é como jogar golfe com apenas um taco

Você vai melhorar em muito o seu raciocínio se tentar abandonar a certeza artificial e aceitar as ambiguidades e idiossincrasias da psicologia humana. Contudo, como adverti no início deste livro, essa atitude nem sempre facilitará a sua vida — é muito mais provável ser demitido por falta de lógica do que por

Abordagem inovadora

Você é visto como um tolo; você é demitido	Você ganha algum crédito, mas sua ideia é apresentada como se tivesse sido lógica desde o começo
Você é considerado apenas sem sorte; você mantém o emprego	Você mantém o emprego e recebe um bônus ou é promovido

Fracasso ⟶ Sucesso

Abordagem lógica

Por que precisamos gastar mais tempo e energia em busca de efeitos borboleta.

falta de imaginação.[1] O gráfico da página anterior descreve as consequências de diferentes modos de tomada de decisão, estimando se as coisas darão certo ou errado.

As grandes empresas não são programadas para recompensar o pensamento criativo. Como visto no gráfico, os maiores riscos resultam da abordagem inventiva; portanto, parece mais seguro agir de forma lógica. Porém, compete ao alquimista explorar, de vez em quando, a metade superior desse gráfico — e os gestores deveriam dar à sua equipe permissão e apoio persistente quando elas agirem dessa forma.

---

[1] Ou, como certa vez escreveu John Maynard Keynes: "A sabedoria mundana nos ensina que não raro é melhor para a reputação perder dentro dos padrões do que vencer fora dos padrões".

Encontrando o verdadeiro porquê: Precisamos conversar sobre motivações inconscientes

Nosso cérebro nos oferece uma visão mais adequada para melhorarmos nossa aptidão evolutiva do que para captarmos a realidade objetiva. Não ter consciência das próprias motivações pode compensar do ponto de vista evolutivo: é verdade inquestionável que, para a evolução, aptidão é mais importante que objetividade e que a capacidade de apresentar uma autoimagem positiva gera certas vantagens reprodutivas, o que fará com que isso seja uma prioridade. Desconfio que não somos capazes de superar essas tendências e não tenho certeza se o faríamos se pudéssemos, porque a vida sem elas seria irreconhecível e, talvez, intolerável.

No entanto, para compreender o poder da alquimia, precisamos encontrar palavras mais propícias para descrever essas motivações e devemos resistir ao impulso natural para racionalizar tudo o que fazemos. Portanto, uma de minhas últimas dicas é que a alquimia não é só o que fazer — também é o que *não* fazer.

Não estou pedindo que você leia este livro e que então realize alguma proeza de inteligência — é preciso apenas abandonar os pressupostos que você carrega consigo todos os dias para a sua zona de conforto. A parte mais difícil é descartá-los todos ao mesmo tempo, o que envolve o risco de constrangimento social. Por exemplo, considerando o escritório panorâmico, sem divisórias, e nossa obsessão por responder e-mails o mais rápido possível, talvez seja embaraçoso, ou até prejudicial, passar uns vinte minutos com um olhar vago, voltado para lugar nenhum. Porém, sem esse momento de desligamento, é mais difícil praticar a alquimia mental.[1]

---

[1] Nem uma única palavra deste livro foi escrita em meu escritório — da mesma maneira como David Ogilvy não escreveu um único anúncio no escritório ("Distrações demais", disse ele). E talvez 80% deste livro foi redigido quando eu não tinha feito quase nada na véspera. Como observou John Lennon, "Tempo gasto não fazendo nada raramente é desperdiçado"; porém, o mundo moderno parece fazer todo o possível para destruir os momentos em que a alquimia poderia prosperar.

Rebele-se contra a aritmocracia

Meu amigo Anthony Tasgal, especialista em publicidade, cunhou o termo "arithmocracy" [aritmocracia] para denotar uma nova classe de pessoas influentes, para as quais o seu nível de educação superior as tornam qualificadas para tomar decisões econômicas e políticas. Aí se incluem economistas, políticos de todos os tipos, consultores de gestão, *think tanks*, servidores públicos e pessoas que se parecem comigo. Não acredito que essas pessoas fazem parte de uma conspiração e acho que grande parte de suas ações almejam o bem comum. Contudo, elas são perigosas porque a maneira como cultuam a razão as torna incapazes de imaginar melhorias para a vida, fora de uma gama estreita de medidas. Escrevendo sobre pessoas assim em *The Thing*, G. K. Chesterton explicou:

> Quanto a reformar as coisas, algo distinto de deformá-las, há um princípio objetivo e simples; princípio que provavelmente será chamado de paradoxo. Existe nesse caso certa instituição ou legislação; digamos, a bem da simplicidade, uma espécie de cerca ou portão, atravessando uma estrada. O tipo de reformador mais moderno se aproxima desse obstáculo, cheio de disposição, e afirma: "Não vejo a utilidade disso; vamos removê-lo". Ao que o tipo de reformador mais inteligente fará bem em responder: "Se você não vê a utilidade disso, eu por certo não vou permitir que remova. Vá embora e reflita. Então, quando você retornar e me disser que você já sabe para que isso serve, posso deixar que você o destrua".[1]

[1] G. K. Chesterton, *The Thing*. Londres: Sheed and Ward, 1929.

Uma quantidade enorme de pessoas bem remuneradas, desde consultores empresariais até assessores econômicos, são pagos generosamente para destruir "cercas de Chesterton". Empresas de tecnologia afundaram parcialmente a indústria de publicidade e jornalismo, deixando-as à míngua de receitas — tudo à guisa de eficiência. Entretanto, elas não compreenderam que publicidade não tem a ver com eficiência — como disse um expert: "A parte que você acha que foi um desperdício é a parte que funciona de fato". Hoje se gastam bilhões de dólares com marketing digital, porque se supõe que ele seja mais eficiente — é possível se dirigir com mais precisão aos alvos desejados e o custo de transmissão de cada mensagem para um par de olhos receptivos é mais baixo — embora não esteja clara a sua eficiência. A Procter & Gamble alegou recentemente que havia reduzido seus gastos com anúncios digitais em 150 milhões de dólares, sem constatar qualquer redução nas vendas — seria possível que o marketing seja na verdade estranhamente ineficaz?

A publicidade tem um nítido poder de persuasão que não resulta somente das informações transmitidas — mas onde reside esse poder, e o que torna um comercial de televisão diferente de um banner? Posso pensar em três coisas:

1. Sabemos que um comercial de televisão é caro e que o tempo de transmissão é dispendioso.
2. Sabemos que um comercial de televisão está sendo transmitido para um grande número de pessoas, e que essas outras pessoas estão vendo o comercial ao mesmo tempo em que nós.
3. Sabemos que o anunciante exerce controle limitado sobre quem vê a mensagem — em outras palavras, ele não escolhe o indivíduo para quem está fazendo sua promessa.

Se o ato de anunciar gera qualquer um de seus efeitos persuasivos por meio desses três mecanismos, é plausível que o marketing digital possa parecer eficiente, mas, na verdade, ele pode ser surpreendentemente ineficaz.

Lembre-se de meu argumento contra o Vale do Silício: a porta automática não substitui o porteiro. Nos anos recentes, a publicidade pode ser vista seguindo o mesmo padrão:

1. Defina publicidade como transmissão de informação direcionada.
2. Instale tecnologia que otimize essa função estreita.

3. Declare o êxito, usando métricas baseadas em sua descrição original de função.
4. Capture as economias de custo para si próprio e vá embora.

O modelo demasiado simplista de publicidade presume que perguntamos "O que o anúncio está dizendo?", em vez de "Por que o anunciante está gastando dinheiro para promover o seu produto?", embora seja claro que usamos inteligência social para decodificar a publicidade que vemos. Um exemplo que enfatiza o significado de nossa interpretação da informação ocorreu na Europa Oriental, sob o comunismo. Quando um produto era anunciado lá, a demanda geralmente *caía*. Isso ocorria porque, sob o comunismo, qualquer coisa desejável era escassa, logo as pessoas inferiam que o governo só promovia alguma coisa cuja qualidade fosse tão ruim que as pessoas não estariam dispostas a formar uma fila para adquiri-la.

Ou imagine que você tenha dois produtos à venda. O produto A parece oferecer mais atributos que o produto B, e seu preço também é mais baixo. Para um economista, a decisão é fácil: sendo mais útil e tendo um custo mais baixo, todos escolheriam o produto A. Como, porém, o cliente está decidindo sem conhecimento perfeito dos dois produtos e do quanto são confiáveis, ele talvez suponha que deve haver uma razão para que o preço do produto A, de qualidade nitidamente superior, não seja mais alto. Acho que o resultado mais provável é que nenhum dos dois produtos seria comprado. Não importa o que a lógica econômica imponha, seria melhor para o fabricante do produto A que seu preço fosse ligeiramente superior ao do produto B.

Isso não é irracionalidade — é inteligência social de segunda ordem aplicada a um mundo incerto. Ao usar um modelo econômico simples, com uma visão estreita da motivação humana, o projeto neoliberal se tornou uma ameaça para a imaginação humana.

Em uma viagem para a Espanha, antes da crise financeira global de 2008, percebi que condomínios realmente monstruosos estavam sendo construídos a menos de dois quilômetros de distância uns dos outros ao longo da costa.[2]

---

[2] Se algum dia se avistava o mar da janela, esse cenário foi agora obscurecido por mais condomínios, igualmente horrendos.

A construção civil, na época, gerava nada menos que 20% do PIB espanhol. Olhei para aqueles prédios e fiz uma pergunta simples: "Quem vai comprar essas porcarias de apartamentos?". A resposta era óbvia: ninguém. Mesmo se toda a população do Norte da Europa decidisse simultaneamente se mudar para a Espanha, era altamente improvável que a maioria dela resolvesse morar ali.

Logo chegou a hora de voltar para casa. Saindo de Madri ou de Barcelona, é impossível não notar o quanto são magníficos ambos os aeroportos, mas também perceber que são três vezes maiores do que o necessário. Nos aeroportos de Heathrow, em Londres, ou Schiphol, em Amsterdam, quase todos os portões de embarque eram ocupados por uma aeronave à espera dos passageiros; na Espanha, havia um avião a cada cinco portões, se tanto. O mero tamanho dos aeroportos dizia a quem quisesse ouvir: se era possível pegar dinheiro emprestado com tanta facilidade para projetos tão grandiosos e ociosos, alguma coisa dera muito errado no setor bancário.

Grande parte do nosso cérebro é projetada para considerar esta realidade confusa, em vez da teoria conceitual simples, mas o uso dessa área do cérebro geralmente é desencorajado. Se eu tivesse comparecido a uma reunião sobre serviços bancários, com fotografias dos condomínios de prédios de qualidade inferior na costa espanhola, os economistas teriam rido de mim, pois certamente os teriam considerado "meramente incidentais". No entanto, como demonstrou *A jogada do século*, de Michael Lewis,[3] as pessoas que previram o (e apostaram no) colapso da economia global, fizeram exatamente isso — conversaram com corretores de imóveis e visitaram empreendimentos residenciais. Por que deveríamos acreditar mais em um modelo matemático teórico do que naquilo que podemos ver bem na nossa frente?

Estaríamos nós, de forma bizarra, enfatizando números ou modelos e desprezando a observação direta, porque as especulações parecem mais confiáveis do que a realidade?

---

[3] Michael Lewis, *The Big Short*. Nova York: W. W. Norton & Company, 2010. [Ed. bras.: *A jogada do século*. Trad. de Adriana Ceschin Rieche. Rio de Janeiro: Best Seller, 2011.]

Nunca se esqueça de aromatizar o sabonete

Nos últimos cem anos, melhorias consideráveis na higiene humana resultaram no aumento dos níveis de saneamento e da urgência crescente de manter a aparência de limpeza, acarretando mudanças significativas no comportamento humano.

Quando *Downton Abbey* surgiu em 2010, um jornal britânico entrevistou uma aristocrata nonagenária e perguntou a ela se a série era fidedigna a suas memórias da residência rural britânica do pré-guerra. "Bem, uma coisa eles deixaram de fora", explicou. "Naquela época, os criados literalmente fediam." E, no começo do século XX, quando se propôs instalar chuveiros para os alunos de graduação em uma faculdade de Cambridge, um membro mais idoso do conselho universitário foi totalmente contra: "Para que os alunos de graduação precisam de chuveiros? O período letivo dura apenas oito semanas".

Foram diversas as causas dessa mudança de comportamento espetacular, mas ela foi induzida tanto por busca inconsciente de status quanto por esforço consciente para melhorar a expectativa de vida. Vendia-se sabonete mais para aumentar o seu potencial de atração do que por higiene, e embora o sabonete contivesse muitas substâncias químicas que melhoravam a higiene, vale lembrar que também era aromatizado para tornar o produto atraente — sustentando a promessa inconsciente da publicidade em vez do valor racional do produto. A fragrância não servia para aumentar a eficácia do sabonete, mas sim para torná-lo mais atrativo para os consumidores.

Se tentarmos negar a motivação inconsciente, então esquecemos de aromatizar o sabonete. Se adotarmos uma visão estreita da motivação humana, consideraremos bobagem qualquer sugestão de aromatização. No entanto, assim como as pétalas das flores, os atributos aparentemente sem sentido é que fazem o sistema funcionar.

De volta a Galápagos

Por envolverem escolhas concorrentes, os mercados de consumo representam um guia prático para compreender nosso inconsciente, de uma maneira que as teorias não fazem. Por isso, chamo o capitalismo de consumo de "as Ilhas Galápagos para decifrar a motivação humana"; como os bicos dos tentilhões, as anomalias são pequenas, mas reveladoras.

Da mesma maneira como os criadores de cachorros e adestradores de pombos já conheciam os princípios da seleção natural antes de Darwin os sistematizar, muita gente envolvida no mercado de vendas apreende instintivamente a diferença entre o que as pessoas *dizem* e o que as pessoas *fazem*. Ao ganhar uma bolsa de estudos da Fundação MacArthur, em 1984, Amos Tversky disse de seu trabalho como psicólogo cognitivo: "O que fazemos é partir do que já é conhecido instintivamente por vendedores de carros usados e por executivos de publicidade, para examiná-lo sob um enfoque científico".

Não temos mecanismo semelhante para a política, nem para áreas em que não há como distinguir sentimentos inconscientes de crenças pós-racionalizadas. Para mim, esse é o maior sinal para ser otimista: se pudermos reconhecer honestamente o abismo entre nossas motivações emocionais inconscientes e nossas pós-racionalizações, muitas discordâncias políticas serão resolvidas com mais facilidade. Mais uma vez, é preciso apenas aprender a aromatizar o sabonete.

Agora entrou na moda analisar uma abordagem ao bem-estar social denominada Renda Básica Universal (RBU). A ideia, que foi testada na Finlândia e em alguns outros lugares, consiste em substituir os programas de bem-estar social por uma renda mínima única, paga a todos os habitantes do país, acima de determinada idade. Seria o suficiente para cuidar das necessidades básicas da maioria das pessoas; alimentação, habitação e aquecimento seriam pagos não pela eliminação de outras formas de fornecimento de bem-estar social, mas também pela progressão mais intensa na tributação das rendas mais elevadas. A viabilidade ou não da RBU[1] é um experimento mental interessante — talvez por ser surpreendentemente popular entre pessoas de direita, assim como de esquerda. Milton Friedman apoiou essa ideia, da mesma forma que Richard Nixon. Meu próprio avô, um homem com fortes tendências de direita, também acreditava que era assim que deveria funcionar o bem-estar social.

Como a direita geralmente argumenta *contra* a distribuição de riqueza, o que, então, está ocorrendo aqui? Talvez protestos contra a distribuição de riqueza sejam basicamente, como a maioria das opiniões políticas, apenas uma mera tentativa de adicionar uma camada de verniz racional a uma predisposição emocional. Os direitistas instintivamente não gostam de programas de bem-estar social, mas a RBU é paga igualmente a todos, sem discriminações, ou seja, sem incentivos para que os demandantes exagerem seus infortúnios, de modo a se beneficiarem. A RBU também possui incentivos para o trabalho: se alguém fica na cama o dia inteiro e seu vizinho sai para trabalhar todas as manhãs, o diligente será mais próspero que o indolente, na proporção de seu esforço. Finalmente, a RBU não permite que o partido político no poder suborne seus próprios apoiadores, às custas dos opositores.

A RBU é um exemplo de experimento mental político envolvendo "aromatização do sabonete" — em outras palavras, ela empresta apelo emocional inconsciente a um comportamento racional, sem mudar a *essência* da coisa, mas sim a sua *percepção*. Quantas outras áreas de concordância inusitadas poderíamos encontrar se estivéssemos preparados para experimentar a forma de *apresentação* de políticas, em vez de descrevê-las em termos funcionais estreitos? Se dedicarmos apenas 20% do tempo que hoje consumimos na elaboração de modelos econômicos em uma robusta busca por fatores psicológicos, quantos outros insights poderíamos descobrir? Terá uma psicologia

---

[1] E eu suspeito que não seja.

melhor, como escreveu Robert Trivers, a capacidade de identificar e eliminar algumas das causas mais profundas de nossa infelicidade?

Alguns anos atrás, conheci Daniel Kahneman. Ele era bastante pessimista sobre as perspectivas da ciência comportamental para mudar as tomadas de decisões humanas, acreditando que nossos vieses são simplesmente arraigados demais. Contudo, ele tinha a esperança de que as pessoas, mesmo que não pudessem enxergar os próprios vieses, poderiam recorrer à ciência comportamental para compreender melhor o comportamento dos outros. Este livro foi escrito com esse mesmo espírito. Não estou sugerindo que as pessoas reformulem completamente suas decisões, que ignorem os dados e rejeitem os fatos. Mas, seja no bar, seja na reunião de diretores, gostaria que pelo menos 20% do tempo de conversas fosse reservado para a consideração de explicações alternativas, reconhecendo a possibilidade de que o "porquê" verdadeiro seja diferente do "porquê" oficial, e que nossa racionalidade evoluída é muito diferente da ideia econômica de racionalidade.

Se resistíssemos à vontade de sermos lógicos apenas algumas das vezes e ao invés dedicássemos essas ocasiões à busca da alquimia, o que poderíamos descobrir?

Muito chumbo, desconfio. Mas também uma quantidade surpreendente de ouro.

Agradecimentos

Se vi mais longe, foi pendurado nos ombros de gigantes.

Meus agradecimentos por este livro são muitos e variados. Aos meus pais, à minha esposa Sophie pelos conselhos sábios e pela tolerância, e, vez ou outra, até às minhas filhas, cuja compreensão do politicamente correto moderno me ajudou a escrevê-lo, talvez até ajudando a manter meu emprego. Agradeço também a muitas pessoas da área de publicidade, que tanto me ensinaram. A Drayton Bird, Steve Harrison, Jeremy Bullmore, Dave Trott, Mark Earls e a todos os outros Dead Spiders. A Richard Shotton, Mike Simm, Nick Southgate, Colin Nimick, Paul O'Donnell, Cordell Burke, Emma de la Fosse, Charlie Wilson, Annette King, Jon Steel, Mark Read, e às demais pessoas com quem trabalhei durante trinta anos; aos meus colegas na Behavioral Change Practice, aqui na Ogilvy, e a pessoas como Bob May e Christine Dunn, que de fato fazem a Ogilvy funcionar, contra todas as expectativas. Em especial, também devo agradecimentos à equipe da IPA, em Londres, pelo apoio constante durante minha residência e posteriormente, e a Natalie Wilkinson e Anna Cairns, minhas assistentes durante a elaboração deste livro, que lidaram admiravelmente bem com a minha aleatoriedade.

Também sou imensamente grato a muitas pessoas na academia e em outros lugares, em campos tão diversos quanto ciência comportamental, biologia evolutiva, matemática, estatística e economia (dissidente), que foram tão acolhedoras e hospitaleiras para com um publicitário gordo e forasteiro, que apareceu fazendo perguntas estranhas. A Nichola Raihani, Seirian Sumner, Dan Ariely, Paul Craven, Gerald Ashley, Richard Thaler, Daniel Kahneman, Gary Klein, Bob Cialdini, Geoffrey Miller, Diana Fleischman, Dean Karlan, Robert Trivers, Robert Frank, Jonathan Haidt, Nicholas Christakis, Tim Harford, John Kay, Geoffrey Carr, Ole Peters, Alex Adamou e a tantos outros a quem importunei nos anos recentes. E a Nassim Nicholas Taleb por me ensinar a diferença entre racionalidade profunda e superficial. Também agradeço, claro, aos meus editores e agentes que foram tão pacientes comigo, igualados apenas pelos donos das muitas cafeterias em que este livro foi escrito.

Se houver uma próxima edição, esta seção de agradecimentos será muito mais longa, para incluir todas as pessoas que posso ter me esquecido de incluir.

Créditos das imagens

Os editores não pouparam esforços para creditar os detentores de direitos autorais por qualquer material que apareça neste livro e corrigirão quaisquer omissões em edições subsequentes, se notificados.

Página 21: Ilustração de Greg Stevenson
Página 48: © Ken Sides
Página 72: © Benoit Grogan-Avignon, com permissão de Shutter Media
Páginas 109-10: Recriado por Greg Stevenson, com base em estudo referido no livro de Dan Ariely, *Predictably Irrational: The Hidden Forces that Shape Our Decisions*. Nova York: HarperCollins, 2009. [Ed. bras.: *Previsivelmente irracional: As forças invisíveis que nos levam a tomar decisões erradas*. Rio de Janeiro: Sextante, 2020.]
Página 113: © *Country Houses of Kent* de Arthur Oswald publicado por Country Life Ltd., 1933
Página 140: Permissão concedida por 1stDibs in New York
Página 141: Permissão concedida por Andrew Heaton
Página 157: © Shutterstock
Página 177: Ilustração de Greg Stevenson
Página 188: Reproduzido com permissão de Augie
Página 200: © ICONBIT Mekotron Hoverboard
Página 267: © worldlifeexpectancy.com

Página 278: Ilustração de Greg Stevenson
Página 288: Reproduzido por Greg Stevenson. Disponível em: <https://sixtysome-thing.co.uk/compare-breakdown-cover/>.
Página 292: © Erwan Mirabeau
Página 293: Imagens de um estudo de Greg Borenstein
Página 320: Ilustração de Greg Stevenson
Página 321: Ilustração de Greg Stevenson

Índice remissivo

à prova de razão (à prova de lógica), problemas, 22-7, 67
abelhas: flores e, 184-7, 198, 203; satisficiência, 245-6
abordagem imaginosa, 333-4
Acordo de Livre-Comércio da América do Norte (Nafta), 26
Adam, Robert, 112
aeroportos: atrasos nas partidas, 69-70; desembarque em ônibus, 307; espanhóis, superdimensionados, 340; JFK vs. Newark, 258-60
affordance, 155
agências de publicidade, 16, 78, 111, 177, 242
agendamento de visitas de eletricistas, 67-8
água, gosto da, 174, 233
Akerlof, George, 201
Albert, príncipe, 162
alimentos: companhia aérea, 264; rótulos descritivos, 143; valor verdadeiro dos, 63-5
Alphabet "X", 75
alquimia, 20, 26, 46, 59, 69, 133-58, 211, 215, 218, 228, 265, 268, 281, 307-30, 335; abandono pela ciência, 133; de design, 150-3; mental, 137-8; prussiana, 139-41; regras de Rory sobre, 7; da semântica, 142-4
Amazon, 95, 98-9, 250

Andrew, furacão, 148
apêndice, função, 34
Apertem os cintos... o piloto sumiu! (filme), 325
apostas, 93-4
aranhas, medo de, 84
Ariely, Dan, 33, 108, 300
arithmocracy [aritmocracia], 337-8
Arquimedes, 120-1
arquitetura, 112-4, 156, 175
aspirina, 30, 208, 210
assimetria de informação, 201
atribuição emocional equivocada, 57
Austin, Tara, 71
autoengano, 54-5
autoplacebo, 221, 226-7
Axelrod, Robert, 168

Barton, Steve, 172
batatas, 100; conversão em ouro, 140-1
Bates, Henry, 190
Benartzi, Shlomo, 316
bens de luxo e pechinchas, 41
Bentham, Jeremy, 37
Bernbach, Bill, 54, 326
Betty Crocker, misturas para bolos, 299-300
bicicletas, 21

big data, 24, 245, 276-8
bilhetes para teatro, descontos, 128-9
biologia evolutiva, 168, 189, 203, 292
Bird, Drayton, 330
biscoitos, embalagem e sabor de, 284-5
Blatch, Cecil "Bertie", 101
blocos de apartamentos na Espanha, 339
boas ideias e seus opostos, 39-42
boas notícias e más notícias, 307-11
Boeing 787 Dreamliner, 264
Bohr, Niels, 331
Bollinger, Randy, 34
botões placebo, 224
Bourdieu, Pierre, 20
Brexit, 22, 123
britânicos e holandeses, mal-entendidos entre, 273-4
British Telecom (BT), 151, 323-4
Brown, Capability, 112
Buffett, Warren, 33
Bullmore, Jeremy, 78, 120

call centers, 124-5; transferência para fora do país, 128
camping, equipamentos de, 288
câncer, tratamento de, 246
capital social, 168-9
capitalismo, 90, 125, 127-8, 198, 343
carne de cavalo, escândalo da, 202
carros: assentos de couro, 289; automáticos, 213-4, 217; autônomos, 27, 75; benefícios dos postos de serviços, 295; comprar de segunda mão, 242-3
Carter, Jimmy, 272
cauda de pavão, 189
cérebro, 247, 301, 312, 315, 317, 340; dualidade, 52; evolução e, 53, 126, 153, 180, 197, 240-1, 260, 293, 335; percepção e, 264, 266-7, 285; preferência pela certeza, 224; razão e, 122
cervejas americanas, 64
Chandon, Pierre, 230-1
Changizi, Mark, 174

Chesterton, G. K., 337
chilean sea bass (cherne-chileno), 142
chocolate: no regime comunista, 201-2; forma e sabor, 263
chumbo, reposicionamento, 138
Churchill, Winston, 23
Cialdini, Robert, 40, 310
ciência, 11, 122, 280; abandono da alquimia, 133; abordagens "não científicas" à, 115-6; avanços significativos, 21; o quê e por quê, 30-1; preconceitos da, 73; vida real e, 18; *ver também* ciência comportamental
ciência comportamental, 70, 95, 122, 345
cigarro eletrônico, 201
Clark, Sally, 91-3
Clinton, Bill, 23
Clinton, Hillary, 23-6
código humano, decifrando, 15-59
coleira eletrônica para cães, 89-90
cólera, 34
Colgate, 87
coloração aposemática (de advertência), 189-91
companhias aéreas: anunciando sanduíches, 36, 56; cobrança por bagagem, 96; psicofísica e, 264; trade-offs explícitos e de baixo custo, 311
comportamento, propósitos ocultos por, 222-5
compra da casa: efeito chamariz e, 109; mecanismo da diversidade e, 101; reescrever o roteiro, 113-4
compras on-line, 98-9
comunismo, 201, 339
Conhecimento (programa para taxistas londrinos), 161-3
consumismo competitivo, 194
contexto, 20, 29, 37-8, 40, 43-8, 52, 108, 117, 164, 240-1, 251, 272
"contexto estreito", "contexto amplo", problemas de, 240
"continuar como convidado", botão, 327-9
contribuições para aposentadorias e pensões, 316-9
coquetéis, relutância dos homens em pedir, 256

"corte de custos", 147
Cosmides, Leda, 321
costumes funerários, 85-6
criatividade, 176-8
críquete, "ângulo do olhar", 251
crise financeira (2008), 245

Dairy Milk, chocolate Cadbury, 263
Daniels, Gilbert S., 104
Darwin, Charles, 87, 189-92, 195, 330
design: alquimia do, 150-3; psico-lógico, 154-8, 268
dirigir depois de beber, 87
distinção, 198-203
distribuição de salas na faculdade, 309-10
divergência do senso comum econômico limitado, 175
DNA, marcadores de, 92
doações filantrópicas, envelopes para, 15-6
Downton Abbey (série de TV), 341
Dyson, James, 42, 46

eBay, 250
economia/teoria econômica, 32, 178, 269; busca de eficiência, 124-7, 162; crença de que mais é melhor, 154-5; deficiência de significado e, 175; "design aspérgico", 153; como dogma limitador, 90; como lentes rachadas, 66-7; livre-comércio e, 26; mal-entendidos matemáticos e, 93-5; não gostar de branding, 186; regras universais e, 39, 44-5; vida real e, 18, 20, 126-7, 129, 282, 339; *ver também* economia comportamental
economia comportamental, 33, 44, 46, 66-7, 287, 309
economias de comando, 223
Economist, The, assinatura da revista, 108-9
"efeito borboleta", 13, 333
"Efeito Cachinhos Dourados", 297
efeito isca, 108-10
efeito placebo/placebos, 207-11, 215, 218-21, 280; *ver também* autoplacebo
eficiência, riscos ocultos à, 124-9

elites tecnocráticas: camisas de força racionais, 90; perigo das, 30-1
embalagem, 284-6
Emery, Blake, 264
emoções, 19, 84, 211, 269
erros de tradução, 271-5
escolha de candidatos para o Parlamento, 101-2
escolhas: criando, gratuitas, 323-4; e o efeito isca, 108-10
Esopo, 312
evolução: apêndice e, 34; aptidão é mais importante que objetividade, 55-6, 335; autoengano, 54-5; desdém pelas razões, 31, 84; efeito placebo, 210, 218; emoção e, 84, 211; gosto da água e, 174, 233; ilusão de foco, 290-4, 334; incidentes venturosos e, 128; problemas de "contexto amplo" e, 240; da razão, 121; sinalização e, 189, 203; *ver também* cérebro
exames médicos e homens, 225

"falácia da acusação", 92
"falácia do porteiro", 124
Farber, Sam, 151
FedEx, 172
Ferrari, 222
Feynman, Richard, 116
fezes, aversão a, 83-4
fio dental, 82
Five Guys (hamburgueria), 144
flores e abelhas, 184-7, 190, 198, 203
Ford, Henry, 13
formação adaptativa de preferências, 122
Fórum Econômico Mundial de Davos, 25
Frederico, o Grande, 139-41
Friedman, Milton, 344
Fry, Maxwell, 112
fumaça, detectores de, 88
furadeiras elétricas, 78

Gates, Bill, 97
Geim, Andre, 115-6
Gigerenzer, Gerd, 260
Goldman Sachs, 44, 107

Google, 75, 157, 277
Google Maps, 52, 162
GPS, 50-3, 239-41
grafeno, 115
Graves, Christopher, 68
Graziano, Michael, 291
Green, Peter, 93
Greenwood, Veronique, 230-1
Gropius, Walter, 112

Haidt, Jonathan, 216, 221
hamsters siberianos, 218
Harrison, John, 72-3, 76
Hellmann's, maionese, 103
heurística, 156, 248, 251-3, 317
High Speed 2, rede ferroviária, 96, 135; alternativa mágica, 135-6
hipótese argumentativa, 121, 247
Hiroshima, bombardeio de, 272
Hitchcock, Alfred, 119
hoverboards, 199-201
Howell, Nick, 143
Humphrey, Nicholas, 210, 214, 218-20, 228

iates de luxo, 223
IBM, 158
Ibuka, Masaru, 154-5
identidade, importância da, 198
Igreja católica, 149
Ikea, efeito, 300
Ilha da Páscoa, 193
ilogicidade, 13, 29, 46-7, 158, 177, 233-5, 325
ilusão de foco, 287-90
imprevisibilidade, 325-6
incapacidade e design, 151-2
incerteza, aversão a, 68-9, 76, 225
informação assimétrica, 203
interface de software, design de, 152
iPhones, 116, 127
islâmicos, costumes funerários, 85-6

J. Walter Thompson, 78, 133
JCPenney, 281

jeans, 46
Jenner, Edward, 74
Jobs, Steve, 72, 117
Jogada do século, A (Lewis), 340

Kaepernick, Colin, 177
Kahneman, Daniel, 287, 289, 345
Kamprad, Ingvar, 300
Kay, Alan, 89
Kercher, Meredith, 28-9
Keynes, John Maynard, 32, 241
Klawe, Maria, 145-6
Knox, Amanda, 28
Korzybski, Alfred, 285
Kraft Mac & Cheese, 286
Kurniawan, Rudy, 227
Kurzban, Robert, 53-4

lagartas, 190-1, 279
lanchonetes, móveis na área externa de uma, 179-83
lebre, padrões de fuga da, 54
Lentz, Lee, 142
licor de banana, 43
Lifebuoy, sabonete, 87
limpeza dos dentes, verdadeira razão para, 17, 81-2, 84, 86
Listerine, 87
livre-comércio, 26
livre-mercado, 36, 127-8
Llewellyn Smith, Christopher, 90
lógica: afastando-se da, 16, 64, 114, 117, 129, 131-6, 325, 331-45; comparação com psico-lógica, 19, 47-8, 52, 76, 78, 80, 86, 180; demanda por leis universais, 37-8, 40; econômica, 23, 39, 90, 154-5, 282, 339; como ferramenta, não regra, 90; GPS e, 50-3; convergência com psico-lógica, 67; pensamento burocrático e, 46; realidade e, 28-9; seguindo a intuição, 120; *versus* mágica, 11-4; *ver também* ilogicidade
Londres, mercado imobiliário de, 39

Macy's, 281
mágica, 11-14, 45, 76, 133-6, 139-40, 331
manipulação do subconsciente, 49, 145-7, 207-35
manipulação perceptiva, 279
marcas, 199-203; pelas flores, 185-7
Marianne, princesa, 139
marketing, 110, 146, 203, 223, 287, 311; estratégia medo, incerteza e dúvida e, 158; ilusão de foco e, 290; imprevisibilidade e, 325-6; mágica e, 134, 229; natureza e, 197, 279
marxismo, 29
Maskelyne, Nevil, 73, 76
matemática, 90-103; 10 x 1 e 1 x 10, 98-101; erros judiciais e, 91-3; outliers pilantras, 97-8; perspectivas de conjunto/séries temporais, 95; pós-racionalização e, 119; recrutamento e, 100-1
McDonald's, 46, 144, 155, 157, 202, 251
Meadow, sir Roy, 91-2
médias, problemas com, 104-5
médico: pré-antibióticos, 207; razões para ir ao, 79-80
mentalidade de rebanho, 317-8
mente consciente, ilusão de controle, 216-7
métricas, problemas com, 106
Microsoft, 171
"Milagre do Hudson", 252-3
Miller, Geoffrey, 195, 197
mimética social, 256
mimetismo batesiano, 187, 191
minimização do arrependimento, 312
modelos econômicos, 12, 23, 126, 276, 281, 331
modernismo, 175
Mokusatsu, 271-2
Montgomery Ward, 98
Mook, Robby, 23
moonshots psicológicos, 75-6
Morita, Akio, 154-6
morte no berço, estatísticas de, 91-3
motivações inconscientes, 56-9, 64, 76, 78-83, 101, 335-6
"motorista da vez", 146-7

mulheres na tecnologia, 145-6
multa por estacionamento proibido, 313
Munger, Charlie, 33

não senso, 33-8
neoliberalismo, 90
Newton, Isaac, 133
Night Nurse [Enfermeira Noturna] (xarope), 228-9
Nike, 177
Norman, Don, 155
Nurofen, 209

objetividade, 55-6, 335; está superestimado?, 263-5; quando vale, quando não vale, 280-3
Ogilvy (agência de publicidade), 13, 47, 102, 301
Ogilvy & Mather, 148
Ogilvy Center for Behavioral Change [Centro Ogilvy para Mudança Comportamental], 68
Ogilvy Change, 67
Ogilvy, David, 54, 66, 247
orquídeas como golpistas, 186
OXO Good Grips, 151

palavras cruzadas britânicas, 17-8
pareidolia, 292-3
Parker, William, 34
Partenon, 279
Pascal, Blaise, 53
pasta de dentes com listras, 82
peixe limpador, 168
peixe-leão-vermelho como alimento, 148-9
penicilina, 30, 207
percepção de cor, 266-8
percepção *ver* psicofísica
perda, aversão a, 316
"perguntar o porquê verdadeiro", método, 68-9
pesquisa de mercado, 54, 66, 105, 154, 225
Peters, Ole, 93-5
placar de dardos, 255-6
placar no tênis, 254-5
placebos de bravura, 220-1
política, dependência do contexto, 43-4

pós-racionalização, 28-30, 58, 79, 118-22, 216, 343
preços, percepção de, 282-3
preferência pela marca, 247-51
Primeiro mentiroso, O (filme), 222
"privilegiando a hipótese", 28-9
Procter & Gamble, 338
produtos de beleza, 226
produtos de limpeza amigáveis com o meio ambiente, 296-8
proposta de venda exclusiva (PVE), 288
psicofísica, 49, 263-303
psicologia, 214, 218, 312, 333, 344-5; alquimia e, 133-4, 137, 139-40; contradição e, 40; design e, 153; mágica e, 12; *ver também* psicologia cognitiva; psicologia comportamental; psicologia evolutiva
psicologia cognitiva, 20
psicologia comportamental, 316
psicologia evolutiva, 33, 46, 67, 226, 321
psico-lógica, 16, 19-21, 64, 69, 82, 181-2, 344; comparada com a lógica convencional, 19, 47-8, 52, 76, 78, 80, 86, 180; convergência com a lógica, 67
publicidade: alavancas emocionais, 87; animais fofinhos e, 32-3; confiança e, 187; digital, 338-9; direcionamento da atenção e, 144; móveis na área externa de uma lanchonete como, 179-83; não senso e, 36; pelas flores, 184-7, 203

quad play, 125-6
quatro S, os, 49
queijos, França/Estados Unidos, 64

Raphaelson, Joel e Marikay, 247
razão: abuso da, 123; função da, 121-2; usos e abusos, 63-129; *ver também* pós-racionalização
realidade, e percepção, 268-70, 276-7
rebites comunistas, 201
reciclagem, 301-2
recrutamento: big data e, 277; classificação no curso de graduação (bacharelado) e, 106-7;

excelência de onde menos se espera e, 107; matemática ruim e, 100-3; recomendação e, 256
Red Bull, 9-14, 46, 230-2, 234
Redding, Richard, 85
redução da criminalidade, 71
"Reflexo reputação", 200
religião, 35
renda básica universal (RBU), 344
restaurantes: água engarrafada e, 88; fotografias do cardápio e, 144; valor real dos, 57
restrições alimentares judaicas, 85
restrições alimentares rigorosas, 85
"rostos da Disney", 71
rotatórias, 47

sabonetes, aroma dos, 341-2
saguis, percepção de cor, 267
Samsung, 201, 248
Sandwich, conde de, 105
santo Agostinho, 174
sapo-boi, 193
"sardinhas-da-Cornualha", 143-4
satisficiente, 49, 239-60
Sears, Roebuck & Company, 98
seleção natural, 119, 152, 189, 195-6, 343
seleção sexual, 189-90, 192-7
seleção sexual de Fisher, 193
Semmelweis, Ignaz, 74
Serviço Nacional de Saúde, 56, 210
serviços ao cliente, 170
Seymour, Steven, 273
Shakespeare, William, 313
Shirky, Clay, 168
Simon, Herbert, 244, 246
sinalização, 49, 56, 161-203; custosa, 171-3, 176-8, 189-91, 197, 235, 282; inusitado e, 174
sinalização de probabilidade de continuidade (confiança), 167-70
sinalização de status, 194-5, 289
sistema imunológico, 210, 212, 214, 218-20, 233

sistemas automáticos, 211-5
sistemas de pontuação em esportes, 254-6
Smith, Adam, 18, 33, 44, 194
software de reconhecimento facial, 294
Sollecito, Raffaele, 28
sopa de missô, 40
sorvete, vendas de, 79
Spence, Charles, 144
Spool, Jared, 327
Starbucks, 42, 46, 157
sucesso acadêmico e sucesso profissional, 106-7
Sullenberger, Chesley, 252-3

tabelas comparativas, 287-8
Taleb, Nassim Nicholas, 44, 84, 88, 107
Tasgal, Anthony, 337
táxis, 161-3, 166
televisão: percepção de cor e, 266-8; preferências por marcas, 248-9
teoria dos jogos, 164-6, 168
Thaler, Richard, 25, 258, 282, 309-11, 316
Thatcher, Margaret, 102
Thomas, Llewelyn, 78
TK Maxx, 41, 282
"tomada de decisão defensiva", 260
Tooby, John, 321
torradeiras e máquinas de fatiamento, 111-2
trabalho e férias, 11-2
Transport for London, aplicativo, 52
trens, superlotação em, 99; pessoas em pé nos, 57-9, 78
tributação, 39-40, 99, 195, 265, 314-5
Trimmer, Pete, 218
Trivers, Robert, 53-4, 56, 168, 345
trivialidades, defesa das, 330
Trump, Donald, 23-6, 123

Tversky, Amos, 287, 343
Twitter, 157, 258

Uber, 157, 163, 223; mapa do, 76
utilitarismo, 37
Utley, Tom, 92
uvas azedas e limões doces, 312-3

validade, data de, 302
valor na mente, 137-8
varíola, vacina da, 74
viés de confirmação, 122
viés de gênero, 277
viés perceptivo e sobrevivência, 291-4, 334
Villani, Cédric, 119
vinho: fetiche por, caro, 227; percepção de preço, 282-3
visão tricromática, 267

walkman (Sony), 154
Wallace, Alfred Russel, 190-1, 195, 197
Walmart, 99
Wason, teste de seleção de, reformulação do, 320-2
Week, The, 157
Weir, John Jenner, 191
Wight, Robin, 200
Wikipédia, 46, 244
Wilson, Timothy, 211
Winston, Lord, 106
Wright, irmãos, avião Flyer, 74

Yahoo, 157

Zahavi, Amotz, 189
Zion, Robert, 20

ESTA OBRA FOI COMPOSTA PELA ABREU'S SYSTEM EM INES LIGHT
E IMPRESSA EM OFSETE PELA LIS GRÁFICA SOBRE PAPEL PÓLEN NATURAL
DA SUZANO S.A. PARA A EDITORA SCHWARCZ EM SETEMBRO DE 2024

A marca FSC® é a garantia de que a madeira utilizada na fabricação do papel deste livro provém de florestas que foram gerenciadas de maneira ambientalmente correta, socialmente justa e economicamente viável, além de outras fontes de origem controlada.